COLLECTION
FOLIO / HISTOIRE

Jacques Ozouf

Nous les maîtres d'école

Autobiographies d'instituteurs de la Belle Époque

Gallimard

Cet ouvrage a originellement paru dans la collection Archives
dirigée par Pierre Nora et Jacques Revel.

Jacques Ozouf, directeur d'études à l'École des hautes études en sciences sociales, a écrit, en collaboration avec François Furet, *Lire et écrire* (Éditions de Minuit, 1977) et, en collaboration avec Mona Ozouf, *La République des instituteurs*, Hautes Études - Gallimard - Le Seuil, 1992.

LES INSTITUTEURS SE RACONTENT

C'est une évidence : on ne parle pas des instituteurs comme des employés des Postes ou de la S.N.C.F. Pour décrire ce groupe professionnel — si restreint pourtant : il y a 120 000 instituteurs et institutrices en 1914 —, on dispose de bien des registres, de la hargne à l'attendrissement. Mais il n'y a pas de ton neutre.

A cette émotivité concourent bien des raisons. L'une d'elles est le sentiment de la toile d'araignée que, recouvrant exactement l'hexagone national, tisse la IIIe République. Dans chaque village, un instituteur au moins, et une maison d'école : répartition régulière, rassurante ou menaçante selon l'horizon dont on l'apprécie, jamais indifférente. Le surgissement de ces écoles neuves promet une révolution culturelle ; comme autrefois d'églises, la France, entre 1880 et 1914, se couvre d'écoles. L'avantage est même à l'école ; André Ferré, dans l'excellent livre qu'il a consacré aux instituteurs, note, satisfait, que l'école honore jusqu'au hameau chétif que nul clocher ne signale : le quadrillage, en chemin, s'est perfectionné.

Et puis, la domination spatiale se double d'une domination temporelle ; hommes de peu, les instituteurs illus-

trent une ascension sociale irrésistible. A petit bruit, par les chemins laborieux des grandes écoles, ils ont partout su placer leurs fils : dans les lettres, l'Université, la politique... A un récent colloque de la rue d'Ulm — on traitait de la culture populaire —, tel professeur de Faculté s'excusait amicalement auprès de ses collègues — et s'étonnait — de n'être pas, lui aussi, fils d'instituteurs.

Enfin, les Français — tous héritiers sur ce point de la pédagogie des Lumières — ont mille peines à imaginer la résistance des hommes à l'enseignement qui leur est donné. Leur jugement sur la nation les entraîne invinciblement à un jugement sur l'école. Rares sont ceux qui mettent en doute l'efficacité de celle-ci à former celle-là. Criminelle, une nation est l'œuvre d'une école criminelle ; éclairée, d'une école éclairée. L'école est une répétition générale ; du métier, de la vie publique, de la guerre. Metteurs en scène de ce spectacle primitif que l'existence des hommes, ensuite, ne fait plus que reproduire, les instituteurs sont, du même coup, l'objet d'une attention passionnée. Qu'on veuille expliquer la vague de fond de l'opinion dans l'été 14, l'apathie de l'électorat devant la décolonisation, l'attachement populaire à l'Algérie française, c'est eux, toujours, qu'on fait comparaître.

Le grossissement est donc la règle des portraits d'instituteurs. Parcourons, dans les années qui précèdent 1914, leur galerie. Voici les anarchistes, qui voient dans les Français une masse veule, abêtie, soumise, indifférente. L'artisan de cette résignation lâche, c'est bien entendu l'instituteur, ce champion du conformisme, qui a remplacé et, même, « surpassé son rival religieux » (c'est Le Libertaire *d'octobre 1909). Voici les modérés, que les progrès du syndicalisme menacent d'une nation insoumise, demain peut-être insurgée ; troupeau rétif dont le mauvais berger est l'instituteur laïque, qui dispense « un enseignement antipatriotique, malpropre et dégradant » (c'est* La République française *de décembre 1908). Voici enfin les socialistes, dans l'ivresse de leurs progrès, qui en font hommage aux instituteurs, « ces jeunes hommes, que la République bourgeoise croyait avoir à tout jamais, dans les écoles normales, assouplis à sa doctrine et pliés à ses fins, [et qui] ont senti la révolte monter en eux ; et non plus seulement la révolte contre les factions déchues, contre le cléricalisme, le royalisme, l'obscurantisme, mais aussi contre les dirigeants du présent, les rois de la houille et de la toile, les barons de la finance, les millionnaires qui prélèvent chaque jour une large part du travail des salariés » (c'est* Le Socialiste *de janvier 1906).*

On peut soutenir que les instituteurs, ici, ne sont guère qu'un prétexte polémique. Pourtant, pour fournir la matière de portraits aussi divergents, ils doivent être au moins des personnages compliqués, riches de virtualités où chacun puise selon les besoins et l'humeur de sa démonstration. A les considérer de près, l'étonnement grandit : ces anti-patriotes ont donné tant d'officiers en 1914, tant de morts aussi ! ces piliers de la République bourgeoise ont suscité tant de méfiance haineuse chez les tenants de l'ordre établi ! Et puis, ces révolutionnaires n'ont fourni qu'une poignée de syndicalistes. Et ces anticléricaux se marient à l'église et font baptiser leurs enfants.

Archives provoquées

Il était tentant de faire taire tant de voix intéressées à leur démonstration et de demander aux instituteurs eux-mêmes de parler d'eux. C'est ce qui nous a suggéré d'entreprendre une enquête auprès des 20 000 instituteurs survivants de la Belle Epoque. L'entreprise était malaisée. Il fallait retrouver la trace de ces 20 000 instituteurs et institutrices, établir un questionnaire, écrire 20 000 lettres, persuader d'y répondre, vaincre la lassitude que l'âge — les plus jeunes de nos correspondants avaient soixante-dix ans — explique assez, et aussi le mouvement spontané de méfiance qui retient d'entretenir un inconnu de son appartenance politique ou de ses sentiments religieux. Mais le but justifiait d'avance la monotonie et les difficultés de cette tâche. Arracher des textes au lourd sommeil des archives est toujours une victoire : combien davantage ici, où c'est sur l'engourdissement des souvenirs — et bientôt sur la mort — qu'il fallait conquérir des récits qui, sans l'enquête, n'eussent jamais existé. Il s'est trouvé plus de quatre mille instituteurs — proportion qui, pour une enquête d'opinion de ce type, est énorme — pour comprendre le projet (parfois, même, de remarquables considérations de méthode accompagnent leurs envois), répondre au questionnaire et, souvent, dire l'intérêt passionné qu'ils avaient pris eux-mêmes au sauvetage de leur passé. Ce sont ces autobiographies provoquées qui, pour l'essentiel, constituent les archives où nous avons puisé ici.

C'est, aujourd'hui, un vrai trésor : une vingtaine d'épais dossiers, éclatant dans leurs sangles. Soixante ans après ces hommes et ces femmes ont rassemblé leurs souvenirs, fouillé leurs greniers, sorti des carnets de comptes jaunis, de poussiéreuses « préparations » scolaires, des lettres à l'encre pâlie, et se sont racontés. Souvent, il est vrai, leurs réponses suivent sans inconstance le raide canevas du questionnaire : cette circonstance explique l'abrupt de certains textes, leur émiettement aussi. Mais, parfois, les instituteurs interrogés ont choisi leur plus beau cahier, intégré leurs réponses à un récit continu, trouvé, dès le début, le ton uni et un peu sourd de la confidence : « Je suis né au bourg de Saint-Michel-Chef-Chef, dernier d'une famille de onze enfants, dont six étaient morts avant ma naissance. Mon père était maçon, ouvrier d'abord, puis entrepreneur de modestes constructions... » Ce sont, comme on le verra, les témoignages les plus émouvants.

Certes, l'enquête qui a suscité ces réponses poursuit d'autres fins que la publication de ces confessions. Elle veut les soumettre au traitement statistique ; elle cherche à montrer la validité, en histoire, des méthodes de l'enquête d'opinion. Mais, pour vouloir confier à des fiches perforées ou à des ordinateurs les récits récoltés, fallait-il en laisser perdre l'accent, la qualité littéraire — parfois —, la charge émotive — toujours ? Il nous a semblé qu'on prendrait intérêt à les lire. Encore le passage à l'imprimerie risque d'en retrancher le charme qui toucha Péguy, celui que dégagent « cette écriture soigneuse, régulière, grammaticale, presque toujours modeste, calme et déjà conforme à la typographie ; ce papier écolier ; cette encre violette qui sert à recopier les devoirs... ».

User de ces archives créées imposait aussi une série de choix ; contestables, et qu'il faut donc défendre. Un choix chronologique, d'abord : parmi les instituteurs qui nous ont répondu, les plus vieux sont entrés dans la carrière entre 1885 et 1890 ; mais, bien entendu, ils sont proportionnellement peu nombreux ; il s'agit aujourd'hui de centenaires, ou presque. Et c'est pour les années 1900-1914 que la densité des textes recueillis est forte. Nos archives nous ont donc contraints à nous tenir à cette mince tranche chronologique ; parti pris synchronique qui rejette dans l'ombre beaucoup des incidents qui, de

1870 à 1914, animent le ménage que font la République et l'école. Les textes retenus se rapportent presque tous à ces dix années où le Bloc des Gauches vient d'annexer les instituteurs — on sait l'Internationale *subie à Marseille en 1903 par Combes et Pelletan au Congrès des Amicales — ; où les désavoue encore l'aile avancée du mouvement ouvrier ; où bientôt la majorité républicaine, qui se soucie moins de leur appui, les abandonne aux attaques de la droite (au moment de l'Affaire des Manuels, en 1908-1910) et où, grâce à Jaurès, le socialisme — un socialisme « français » et « humaniste » — se les concilie. Malgré tout, la place énorme que, dans leurs confidences, ces hommes et ces femmes font au climat de leur enfance, permet de compenser la brièveté de la coupe chronologique choisie, en faisant plonger profondément dans le passé de la IIIe République.*

Et, par ailleurs, il fallait trancher dans la masse de ces documents selon des critères faciles à suspecter. Car se perdre dans ces épais cahiers pour n'en retenir finalement que quelques paragraphes, n'était-ce pas nécessairement élire les récits les plus éclatants, ou les plus émouvants ? faire alors la part belle au talent de quelques-uns, quitte à oublier en chemin qu'on voulait parler du corps des instituteurs ? Charge classique contre les morceaux choisis, que cherche à contenir une défense elle-même classique : celle qui invoque la familiarité avec son sujet d'un auteur expert à déceler le témoignage représentatif. Défense chancelante il est vrai, toute suspendue à une caution morale. Dans le cas présent, pourtant, force est bien de s'en tenir à cet argument. Aussi bien ce petit livre ne veut être qu'une histoire d'instituteurs. L'histoire des instituteurs, elle, reste à écrire.

Il y a pire encore : la parole, ici, est à de très vieilles gens. Aux déformations de tout témoignage devraient alors s'ajouter celles de la nostalgie ou du radotage. Et d'autant que ces hommes et ces femmes lisent leur passé d'un présent dont ils s'estiment unanimement meurtris : au sens politique car, pour eux, les Républiques se gâtent en se succédant ; au sens professionnel, car la situation de l'école laïque leur paraît bien dégradée ; au sens personnel, puisque la société d'aujourd'hui déclasse les vieillards. Tous ces dépits auraient vite fait d'entraîner une description rêveuse et attendrie du passé. De l'album d'images qu'ils feuillettent, ils n'extrairaient que les plus flatteuses. Et si un romancier y trouvait son profit, l'historien, lui, devrait s'avouer vaincu.

Pourtant, si ces récits donnaient seulement l'image que les instituteurs se sont formée de leur métier, il faudrait encore ne pas les négliger. Entre la réalité de ce métier — tout de représentation — et la représentation que les instituteurs s'en font, il y a moins de distance qu'ailleurs. Quant à la nuance émotionnelle, ce n'est pas le regard rétrospectif qui la fait naître. On peut même soutenir que l'éloignement de l'évocation garantit le témoignage contre des émotions autrement défigurantes. Tout désir a déserté ces textes ; l'arrangement du récit ne doit valoir ni faveur ni privilège. Et la crainte en est absente aussi : quand la vie s'achève, il n'y a plus guère d'inconvénient à s'avouer franc-maçon, à reconnaître son rôle dans le syndicat ou le parti. A tout prendre, de tout ce qui peut colorer diversement un témoignage, la nuance du regret n'est pas la plus déformante.

Et puis, le regret est lui-même révélateur. La plainte obstinée qu'on entend dans ces confidences (le monde n'a pas tenu ses promesses, l'école n'a pas su faire la paix) ne dit pas seulement la mélancolie du vieil âge ; elle dit l'effondrement d'un système de valeurs intact depuis le

XVIIIe siècle et que deux guerres mondiales ont fait voler en éclats. L'acuité même de cette nostalgie dit mieux que tout ce que voulaient faire les instituteurs de la IIIe République, et découvre le contenu exact de leur idéologie, même en ruine.

1

TROIS VIES

Recueillir, au lieu de sèches réponses à un questionnaire un peu raide, des récits en forme de confession a été une des heureuses surprises de cette enquête. Aussi est-ce eux que, d'abord, nous voudrions donner à lire, pour ne pas laisser perdre trop vite le ton uni de la confidence. Nous en avons choisi trois, sans obéir à d'autres impératifs que celui de la diversité. Géographique, puisqu'ils font voyager des Deux-Sèvres aux Basses-Alpes, en passant par l'Aube. Mais, encore plus, psychologique. Le premier laisse sourdre la passion politique ; pour le second, la couleur des jours est l'essentiel ; l'auteur du troisième, enfin, se préoccupe surtout de survivre.

I

UN MILITANT DU BOCAGE VENDÉEN

Soixante ans après, un instituteur du bocage vendéen raconte le début de sa carrière, de 1904 à 1914. Nous avons fidèlement transcrit les principaux passages de sa réponse à notre questionnaire, qu'accompagnait une lettre dont voici l'essentiel :

Monsieur et cher Collègue,

En vous adressant les réponses à votre questionnaire, je m'excuse d'avoir peut-être un peu prolongé le délai que je vous avais demandé. Ce travail a été dicté par un octogénaire, qui n'y voit presque pas, à sa femme, un peu son aînée, qui n'y voit pas très clair non plus ; et nous nous excusons tous les deux des imperfections matérielles.

Le volume du cahier vous prouve qu'il n'est pas une sèche réponse. Avant de rédiger ce texte, j'en ai discuté avec deux collègues et amis d'une génération presque disparue, et avec quelques autres de la génération suivante.

Nous avons pensé que la relation d'une carrière toute simple et incomplète ne suffisait pas pour donner une idée de la vie des instituteurs. Il nous semble qu'il faut raconter en détail quelques situations particulières, quelques incidents semblant sans importance, et juger à sa façon les idées et les faits. Le narrateur n'est pas capable de discerner lui-même, dans toutes ces choses détaillées, ce qui pourra être utilisé au travail d'ensemble. Seul l'exécutant peut en faire le choix. Tout ce qui a été cité est scrupuleusement rapporté. Pour les paroles, dans les conversations, s'il y a quelquefois des mots qui ne sont pas les vrais, l'idée fondamentale est toujours respectée. Les faits qui se sont passés en dehors de ma propre commune ont été relatés par un collègue qui a les mêmes scrupules que moi. Mon travail lui a été soumis, au fur et à mesure ; il m'a parfois fait apporter des modifications pour rendre les choses plus claires et plus compréhensibles.

Fils d'instituteur

Né à E..., près de Niort en 1884 j'ai été élevé à la maison d'école : mon père, dernier des 8 enfants de cultivateurs, ancien élève de l'Ecole Normale de Parthenay — d'où il est sorti en 1875, avec le brevet complet —, était instituteur à E... (directeur à trois classes). Il avait été préparé à l'Ecole Normale dans une petite école de campagne, près de Niort. L'instituteur, ancien élève de l'E.N. de Parthenay, avait un véritable petit cours complémentaire, qui rassemblait tous les grands de toutes les communes environnantes. [...] Dans la promotion de mon père (1872-1875) à l'E.N., sur 13 élèves, 2 sortaient de son école.

Je ne sais pas quel était l'enseignement reçu par ces hommes qui furent nos aînés. Ils avaient tous une culture assez sérieuse, et ils travaillaient encore à s'instruire après leur entrée en exercice. On voyait dans leur bibliothèque : Michelet, Thiers, l'anthologie des œuvres de Voltaire — publiée en 1878 à l'occasion du centenaire de sa mort —, Victor Hugo, Lamartine. Pas d'Alfred de Musset : l'école avait dû leur dire que c'étaient des livres licencieux. Ils connaissaient les racines grecques, les citations latines, dont ils comprenaient le sens, l'emploi et l'origine (peut-être par les feuilles roses du Larousse). Il y en avait qui étudiaient la botanique, la géologie : certains ont publié des volumes de contes, recueilli les vieilles chansons poitevines, etc. Mon père s'occupait beaucoup d'agriculture, car, tout près de Niort, dans un coin évolué, on faisait des expériences agricoles et on essayait les produits pour la destruction des animaux nuisibles ; il était le collaborateur du professeur départemental d'agriculture.

Les anciens élèves de l'Ecole Normale avaient pleinement conscience de leur supériorité. Ils qualifiaient leurs collègues n'ayant que le Brevet Elémentaire de « Mérovingiens » (l'emploi de ce terme est disparu avec eux). Dans les communes où il n'y avait ni curé, ni docteur, ni vétérinaire, l'instituteur se trouvait au premier rang des « intellectuels ». Il y avait bien des bourgeois ayant été au Lycée ; mais comme, à cette époque, un bourgeois ne devait pas travailler, quoique intelligent, il en résultait des connaissances peu approfondies. J'ai le devoir de rendre hommage aux « Mérovingiens » que j'ai beaucoup connus : ils étaient simples comme leurs diplômes, mais ce furent d'excellents maîtres.

[...] Les instituteurs sortant de l'Ecole Normale étaient presque toujours nommés dans les villes. En 1875, mon père débuta à Bressuire. Son traitement était de 64 francs par mois. Les adjoints se hâtaient d'aller « en commune », car, avec un grand nombre d'élèves, on pouvait doubler, et même tripler le traitement. En 1879, mon père fut nommé à Fay-l'Abesse, près de Bressuire, poste du Nord peu demandé. En 1882, il descendit vers le Sud, à E..., sa commune natale — école à trois classes — où il resta jusqu'à sa mort.

Ma mère, orpheline de bonne heure, fut élevée par ses grands-parents maternels, propriétaires à E... d'un hôtel d'une certaine importance. La construction de la ligne de chemin de fer de Chartres à Niort par Saumur fit décliner leur commerce, qu'ils cédèrent. Ma mère fut élevée comme les petites-bourgeoises qui allaient « en pension » (pension libre, tenue par des laïques), recevaient une instruction approchant du Brevet Elémentaire, mais ne risquaient point cet examen.

Mon père avait été de ces privilégiés qui, en commune au moment de la loi sur la gratuité, avaient conservé le traitement représentant le montant de la rétribution scolaire (2 400 francs environ). Les revenus de petits biens immobiliers, reçus de ses parents, étaient d'environ 100 francs. Ceux, personnels, de ma mère représentaient une somme de 500 francs. Cet ensemble de ressources annuelles de 3 000 francs permettait de vivre convenablement.

Elève de mon père

Ayant eu mon certificat d'études dans l'école de mon père, je suis entré au lycée de Niort en 6e classique (octobre 1895). Mon père estimait que je devais faire plus que lui. Les enfants des membres de l'enseignement étaient dispensés des frais d'études. De plus, j'avais une demi-bourse départementale. Ainsi l'enseignement secondaire n'était pas plus coûteux que l'école primaire supérieure.

Quand je fus à deux ans de mon premier bac, ma mère mourut. J'avais un jeune frère, de 7 ans plus jeune que moi. La famille fit remarquer à mon père que les études après le bac étaient très onéreuses. Si je m'y engageais, je risquais d'entamer à mon profit le patrimoine familial. On décida donc que je serais instituteur, et je quittai le lycée.

Je suis revenu travailler avec mon père, pour le Brevet Elémentaire et l'Ecole Normale. L'enseignement classique, que j'avais suivi, pouvait permettre d'avoir le Brevet Elémentaire sans beaucoup de transition, mais non d'arriver au concours de l'Ecole Normale de Parthenay. A Parthenay, il y avait toujours beaucoup de candidats, dont de nombreux élèves de l'Ecole primaire supérieure de Bressuire, qui étaient fort bien préparés. Les professeurs de l'Ecole Normale les préféraient, car ils avaient vu en langues, en mathématiques, en sciences, le début du programme du Brevet supérieur. Dans ma promotion, sur 12 admis, les six premiers reçus étaient des élèves de l'E.P.S. de Bressuire. Beaucoup de jeunes des Deux-Sèvres, se destinant à l'enseignement et voulant passer par l'E.N., étaient obligés d'aller dans les départements de l'Ouest, à majorité cléricale. Les Ecoles normales de Savenay et d'Angers avaient un grand nombre de postes à pourvoir, et proportionnellement moins de candidats. J'aurais pu suivre cette voie plus facile, mais mon père tenait à l'E.N. de Parthenay, qui avait été la sienne.

Le premier... et dernier poste

Entré à l'Ecole normale de Parthenay en 1901, sorti en juillet 1904 avec le Brevet supérieur, je fus nommé instituteur adjoint à M..., important chef-lieu de canton, le 1er décembre 1904 ; nommé directeur à cette même école le 1er octobre 1920, j'y ai terminé ma carrière en juillet 1939.

Il convient d'expliquer ce retard de deux mois dans la nomination de début. A cette époque, le retard était une habitude dans les Deux-Sèvres, sans être chaque année une règle absolue. Le mouvement principal avait lieu pour la rentrée d'octobre. Les propositions de l'Académie étaient rarement acceptées. Les Loges, la politique, la Préfecture préparaient une cuisine qu'il fallait cuire, et parfois digérer. Alors, l'Inspecteur d'Académie avait le droit de déléguer librement les stagiaires normaliens. Si une vacance se déclarait en cours d'année, les intrigues étaient encore plus grandes. On arrivait à déplacer plusieurs personnes, et le poste découvert était souvent attribué à un stagiaire qui n'avait pas réussi à l'E.N. et faisait ainsi sa carrière, dans les mêmes conditions qu'un normalien.

Quel bagage politique ?

La Commune de Paris. — Trois personnes m'en ont parlé. Le garde champêtre de ma commune natale, prisonnier de Sedan, Versaillais, avait la médaille militaire, gagnée en combattant la Commune. Je lui ai demandé la raison de cette récompense. Il m'a répondu : « J'ai démoli des barricades. » Sur son ruban jaune et vert, il devait y avoir des gouttes de sang.

Le second témoignage est plus important. C'est celui d'un ancien Commandant de Mobiles, ancien élève de Saint-Cyr, qui s'était distingué dans l'armée de la Loire. Il me disait que les débuts de la Commune n'avaient été qu'une révolte de patriotes contre l'armistice de janvier, qu'on ne saurait jamais pourquoi ce généreux mouvement avait pourri. Thiers aurait été capable de faire couler le sang des républicains français pour s'assurer les bonnes grâces des royalistes de l'Assemblée. Il était très, très républicain et m'affirmait que les généraux de l'Empire, sauf Chanzy et quelques autres, ne voulaient à aucun prix de Gambetta ; ils étaient pour la restauration de la monarchie.

Mon directeur, vers 1878, avait vu à Thouars des victimes de la Commune, qui vivaient en liberté surveillée. C'étaient des intellectuels. Ils donnaient des leçons dans les familles républicaines. La plupart ne savaient pas pourquoi ils étaient là.

Nicolas II a Paris (octobre 1896). — L'administration avait donné congé aux membres de l'enseignement qui iraient à Paris pour les fêtes franco-russes. Mon père décida de faire le voyage avec moi (j'avais 12 ans).

Je fus très fier d'avoir vu le tsar et sa suite se rendant à la Monnaie — les cousins qui nous recevaient habitaient dans ce vieux quartier. Je fus ébloui par la splendeur de la décoration des Champs-Elysées, où les arbres garnis de fleurs artificielles donnaient l'impression du printemps. Place de la Concorde, noyé dans la foule, je ne vis du cortège que les chefs arabes caracolant autour de la voiture impériale, les burnous rouges flottant en longues traînes et laissant à découvert les riches costumes brodés d'or. Contraste : je vis à la fin passer des cuirassiers. Je les admirai autant que les Arabes. Je trouvai majestueux ces lourds chevaux marchant lentement, ces cavaliers ayant la même attitude, immobiles comme des statues, raidis dans leur gaine de cuivre.

Je n'ai pas oublié cette immense clameur de « Vive la Russie ! », les petits drapeaux jaunes à l'aigle noir brandis au-dessus des têtes, l'enthousiasme délirant d'une foule que Paris n'avait jamais réunie, et toujours, toujours, ce « Vive la Russie ! ». Le petit campagnard que j'étais avait l'impression qu'il soufflait autour de lui un vent de folie. Tous voyaient dans le Tsar un sauveur, avec l'alliance russe assurant la paix du monde !

L'AFFAIRE DREYFUS. — Quand éclata l'affaire Dreyfus, après le *J'accuse* de Zola, les dreyfusards étaient rares. Il ne venait pas à l'idée de ces instituteurs, qui ne séparaient point l'idée de Patrie et celle de République, que l'armée fût odieuse à ce point. Ils ne se doutaient pas que si, sur les drapeaux, on pouvait lire « Honneur et Patrie », parmi ceux qui les suivaient on pouvait compter des racistes, des menteurs, des faussaires.

Cette illusion fut vite dissipée. Le journal *Le Radical* se trouva assez répandu dans l'enseignement. Pendant longtemps, quand les instituteurs se rencontraient, l'affaire Dreyfus revenait toujours sur le tapis, avec des nuances diverses dans l'expression, mais une parfaite unité dans les idées. L'affaire se politisa rapidement ; deux blocs : gauche — dreyfusards, droite — nationalistes. L'élection de Loubet fut pour les enseignants une joie et un réconfort. Cette République enfin à gauche était le triomphe de leur idéal. Sauf pour quelques-uns qui suivaient les choses de très près, l'affaire Dreyfus se termina autour de moi dans une certaine indifférence : la grâce était venue, la réhabilitation allait suivre, la raison avait gagné.

LA FONDATION DE L'ÉCOLE LAÏQUE. — Quand notre génération est entrée dans l'enseignement, les lois scolaires — qui avaient vingt ans — ne se discutaient plus, ne se commentaient plus. Les vieux instituteurs, qui en avaient suivi la préparation, le vote, l'application, s'étaient bien rendu compte que le prestige des éducateurs en avait grandi. L'Ecole, sortie du contrôle de l'Eglise, voyant le nombre de ses élèves s'accroître avec la gratuité et l'obligation, devenait peu à peu un corps important dans l'Etat.

En 1907, au moment de la propagande pour l'érection d'un monument à Jules Ferry, la Ligue de l'Enseignement, à laquelle nous appartenions, demanda de faire dans toute la France des conférences sur la vie et l'œuvre du grand homme qu'on allait honorer. J'en fus chargé. On applaudit fort cette phrase extraite d'un discours du père des lois scolaires. Après avoir cité les trois mots — gratuité, obligation, laïcité —, il ajoutait : « Quand toute la jeunesse de France aura grandi sous cette triple étoile, la République n'aura plus rien à redouter ! »

LA POLITIQUE COLONIALE. — Etant tout enfant, j'admirais, dans *Le Petit Journal illustré,* les gravures montrant le drapeau tricolore hissé sur quelque point de l'Afrique. J'avais un oncle qui avait été au Congo avec Brazza. J'étais donc bien préparé pour approuver la politique coloniale de la IIIe République. Je n'aurais pas été de l'avis de Clemenceau contre Jules Ferry. J'ai connu des anti-colonialistes, je ne partageais pas leurs idées. J'étais peut-être naïf, mais je croyais que ces colonies, promues plus tard au rang d'Empire, participaient à la grandeur de la France.

Je me conformais aux idées répandues par nos manuels d'histoire. Peut-être ont-ils exagéré, peut-être nous ont-ils trompés... Je ne veux pas faire de reproche à ceux qui ont travaillé pendant un demi-siècle pour l'empire colonial, ils méritent notre gratitude. Ils ne sont pas responsables de la conduite des profiteurs et des mercantis qui ont détruit leur œuvre. Pauvre Jules Ferry...

Une carrière en pays chouan

Il y a, dans les Deux-Sèvres, deux parties bien différentes, par le sol et par l'esprit : la Plaine calcaire où se recrutent les instituteurs, le Bocage et la Gâtine granitiques où se recrutent les curés. Le Bocage, pays des Chouans — entre la Vendée et le Maine-et-Loire —, a une très forte population, alors que la Plaine est dépeuplée. Dans cette dernière région, il y avait beaucoup d'écoles à classe unique. Dans le Bocage, s'il y avait beaucoup d'écoles libres de filles tenues par des sœurs, il y avait très peu d'écoles libres de garçons tenues par les frères : une seule à M... pour tout le canton. Les écoles communales avaient en général de 2 à 5 classes, ce qui absorbait la majorité des adjoints débutants du département. Presque tous y passaient ; c'est ce qu'on appelait « aller dans le Nord », ... avec le désir d'y rester le moins longtemps possible, pour descendre dans la Plaine.

Il paraît nécessaire d'expliquer comment j'ai pu faire ma carrière complète dans le Bocage, puisque je viens de dire que tout le monde en fuyait. Mon cas est exceptionnel pour deux raisons. D'abord, je n'ai jamais rien demandé, et j'ai toujours pris les choses en philosophe. De plus, la situation de l'instituteur était, à M..., toute particulière. Il y avait là une minorité républicaine et laïque très forte et agissante. La base en était un noyau protestant, échappé aux guerres de Religion et aux Dragonnades. Il s'étendait sur des communes limitrophes et représentait le quart de la population et de la superficie de la commune. Il y avait aussi des Dissidents ou Petite Eglise — catholiques qui n'avaient pas accepté le Concordat. La plus grande partie d'entre eux sont groupés à Courlay, où se célèbre leur culte, mais un nombre important habite M... Les agissements de l'Eglise romaine, qui les importune en ont fait des républicains. La campagne en dehors de la partie protestante homogène, est tout entière sous l'influence de l'Eglise. Dans le bourg, beaucoup d'ouvriers, de commerçants, d'artisans proviennent de familles dont les ancêtres n'avaient pas suivi les combattants vendéens, et pour cette raison avaient été brimés et parfois maltraités par la Chouannerie, dont les effets se sont fait sentir jusqu'en 1830. Leur plus grande manifestation de gauche est de mettre leurs enfants à l'école laïque, qui fut la leur.

Il ne peut être question de majorité et de minorité sans chiffres. Il y avait environ 900 électeurs inscrits et 850 votants. Les élections municipales — avec 21 conseillers — donnaient à la droite une majorité de 60 à 80 voix en moyenne. Parfois des questions personnelles jouaient suffisamment pour permettre à quelques rares candidats républicains d'entrer au conseil municipal. Pour les élections législatives, la différence entre les deux groupes n'atteignait pas 60 voix. La division était nette : deux partis, les Blancs et les Bleus. Les candidats des Blancs, toujours nobles, encore royalistes malgré leur étiquette de Républicains Indépendants, voyaient leur majorité s'amenuiser à chaque consultation. En 1914, il y avait 410 voix pour la droite et 411 pour le candidat radical socialiste — député sortant —, qui avait été combiste. L'arrondissement de Parthenay comprend 7 cantons dans la Gâtine, catholique mais libérale ; avant 1914, ces cantons donnaient de faibles majorités républicaines. Le huitième canton, M. (Bocage), pesait lourdement du côté de la balance en faveur de la droite.

Vendre le prestige

La concurrence, puisqu'on l'appelle ainsi, ne se manifestait pas maladroitement, en imitant ce qui se faisait en face. Il n'est pas inutile de citer deux exemples de cette petite guerre aimable. S'il y avait quelque mérite, il reviendrait à mon Directeur — que j'ai remplacé plus tard en suivant pendant 20 ans la route qu'il m'avait tracée. Au début de ce siècle, l'Instruction Publique, déjà astucieuse, n'avait pas rendu les cours post-scolaires obligatoires, mais donnait aux maîtres qui s'en occupaient deux semaines supplémentaires de vacances. On vit reparaître les cours d'adultes du 1er âge, d'ailleurs sans succès. Ils ne pouvaient vraiment pas se faire dans les communes rurales, où certains élèves habitaient à plusieurs kilomètres de l'école. Bien que très scrupuleux, les instituteurs en étaient réduits à organiser, quelques jours par semaine, une veillée à l'école, avec les grands élèves du bourg et quelques voisins complaisants. Comme je l'ai entendu dire à de vieux maîtres, d'une probité professionnelle incontestable : « cela permettait toujours de faire un rapport ».

Dans notre commune à concurrence, le prestige était la première marchandise à mettre sur le marché, et nous aurions été ridicules en adoptant la solution simpliste des écoles rurales. Il fut décidé de faire des conférences avec projections lumineuses [...]. Le Musée Pédagogique envoyait gratuitement des collections de belles vues photographiques sur verre, et des notices explicatives. Une revue, *Après l'Ecole,* fournissait des vues sur papier transparent, qu'il fallait monter. On y choisissait les dessins comiques, prédécesseurs de la bande animée, qui apportaient une note gaie. [...] Les séances étaient données le soir dans la même classe, pour les parents d'élèves et les amis de l'école. Il ne fallait pas songer au budget communal. L'appareil avait été payé par souscription. L'école publique des protestants avait procédé de la même façon, et les écoles échangeaient les vues, ce qui permettait de doubler les programmes.

Un peu plus tard, on organisa un voyage scolaire annuel. Passait à M... l'express Paris-La Rochelle-Rochefort. On pouvait, en une grande journée : visiter l'arsenal de Rochefort et un navire de guerre, passer une heure ou deux sur la plage de Châtelaillon, et voir le soir La Rochelle et le port de La Pallice. Dans ce port moderne faisait escale tous les samedis un des grands paquebots de la « Pacific Steam Navigation Company », reliant l'Angleterre à l'Amérique du Sud. Il était permis de le visiter.

La Droite s'en émut un peu. On insinua que les enfants devaient être trop fatigués. Cela n'eut point d'écho. Le nombre des participants grandit par la suite, des parents se joignant aux enfants. Ces voyages prirent fin le dernier samedi de juillet 1914...

Sur la route de gauche

Les instituteurs auraient pu se consacrer uniquement à leur service scolaire, mais la situation dans cette commune exceptionnelle créait des devoirs spéciaux. Ils étaient engagés sur la route de gauche, ils devaient une collaboration à ses œuvres. La bibliothèque et la société de tir étaient seules à la charge totale de l'instituteur. Cette dernière avait son stand dans la cour de l'école de garçons et occupait par an plus d'une demi-douzaine de dimanches complets. Pour la bibliothèque (environ 2000 volumes), il fallait s'occuper de l'achat et de l'entretien des livres. Le service des bibliothécaires bénévoles (une commission de 12 membres, dont 6 fonctionnaires non enseignants) était assuré chaque dimanche, sauf pendant les vacances. [...]

Les écoles publiques ne faisaient à cette époque que peu de fêtes, bien que ces dernières soient toujours très réussies. Les membres de l'enseignement étaient virtuellement dans l'obligation d'assister aux concerts, aux banquets et à toutes les manifestations, politiques ou autres, de gauche.

Sur la voie publique, les écoles libres triomphaient nettement avec leurs 300 élèves. La brillante procession de la Fête-Dieu, ses imposants reposoirs avec nombreux figurants, avaient une grande allure. Les défilés de la Sainte-Enfance et leurs multiples costumes réjouissaient les parents. Leurs sociétés de gymnastique, souvent accompagnées de celles des environs, avec tambours et clairons, parcouraient fièrement les rues, faisant l'admiration générale. Mais rien ne pouvait égaler la venue annuelle de l'Evêque pour la confirmation. Reçu à l'entrée du bourg par les autorités et les notables, le Prélat se rendait à l'église par les rues jonchées de fleurs. Il était suivi par des enfants portant des fleurs, des gymnastes en tenue et les diverses sociétés de droite. Ce long cortège passait entre deux haies d'environ 2000 fidèles, recueillis et silencieux.

En face de ces manifestations très spectaculaires, les Gauches ne pouvaient opposer que la réception du Préfet pour le Conseil de révision. Les conservateurs, voulant ignorer tout ce qui représentait la République, ne recevaient pas les autorités. Le délégué de la Préfecture, chef du parti républicain, sorte de sous-préfet de canton, accueillait le premier fonctionnaire. Après le Conseil de révision, il y avait chez le délégué un déjeuner qui rassemblait, autour du Préfet, les notables de gauche de M... et de la région. Le Préfet visitait les écoles publiques, parce que l'Evêque visitait les écoles libres avant son départ.

Cela était bien, mais il y avait eu, avant, la cérémonie de la gare. C'était la très minuscule reproduction de l'arrivée du Président de la République dans un chef-lieu de département. Arrivée du train, éclatante *Marseillaise,* discours du délégué, réponse du Préfet, présentation des fonctionnaires. Le cortège se formait. En tête, la musique, le préfet en uniforme et le délégué avec la redingote et le haut-de-forme de la Belle Epoque. Suivait une douzaine de fonctionnaires, eux aussi avec redingote et chapeau. Ces austères vêtements dataient certainement tous de leur mariage et certains étaient d'un passé lointain. On y voyait redingotes avec basques trop courtes et chapeaux à poils trop longs. Venait ensuite un grand nombre de conscrits du canton (totalement en dehors des luttes intestines locales) : ceux de M... — les républicains seuls portant fièrement leur drapeau — prenaient la tête du groupe avec autorité. Au son des cuivres on traversait toute la ville pour se rendre à la mairie qui était assez éloignée.

Le 14 Juillet

Ce défilé était une aubaine pour le petit journal local de droite. Son rédacteur était assez habile pour varier chaque année ses malices. Les fonctionnaires supportaient sans se formaliser cette ironie. D'ailleurs, en nous réunissant à la gare, nous étions les premiers à rire de nous-mêmes. Notre journaliste de gauche ne répondait pas à cet article, car les républicains avaient leur revanche le jour du 14 Juillet. Là, ils étaient maîtres de la rue. Ils organisaient cette fête avec leurs propres moyens et leur propre matériel.

La municipalité conservatrice ne reconnaissait pas cette fête, la droite la boudait, les écoles libres faisaient classe. La gauche avait fondé une Société des fêtes, qui n'organisait d'ailleurs que celle-là. Les ressources provenaient d'une souscription, qui était payée avec la régularité d'un impôt. Les moins sectaires des commerçants de droite versaient aussi, et presque tous les cafés (il y en avait 32, qui étaient appelés à profiter de la grande affluence d'un jour d'été). Les instituteurs, avec les grands élèves, aidaient aux préparatifs, qui commençaient à la sortie de la classe du 13. La musique avait un kiosque démontable, la Société un mât de cocagne, des porte-flambeaux en forme de croix de Lorraine hauts de 2 mètres et pourtant légers. Les écoliers plaçaient, la veille, lanternes et bougies. Dès le matin du 14, des ouvriers venaient sur la place principale monter le kiosque et le mât de cocagne. La gare avait la charge de tirer le canon de la veille et du matin, modeste pièce faite d'un vieux tampon de wagon à tige taraudée.

La fête commençait au début de l'après-midi par des compétitions et des jeux divers entre les enfants, dirigés par les instituteurs et les pompiers. Les hommes se répartissaient de-ci, de-là pour des concours de boules. Le lancement de la montgolfière par les pompiers annonçait à tous que le concert de la musique allait commencer. Alors la foule remplissait la place de l'église, car le quartier des protestants venait en masse à cette heure, ayant réservé la matinée aux travaux des champs. *La Marseillaise* était écoutée tête découverte, applaudie frénétiquement et répétée. Le concert se terminait par *Le Chant du Départ*. Le banquet réunissait alors un très grand nombre de convives : *La Marseillaise* y était chantée, mais on préférait *Le Chant du Départ*, dont le refrain permettait de clamer le mot République à la face des Chouans. Alors les écoles laïques entraient en scène. Les institutrices, aidées par les parents, avaient fait allumer les 4 ou 500 bougies des lampions, et le cortège se formait pour la retraite. En avant, la musique, dont les exécutants se relayaient pour jouer sans arrêt, les pompiers avec des torches, les instituteurs à la tête des élèves (garçons et filles) portant les flambeaux se mettaient en marche, suivis d'une foule longue et joyeuse. Au milieu des pétards et des feux de Bengale, allumés sur le seuil des militants de gauche, on parcourait ainsi près de 3 kilomètres, avec un arrêt assez long à la gare. Là, une partie du concert était répétée, car on était à la limite du quartier protestant, qui avait droit à la fête. Les enfants reposés et rafraîchis, la deuxième partie de la retraite s'effectuait avec plus de calme. Nous revenions à l'école, couverts de poussière et de taches de bougie. Jamais une maman n'a formulé une plainte. La municipalité, compréhensive, mettait les halles à la disposition des organisateurs du bal public qui clôturait la fête, et permettait aux cafés de rester ouverts toute la nuit.

Nous croyons utile d'expliquer la longueur des détails sur cette journée républicaine : en face d'une majorité à tendance royaliste, dans une région où les ferments des guerres de Vendée subsistaient, il fallait des convictions solides à un groupe de républicains isolés pour organiser, avec ses seules ressources et son propre matériel, une véritable fête de 14 juillet, dont le succès n'était pas contesté.

L'Eglise et l'heure solaire

Aucune difficulté avec les notables locaux : on n'avait de relations qu'avec les seuls notables laïques ; avec les autres, on s'ignorait réciproquement. Rien de fâcheux dans les relations avec les autorités ecclésiastiques. Le doyen, son vicaire et les missionnaires lisaient en chaire les mandements contre l'école laïque, les commentaient, mais n'entreprenaient jamais aucune action hostile. Les parents de nos élèves, tout en pratiquant, ne subissaient pas l'influence du clergé, ni son ingérence dans leurs affaires personnelles. Quant aux pasteurs protestants, ils avaient leurs propres écoles publiques, et nous n'avions avec eux que de rares entretiens, au cours desquels la question scolaire n'était jamais abordée.

Tous les curés firent, simultanément, une démarche auprès des instituteurs pour mettre les horaires scolaires à l'ancienne heure. J'eus la visite du doyen de M..., qui me demanda de retarder d'une heure la rentrée du matin, car le catéchisme avait lieu chaque jour à l'heure précédente. Je lui répondis que tous les services publics, les marchés et les foires étaient à l'heure légale ; il paraissait donc inutile que l'école et l'église fassent exception. Il se rangea à mon avis, et me fit même une confidence : « cette décision est plutôt favorable à ma santé, le jeûne prolongé me fatigue et toutes les cérémonies religieuses seraient décalées ». Il me demanda même, avec le sourire, l'autorisation de dire à certaines bigotes que c'était l'instituteur qui n'avait pas permis la réalisation de leur désir.

Dans presque toutes les communes, ce fut l'Eglise qui l'emporta. Voilà ce que m'a prié de vous faire connaître un collègue tenu au courant de votre questionnaire et de mes réponses. Comme les gens sont plutôt paresseux dans l'ensemble, que les mamans sont plutôt en retard pour préparer leurs enfants, les curés se sont faits les énergiques adversaires de cette nouvelle heure, qui n'était pas la véritable, car c'est le Divin Soleil qui commande. Ils laissèrent le catéchisme à l'heure dite ancienne. Ils étaient déjà en défaut en faisant un jour de classe les exercices religieux et dépassaient donc largement la mesure. Dans une commune de l'arrondissement de Parthenay, l'instituteur, plus intelligent que le curé, voulut, pour éviter la querelle, prévenir discrètement ce dernier par l'intermédiaire des enfants. Le curé leur répondit que le catéchisme ne regardait pas le maître d'école. Celui-ci fit une démarche personnelle. Le prêtre, fort de l'appui des paresseux — la paresse est pourtant un péché — se cantonna sur ses positions : une seule heure, le soleil. L'instituteur, ne voulant pas céder, en référa à l'inspecteur primaire qui répondit : « Vous êtes seul juge de la situation. » Toujours la même méthode parmi les supérieurs hiérarchiques : pas d'histoires, pas d'histoires ! Un groupement corporatif n'eût pas mieux fait. Que pouvait faire l'instituteur ? Subir l'heure du Soleil...

Les représailles

Rien de fâcheux pour nous à l'époque des Inventaires. Les écoles ne furent jamais en cause. M... eut, dans la région, le premier inventaire fait par la force. Manifestations, ambiance d'émeute, mais rien ne fut fait contre l'enseignement public. Par contre, des représailles féroces sur certains commerçants. L'hôtel républicain, qui était sur la place de l'église, ayant eu un des bat-flanc de son écurie pris par les gendarmes pour défoncer une des portes de l'Eglise, fut malgré son innocence complètement vidé de sa clientèle en une semaine. Tout voyageur de commerce qui y descendait ne prenait aucune commande chez les commerçants de droite, les plus nombreux et aux affaires les plus importantes. Le propriétaire de l'hôtel fut obligé de vendre et de partir.

Il ne m'est pas possible de parler exclusivement de ce qui m'a été personnel. La tranquillité de l'instituteur de M... était une exception. Dans cette période où l'Eglise, vaincue pour la première fois, ressortait la vieille chouannerie, beaucoup de membres de l'enseignement ont souffert. Je crains que maintenant, morts ou disparus, rien ne nous parvienne de ce qu'ils ont dû subir. Je me borne aux faits qui se sont passés dans deux communes de la région la plus fanatique, coincée entre la Vendée et le Maine-et-Loire. A Cirières, un camarade de promotion, mort à la guerre de 1914, fit une leçon sur les objets utiles, agréables... et autres qualificatifs ; il lui arriva, dans les choses citées, de parler des statues des Saints. Le lendemain, il fut hué, lapidé et eut beaucoup de peine à échapper au danger. On dut le déplacer dans la semaine pour le sauver. Au P..., un maître que j'ai bien connu, homme pacifique par excellence — et, entre nous, sans personnalité —, vit incendier son tas de bois. Toutes les maisons de commerce lui furent fermées et, pendant très longtemps, il dut aller se ravitailler au chef-lieu de canton.

Se garder aussi à gauche

Dans les centres importants, où les élus étaient tous à droite, on choisissait un Délégué de la Préfecture, qui sollicitait et jouait un rôle que des gens délicats n'auraient pas accepté. Ces délégués appartenaient en général à une profession libérale ou au commerce. J'ai pu les apprécier, ces petits tyranneaux qui croyaient avoir des droits sur les fonctionnaires. Leur républicanisme était souvent pour eux une source de profit. Le nôtre, un docteur, savait distribuer des secours, des certificats, faire affecter le militaire à une garnison de son choix, faire obtenir des permissions, procurer des pupilles de l'Assistance Publique, etc. Il pouvait faire nommer à tous les petits emplois : cantonniers, facteurs, gardes forestiers, etc. Tout cela contribuait fortement à l'accroissement de la clientèle...

Pas de dépenses inutiles

Le traitement de début ne permettait pas à l'instituteur de vivre normalement sans l'aide de sa famille ; et celui de 1914 était bien insuffisant si la femme ne possédait aucune ressource. C'était un Jean Coste.

Ma femme était institutrice et avait le même traitement que moi, sans aucune autre activité, ni autre ressource. Les deux traitements permettaient à un ménage de vivre convenablement. Cependant il fallait éviter tout gaspillage et les dépenses inutiles.

[A titre d'exemple, nous reproduisons le budget de ce ménage d'instituteurs pour l'année 1907. L'auteur fait toutefois remarquer : « On pourrait trouver que la somme des économies est relativement importante pour notre condition. Elle n'est pas le produit de sordides privations. Le fait d'avoir perdu nos parents nous avait laissé plus de mobilier, de linge, de vaisselle et autres objets que nous n'en avions besoin. Sans cela, les économies nous eussent tout juste permis d'acheter le nécessaire. »]

Bilan 1907

Recettes

Reliquat 1906	18,80
Traitements	2 230,10
Indemnités résidence	100,00
Cours d'adultes	23,50
Etudes	21,75
Divers	19,00
	2 413,15

Dépenses

Nourriture	451,80
Eclairage, chauffage	50,25
Vêtements et entretien	271,85
Blanchissage, repassage	71,80
Cadeaux	99,95
Barbe	12,60
Journaux	23,25

Inutiles (café, tabac, jeu)	29,00
Correspondance	50,85
Voyages	263,50
Médicaments	44,80
Charges de famille (accouchement, nourrice...)	534,20
Impôts	22,50
Cotisations diverses (Association des Membres de l'Enseignement, Syndicat, Prévoyants de l'Avenir, Comité Républicain, Ligue des Droits de l'Homme, Autonome, Société des Fêtes, Société de Tir, Bibliothèque Pédagogique, etc.)	50,05
Livres	5,65
Objets mobiliers	9,70
Economies à la Caisse d'Epargne	400,00
Total des Dépenses	2 397,95
Reliquat pour 1908 :	15,20

Les relations : des fonctionnaires

Jusqu'en 1914, nous avions des relations très amicales avec les collègues des environs, à peu près de notre âge, et souvent amis de l'Ecole Normale. [...] Nous n'ignorions pas la population, mais nous n'y fréquentions personne tout particulièrement. Il est sage de mettre tous les parents sur un même pied d'égalité. Dans notre chef-lieu de canton, nous avions formé un groupe composé en majorité de fonctionnaires mariés. On se voyait souvent, on se recevait sans façons, et nous faisions ensemble d'agréables petits voyages à la belle saison. Les enseignants étant les moins payés de tous, on ne nous jalousait point, sauf pour les vacances. Le groupe diminua peu à peu, départs, mutations, etc.

Une fille... institutrice

J'ai rempli mon service d'instituteur très consciencieusement. Je n'ai jamais pris un jour de congé de maladie. J'ai subi deux opérations, mais pendant les vacances. Cependant, je ne peux pas dire que l'enseignement était tout pour moi.

Nous avons seulement une fille. Sortant de l'école primaire, elle entra comme interne à l'école supérieure de Bressuire, pour la seule raison qu'elle n'était qu'à 16 kilomètres de notre résidence. Si nous avions été près de Niort, elle serait sans doute allée au Lycée. Nous n'avons pas fait pression sur elle. Bressuire préparait surtout au Brevet et à l'E.N. Elle fut conduite naturellement vers l'enseignement. Il ne nous est d'ailleurs pas venu à l'idée de nous y opposer.

Amicaliste, sans illusion

J'entrai à l'Amicale en 1905. Le Manifeste des Syndicalistes portait les signatures d'une institutrice et de deux instituteurs des Deux-Sèvres. Ils rallièrent autour d'eux un certain nombre de partisans : pas d'inscrits au groupe, mais beaucoup de sympathisants.

Des propositions faites par eux à l'Assemblée Générale de l'Amicale, pour la transformation de celle-ci en Syndicat, étaient repoussées, étant illégales. Mais l'idée nouvelle faisait son chemin. Dans les Deux-Sèvres, l'Amicale avait un Conseil d'Administration composé des 4 conseillers départementaux et de 31 délégués (un par canton). Ce poste de délégué n'était convoité par personne dans la région du Nord, et très difficilement pourvu dans les cantons éloignés de

Niort. Il me fut attribué en 1910, parce que j'étais jeune et pouvais aller facilement au chef-lieu.

Première victoire des syndicalistes, l'institutrice du Manifeste avait été élue au Conseil Départemental, et entra de droit au Conseil d'Administration de l'Amicale. Elle avait tout de la suffragette anglaise. Je pensais qu'en réalité, il n'y avait ni amicalistes, ni syndicalistes purs. Les premiers étaient des radicaux qui voulaient conserver leur poste, les seconds étaient des socialistes qui voulaient les remplacer, pour prendre la direction des groupements corporatifs. Entre les mains des syndicalistes, l'Amicale devenait un syndicat de fait, avant de le devenir en droit. Je fus délégué à Nantes, en 1911, au Congrès de l'Amicale. La lutte était déjà engagée entre les deux tendances. Les voix purent se compter nettement pour l'élection du vice-président du Congrès. Glay eut le même nombre de voix que Rebeyrolles — de Bordeaux —, qui fut élu au bénéfice de l'âge. Roussel était déjà président de la Fédération Nationale. Le glas des Amicales sonnait.

Bleus contre Blancs

Je n'ai jamais appartenu à aucun parti politique. Je n'ai jamais compris leur grande diversité, leurs querelles stériles. Je les ai tous plus ou moins critiqués.

Toutes les consultations électorales auxquelles j'ai pris part pendant plus de trente ans ne nous imposaient aucune réflexion : on ne pouvait voter que Blanc ou Bleu. En 1936 sortirent pour la première fois trois candidats de gauche : vieux radical ordinaire, jeune radical pelletaniste, socialiste. Mais, au ballottage, le bloc des Bleus se retrouvait sans fissures.

Libre penseur, mais pas franc-maçon

J'étais libre penseur. Nous nous sommes mariés en 1906. Le mécontentement de l'Eglise était tel que nous appréhendions de passer sous les fourches caudines du curé doyen, qui était un « dur ». A cette époque, il était difficile de se marier civilement sans mécontenter fortement quelques membres très chers de la famille. Je demandai à un grand-oncle, curé dans les Deux-Sèvres, de venir nous marier dans l'intimité, ce qui fut fait. Il n'y eut pas d'invitation à la bénédiction, ni de carillon. Notre fille a été baptisée pour les mêmes raisons. Mais, dans sa vie et celle de ses enfants, il n'y a eu aucune manifestation religieuse. Elle fut la seule de la commune à ne pas faire sa première communion. Notre grand-oncle, le curé, fort libéral, nous appliqua une seule sanction : pas de cadeau.

J'ai probablement connu la franc-maçonnerie autant que peut l'être une société secrète. J'ai fréquenté beaucoup de francs-maçons qui ne se cachaient pas, sans dévoiler de secrets, mais assez librement. J'avais un grand-oncle qui joua un rôle important à la Loge de Niort. Il termina sa vie comme Officiant. Il ne me demanda jamais d'y adhérer, pas plus qu'il ne l'avait demandé à mon père. Si mon père n'était pas des Loges, un grand nombre d'enseignants en étaient, et aussi des plus jeunes. A partir de 1900, il y avait moins d'adhérents, et très peu de ceux de mon âge.

J'ai considéré les francs-maçons comme les pionniers du vrai radicalisme et les défenseurs dévoués de la laïcité. Cependant je leur reproche d'avoir accueilli trop de frères qui comptaient sur leur appui pour l'avancement plus rapide et un poste meilleur. [...] Je me dois de signaler tout particulièrement la situation dans l'arrondissement de Parthenay. La Loge était très importante. Le Vénérable était le sénateur-maire de la ville, M. A... Les adhérents comprenaient des commerçants, des fonctionnaires et la majorité des enseignants âgés de la région. L'inspecteur primaire en faisait partie. On avait l'impression que, pour les instituteurs, l'arrondissement était une chasse gardée en ce qui concerne les postes importants. Les adjoints (les « sous-maîtres », comme on disait) étaient considérés comme du menu fretin de passage. Quand le mouvement du personnel se faisait entre francs-maçons, rien ne filtrait. Si un candidat non maçon voulait entrer dans la circonscription, cela n'allait jamais tout seul.

II

UNE JEUNE FILLE RANGÉE

Le pays d'où vient ce nouveau récit n'est plus une terre de chouannerie, mais un pays de mission : une des rares taches de déchristianisation sur la carte de la pratique religieuse en France. L'institutrice débutante y échappe aux tracasseries qui empoisonnent la vie de ses collègues de l'Ouest. Aussi bien, il s'agit d'un texte intimiste ; ce n'est pas la politique, même locale, qui intéresse cette institutrice, mais l'affection vigilante d'un père, l'amitié de « bons collègues », les menues joies de la classe : autant d'occasions, pour cette éternelle jeune fille, d'écrire des pages qui, par-delà le temps, conservent l'accent émerveillé des débuts dans la vie.

Une ligne toute tracée

Je suis née à B..., petite commune de l'extrême sud du département de l'Aube, le 2 août 1891. Par la nomination de mon père, instituteur, je suis arrivée en octobre 1894 à P..., petite commune dans le pays d'Othe — poste demandé pour se rapprocher de la famille maternelle. Mon père, jeune homme, était « sous-maître » à l'école de garçons d'Aix-en-Othe. Il avait ainsi fait connaissance avec la plus jeune fille de la grande épicerie sur la place, belle jeune fille, intelligente, qui servait au comptoir, après avoir été une bonne élève chez les Sœurs.

... Je me considère donc comme une « naturelle » indigène de P... Mon père a terminé là sa carrière, et je lui ai succédé : j'y suis venue prendre ma retraite. La contrée est aimable et riante, et elle m'attache par tant de souvenirs...

Pourquoi je suis devenue institutrice ? Dame, on n'y aurait pas songé si je n'avais pas réussi mes études. J'étais bonne élève et, à cette époque, on ne voyait guère d'autre issue que celle-là : être institutrice. Je ne puis pas dire que j'aie choisi. J'ai suivi une ligne qui paraissait toute tracée. Au Certificat d'Études, reçue première du canton, 1er prix de 20 F offert par le Délégué Cantonal. C'était une gloire à cette époque-là ! Et l'autre candidate, présentée avec moi, reçue aussi. Depuis plusieurs années qu'il ne s'était trouvé que des cancres — qui faisaient douter de leur instituteur —, c'était une réhabilitation. Quelle joie dans le pays (et dans la famille, donc...) !

Brevet élémentaire : reçue avec de bonnes notes, que M. l'Inspecteur a pris soin lui-même de faire parvenir...

Ma chère maman s'éteignit et, dans ses derniers conseils, elle dicta la conduite à suivre : « Ma petite fille, sois institutrice. » Et, au conseil de famille où des tantes préconisaient ma présence auprès de mon père qui allait avoir besoin d'une aide féminine, j'ai nettement indiqué que j'obéirais à Maman. Et je l'ai toujours remerciée en moi-même de ce choix.

Et, instinctivement, d'ailleurs, sans même avoir prononcé le mot, j'avais senti que ce choix m'amènerait l'indépendance, que j'aurais une vie plus large.

J'ai été présentée à l'E.N. par la directrice d'école d'A... Il aurait mieux valu sans doute que j'aille à l'Ecole Primaire Supérieure, j'aurais été mieux préparée. D'autres Auboises de ma promotion en sortaient, d'autres avaient suivi des cours bien plus spécialisés. On ne m'avait même pas appris à faire le compte rendu figurant à l'examen d'entrée à l'E.N. ! Parce que j'étais imbattable à l'orthographe, que j'avais assez d'idées en français, des connaissances historiques, que je réussissais les problèmes du cours... enfin ce qui convenait pour le Brevet, mais pour l'Ecole Normale, c'était autre chose, et j'ai bien souffert de toutes mes insuffisances. Toutes les autres avaient un an d'avance sur moi.

Premier poste

[...] Me voici amenée en ce petit hameau de R..., la veille de la rentrée, par un dimanche pluvieux où tout paraît lugubre, amenée dans le quat'roues du cousin Moreau, accompagnés en surplus de la vieille Julie, qui s'occupe du ménage de mon père ; et c'est elle qui lave le carrelage bosselé, grisâtre, poreux. Papa veut m'apprendre le mécanisme qui m'obtiendra de l'eau, car si les cultivateurs et quelques autres personnes ont leur pompe ou leur puits, les munificences communales n'ont pas trouvé nécessaire d'en gratifier l'école !... il faut descendre retrouver la rue du village, la rue qui à gauche devient la route de R..., d'Aix... de l'échappée..., mais en continuant à droite passe devant un tertre assez considérable sur le haut duquel se dresse un puits, un puits à deux seaux en bois, assez volumineux et lourds. L'un monte quand l'autre descend et mon père veut voir si je pourrai le manœuvrer. Derrière le tertre, il y a une maisonnette, deux figures poupines apparaissent à la fenêtre, l'une toute ridée, l'autre toute jeunette, mais souriantes toutes les deux : « Oh ! mais, on lui en tirera bien, si elle peut pas... » Mais j'ai pu...

[...] Enfin en ce dimanche de rentrée, mon père, qui décidément pensait à tout et avait déjà circulé dans le village (qu'est-ce que je pouvais bien faire pendant ce temps ? déballer la vaisselle sans doute, ... les livres, ... la bouteille d'encre — encore une pensée de mon père), est satisfait de me faire connaître la ferme où j'aurai du lait. C'est l'opposé du puits, on s'en va sur Paisy de ce côté-là... La fermière est jeune et souriante. Trois enfants l'entourent, tous trois jolis, aux grands yeux interrogateurs. Les deux plus jeunes ne sont pas encore d'âge scolaire, Hélène — que j'aime tout de suite — a 8 ans. Ce sera une maison charmante, où l'institutrice est aimée d'avance, où je pourrai faire une petite causette de temps en temps, où l'amitié se gardera jusqu'à ce que la mort emmène — trop tôt — la pauvre maman.

Il y a encore la vieille Fillon, la cabaretière, à main droite avant d'arriver au puits, qui me vendra du vin, me donnera des pommes de terre... Des gars du village s'amusent, autour d'un billard me semble-t-il. Regards curieux bien entendu, mais je crois que personne n'a de malice.

Et Aurélie, du dépôt de pain, qui a perdu une fille, et dont le cœur s'émeut, je crois, de la jeunesse, de la blondeur, de la minceur de la petite institutrice nouvelle.

Et, après une visite de présentation aux deux conseillers municipaux, la voiture tourne là, en bas... la nuit vient. Le cousin Moreau l'a dit plus tard : le papa pleurait un peu (jamais je ne l'avais vu pleurer) et le cousin goguenard se plaisait à rappeler qu'il lui avait dit : « Voyons, vous n'allez pas chialer, tout de même ! »

Et qu'est-ce que fit notre nouvelle promue ? Eh bien, elle chercha tôt le sommeil. Et le lendemain, plus de pleurs, le soleil était revenu, une amie allait arriver, les mines souriantes des élèves, de si doux enfants qui s'annonçaient. Tout alla bien, et ces cinq ans passés à B..., ces cinq ans de début et de jeunesse, ne m'ont laissé que de bons souvenirs.

Premier traitement

Mon traitement de début ? D'abord, j'arrivai à mon petit B... nantie de 50 F pour mon mois. Bien entendu, mon cher Papa m'avait pourvue de meubles et ustensiles nécessaires — enfin, de première nécessité —, et je n'avais pas manqué de rappeler que Maman avait dit : « Ce buffet, ce sera pour toi, quand tu seras Institutrice. » C'était le buffet qu'ils s'étaient offert en se mettant en ménage, probablement...

Un souvenir bien vif que ces questions font resurgir, c'est celui du facteur, le père B..., entrant en classe comme chaque jour depuis un mois pour me remettre journal et correspondance ; et, ce jour-là — je revois ma classe comme si j'y étais — ... et voilà qu'il me met quelques pièces d'or dans la main... C'était mon premier gain. Oh ! que ces pièces m'ont paru belles ! Mais, exactement, quelle somme c'était ? était-ce 100 F ? c'était autour de 100 F, toujours. Mon ravissement était d'autant plus grand ce matin-là que, dans l'insouciance de mes vingt ans... ou l'enchantement de mes débuts, je crois bien n'avoir pas songé comment arriverait cette manne merveilleuse. J'avais vu mon père recevoir son papier-mandat, qu'il convertissait en monnaie au passage du Percepteur, ou en allant à son bureau... mais, en ce B., si écarté des communications, comment ? La question avait été résolue par celles qui m'avaient précédée, et mon brave facteur avait continué.

Premières dépenses

Sans doute avais-je pu durer tout le mois avec les 50 F de Papa, aussi les 100 F, mon premier gain, *mon argent à moi,* me parurent vraiment mirifiques... Seulement, je n'avais dépensé que pour ma nourriture, et le litre de lait coûtait 0 F 15. Quand la douzaine d'œufs monta à 2 F en hiver, je trouvai d'abord que c'était cher ; puis je me fis la réflexion que c'était encore plus avantageux que le morceau de veau au même prix, qui ne me durait que trois repas, alors que 12 œufs pouvaient m'en faire six... Donc, je n'avais, ce premier mois, dépensé que pour ma nourriture, à part quelques vétilles. Et je m'étais donné le luxe de recevoir une amie quelques jours, pour m'habituer à ce dépaysement. Mais quand il fallut bien, de temps en temps, s'occuper de la garde-robe, ou autres choses utiles, il fallut compter. Un de mes premiers achats fut un Coucou, sorte d'horloge qui me faisait envie chez ma sœur. Je crois me souvenir l'avoir payé 25 F, à Troyes, chez ma bonne cousine D..., bijoutière horlogère. Pour aller prendre le train à la gare de V..., je pédalais — grâce à la bicyclette, encore une générosité de mon père — une dizaine de kilomètres. Et on revenait le soir, de nuit, ... et un petit bois à traverser, en montant une côte. Pour les colis, il y avait un messager, mais seulement jusqu'à R..., à moitié chemin. Pour les « monter » à B..., il fallait des complaisances. Comment le coucou débarqua-t-il chez moi ? je n'en sais plus rien du tout. Serait-ce mon beau-frère qui me l'apporta ? En tout cas, c'est ce cher brave homme qui prit sur son temps de travail et pédala ferme depuis A... pour venir planter un piton solide à quoi accrocher le gai tic-tac qui meubla ma solitude. Que ses cou-cou me parurent harmonieux !

Et enfin, s'il fallait, avec le modeste traitement, savoir compter, il me semble que je ne me plaignais pas... J'étais soigneuse, mes petites toilettes duraient, et j'étais tout de même coquette. Je m'achetais du joli papier à lettres, et de petits flacons d'essence parfumée, et des étrennes pour mes neveux, et des livres. Et, aux grandes vacances 1912, je m'offris mon rêve : une virée en Bretagne ! Je me souviens quand même qu'en certaines fins de mois, je n'avais plus grand argent devant moi, ... et m'être contentée d'une tisane d'abricots secs. Mais, pour rien au monde je n'aurais pensé à demander à mon père, ou à emprunter — comme on disait au village de l'institutrice que je remplaçais, et qui mit un an à rembourser.

Une hostilité latente

L'époque des laïcisations était passée. Il n'y eut pas de conflit avec les autorités ecclésiastiques. Mais j'ai senti une certaine hostilité latente entretenue par des gens qui, certainement, se « montaient la tête »... On aurait voulu trouver à me critiquer... Même lorsque, pour le bien des enfants, je prenais sur mon temps de liberté pour surveiller la retenue à cause d'un problème à refaire, d'une correction quelconque. On me montrait les dents, on venait chercher les enfants avec des paroles méchantes, haineuses même. Je revois encore la tête un peu convulsée, les lèvres mauvaises d'une maman, accourant à l'école chercher sa fille et me lançant : « Bien sûr, vous, vous êtes bien tranquille, là... ça vous est bien égal que, nous, nous attendions. » Elle ne se rendait pas compte que, moi aussi, j'avais l'estomac dans les talons, qu'elle avait quitté une chambre chauffée où son mari pouvait surveiller la potée, tandis que moi, au 1er, au-dessus de la classe, tout était à faire. On pouvait reconnaître là, comme chez d'autres, un amalgame de méchants sentiments, la jalousie de situations différentes, une vieille rancœur contre celle qui pouvait voir les défauts, juger...

Ajoutons que ces gens étaient, pour en revenir à ma première idée, du clan du patronage clérical, dont les fillettes se réunissaient le jeudi chez une bonne demoiselle, qui ne devait pas prêcher la révolte ou la méchanceté... mais un certain antagonisme se trouvait ainsi créé.

Gagner les parents

Heureusement, j'ai eu ma revanche. D'abord les résultats aux examens, qui dépassèrent ceux auxquels on était habitué. Puis j'organisai aussi de petites fêtes où les enfants se produisaient dans des saynètes, monologues, récitations, qui furent plus appréciées que celles du patronage. C'est un moyen efficace, pour gagner les parents, que de mettre leurs enfants en vedette... Et puis il y avait tout de même, en dehors des aigres ou des indifférents, des amis de l'école.

Je ne suis jamais allée veiller nulle part, mais je

sentais partout gentillesse et bienveillance, comme l'avaient probablement éprouvé aussi mes devancières ou devanciers. Gens simples, frustes, mais contents que leurs enfants s'instruisent. Plusieurs fermes aux alentours dont les noms poétisaient le pays : La Métaierie aux Alouettes, La Rondinerie, Chasse-Profit... Avec les enfants, après 4 heures, les journées étant encore belles, j'excursionnais dans ces alentours, à travers les champs de pommiers, les ravins. Tout était nouveau, souriant. De la Métaierie, où il y avait une écolière, on m'envoya des pommes...

A Noël, j'avais préparé un petit sapin, avec mes petites économies, un peu augmentées par ma sœur. O combien il était modeste. J'étais heureuse avec mes écoliers, heureuse de la petite joie donnée. Mais à la rentrée, ô surprise, un jeudi matin, je vois un cortège envahissant la petite cour. Deux élèves portaient une glace que je trouvai superbe, et grande. Et on me lut un compliment ! Vraiment, je ne m'y attendais pas...

Tous collègues

Débutante au hameau, je rencontrai à la commune, R..., de nouveaux nommés. Nous étions donc, eux et moi, nouveaux dans la contrée. Quelle chance j'ai eue de rencontrer de si braves gens, de si bons collègues ! Ils m'ont facilité la vie autant qu'ils ont pu... conseils, avis de toute sorte, appui auprès de la municipalité. Le maire, d'ailleurs, était tout acquis aux instituteurs, sa maison leur était ouverte aussi. Il avait aussi été instituteur, mais dirigeait maintenant une petite fabrique de bonneterie, industrie de la région. Entre lui et le directeur de l'Ecole de garçons se noua une solide amitié, qui dura jusqu'au bout (M. T..., le directeur, qui était de la Résistance, fut tué atrocement dans sa cave, à la fin de la guerre).

Je me rappelle avec émotion, maintenant, qu'il prit sur son temps pourtant bien employé pour venir m'aider aux petites séances de projection que je faisais quelquefois pendant l'hiver. Je me demande si l'on trouverait encore cette complaisance... Et les autos ne couraient pas les routes comme maintenant. C'était à bicyclette, dans la veillée, et la brume ou le froid... Mon couvert était mis chez eux à toutes occasions possibles. Et il y avait aussi un lit qui m'accueillit plus d'une fois, lors d'une fête à R..., ou à Troyes.

L'Amicale ? Bien sûr...

L'Amicale ? La question ne se posait même pas. Dès la sortie de l'Ecole Normale, on s'y inscrivait ; bien rares celles qui ne le firent pas, je pense. Toujours est-il que nous nous retrouvions toutes les 13 de ma promotion à la première réunion-conférence-banquet-bal de juin 1912 ! Favorable ou hostile à l'évolution sur le syndicalisme ? Hé bien, je crois que cette idée m'avait un peu choquée. Je regrettais ce joli nom d'« Amicale », en même temps que le principe. Cependant, je n'avais pas d'opinions très tranchées. Et, puisque M. T..., mon collègue de R..., penchait pour...

Mais des souvenirs me reviennent en retournant ainsi en arrière. Je crois bien avoir été d'opinion plus marquée que je ne le pensais plus haut. Je me souviens des taquineries gentiment malicieuses de M. T..., après que nous eûmes, à une réunion à Troyes, écouté un brillant conférencier en faveur du Syndicat. Oui, j'avais défendu jusqu'alors la formation des Amicales... mais ce conférencier talentueux, à la parole si chaleureuse, aux arguments si convaincants, qui avait l'art de lancer son intelligence et son cœur à travers la salle, ce conférencier qui s'appelait Emile Glay avait commencé à ébranler mes convictions.

[En politique], j'avais le sentiment de ne pas pouvoir grand-chose. Je ne me sentais pas l'envergure, l'intelligence nécessaires pour être en vedette. Mais je ne m'en désintéressais pas. Je suivais l'impulsion donnée. J'étais franchement pour l'Ecole laïque et j'ai toujours voulu soutenir ses défenseurs. Si je n'ai pas eu un rôle brillant, du moins n'ai-je pas été passive comme certaines. J'étais indignée qu'elles ne souscrivent pas aux œuvres patronnées par nos associations.

III

UNE CARRIÈRE EXEMPLAIRE

Il a fallu à ce fils de paysans pauvres beaucoup de « chances » pour devenir instituteur : un père ami de l'instruction, de bons maîtres, le hasard d'une rencontre, ... Ce crédit, il l'a honoré : en faisant bien son métier, comme ses maîtres ; en militant à gauche, comme son père. Pourtant, sa vie s'achève sans illusions ; au cours des années, il a découvert l'ironique vérité de cette définition presque officielle : « le métier d'instituteur est plus honorable que lucratif ».

Un père fervent de l'instruction

Je suis né le 5 janvier 1883, dans une maison de campagne de la commune de M... (Basses-Alpes). J'ai été élevé à la ferme natale par mes parents qui m'ont envoyé à l'école du village jusqu'à l'âge de 13 ans. Ils cultivaient eux-mêmes leur petite propriété (quelques hectares, ensemencés surtout en blé), dont ils avaient la jouissance par le paiement d'une rente viagère à un oncle et à une tante, et qui constituait, avec la dot de ma mère (un hectare et demi de terre), leur seul bien. Ils en vivaient mesquinement.

Mon père avait une bonne instruction primaire élémentaire, acquise surtout à l'école d'un bon maître à R... — le chef-lieu de canton — où il allait de son village. Il aimait la lecture, empruntait des livres à la modeste bibliothèque de l'école, lisait des journaux chaque fois qu'il en avait l'occasion, pour se tenir au courant des événements mondiaux. Il me parlait souvent du fameux maître qui l'avait sorti de l'ignorance. Il aimait fréquenter les personnes cultivées du pays, les instituteurs surtout, à qui il rendait parfois des services. C'était un fervent de l'instruction, il la voulait pour ses enfants. A sept ans — parce qu'il y avait un long chemin à faire —, il m'envoya à l'école. Il s'enquérait de mon comportement en classe. Je me souviens d'une bonne correction qu'il me donna un jour, parce que j'arrivais en retard et que je manquais régulièrement la première leçon : je jouais aux billes, tout seul, en route !

Ma mère, originaire de St-M... (Vaucluse), avait fort peu fréquenté l'école d'une religieuse au hameau natal. Chez cette religieuse, on n'apprenait pas grand-chose, on était trop souvent en prières ; et on l'enleva à la naissance d'un frère qu'il fallait garder. Elle se plaignait d'avoir été sacrifiée, mais elle aimait à dire que, par mon père, après son mariage, elle avait pu apprendre à lire, écrire et compter. Et, en effet, quand j'eus quitté la maison, c'est elle qui m'écrivait, et ses lettres étaient merveilleuses pour son peu d'instruction.

Un concours favorable de circonstances

Pourquoi je suis devenu instituteur ? Ce n'est certainement pas par vocation. Mais il y a eu comme une prédestination réalisée par un concours favorable de circonstances. Est-ce parce que j'étais déjà un bon petit élève? est-ce parce qu'il était bien avec mes parents ? mon premier maître m'avait pris en affection et, comme il savait que ma famille n'aurait pas les moyens — le moment venu — de m'envoyer dans une école supérieure, il lui proposa, lui n'ayant pas d'enfants, de me prendre dans son ménage et qu'il se faisait fort de faire de moi un instituteur. Je pense que mes parents ont dû être perplexes, mais une proposition si désintéressée était alléchante. Hélas! pour d'autres raisons, une cabale se forma contre lui, mon père le soutint, lui écrivit pour le réconforter; mais il dut subir l'humiliation d'un déplacement. Il en mourut, subitement, avant son départ.

Je continuai ma scolarité avec son successeur, jusqu'à treize ans. Mais mes parents, qui vivaient fort petitement avec leurs trois enfants, louèrent alors une ferme voisine pour augmenter leurs ressources et, du coup, m'enlevèrent de l'école pour le travail des champs. Or cette extension, qui rendit leur vie plus pénible par le travail supplémentaire, ne leur rapporta pas le bénéfice escompté.

M. M... fut remplacé par une institutrice qui jugea, par les cahiers de devoirs mensuels probablement, que je devais en savoir assez pour être présenté au certificat d'études. Elle vit mes parents pour cela; ils lui opposèrent qu'ils avaient besoin de mon travail. Elle insista et il y eut comme un *modus vivendi* — car il fallait, après deux ans d'absence, retourner à l'école, réviser en vue de l'examen : j'irais à l'école pendant deux mois dans la soirée seulement, réservant la matinée à mes parents. Le jour de l'examen arrive. Je suis reçu premier exaequo avec un élève de R... Ce succès éblouit vraiment mes chers parents et, comme il y avait un bon maître à C..., à 4 km de notre logis, ils lui demandèrent de me prendre à son cours supérieur, ce qu'il fit volontiers. Et c'est ainsi que je continuai mes études après les avoir abandonnées. Je faisais allégrement, chaque jour de classe, mes 8 km à pied, rapportant souvent, avec mes livres, le pain et autres provisions de la maisonnée.

Après deux ans de labeur, mon excellent maître tenta ma chance au B.E. J'échouai à la session de juillet. Un adjoint, frais émoulu de l'Ecole Normale, me donna quelques leçons de sciences et je fus admis en octobre. J'avais plus de seize ans et demi. Mon père, déjà âgé, avait résilié le bail de la ferme voisine, ne m'ayant plus pour l'aider. Je ne voulus pas être à la maison une bouche inutile. Je passai l'hiver comme domestique de ferme à 28 F par mois et nourri. Au printemps, je fus mis en pension chez M. F..., directeur de l'école publique de Forcalquier, pour me préparer à l'examen d'entrée à l'Ecole Normale d'Aix. Je n'eus pas un rang utile pour l'admission ; mais j'étais en tête de la liste supplémentaire : j'avais, de ce fait, pu avoir une place à l'E.N. de La Bouzaréa. Mes parents s'opposèrent à ce que je la demande, ma mère surtout : c'était trop loin, il y avait la mer à passer ! Et je fus, de la sorte, encore à la charge de ma famille.

Cependant, en janvier 1901, ma mère rencontra un ami d'enfance, directeur d'école à B... (Vaucluse), et lui parla de mon cas. Il se trouva que ce monsieur avait un adjoint malade et ne pouvait le faire suppléer, l'Inspection Académique n'ayant personne de disponible en ce moment. M. G... me proposa, je fus agréé et, une semaine plus tard, le 1er février, j'étais à pied d'œuvre, étonné de cette réussite, mais passablement embarrassé pour faire bonne figure devant mon cours élémentaire.

Avant l'Ecole Normale

Je restai deux mois à B... Avant la fin de cette suppléance, l'Inspecteur d'Académie des Basses-Alpes m'écrivit pour me demander si je n'accepterais pas un poste à titre provisoire d'avril à fin septembre aux Th..., me faisant remarquer tout l'avantage que comportait sa proposition, du moment que j'aurais les vacances payées. Je ne pouvais vraiment pas refuser, d'autant plus que l'acceptation me ramènerait dans mon département, ce qui ne pouvait déplaire à mes parents. C'est ainsi que je passai l'été dans la vallée de l'Ubaye, dans un hameau perdu des plus hauts perchés. Malgré tout, et bien que j'eusse mené à bon port un candidat au certificat d'études, ce dont je ne pouvais tirer que vanité, j'étais rongé d'un complexe d'infériorité : j'étais persuadé que, pour devenir un bon maître, il me fallait passer par l'Ecole Normale. J'ai réformé par la suite ce jugement, bien que je n'aie jamais regretté de m'être présenté, après une révision sommaire du programme, au concours d'admission à l'Ecole Normale d'Avignon en juillet 1901.

Je fus admis. Je commençais enfin des études sérieuses, et malgré l'handicap de mon impréparation de base, en mettant les bouchées doubles, je passai honorablement le brevet supérieur en juillet 1904. Pendant ces trois ans, malgré la plus stricte économie de mon argent de poche, j'avais mis mes parents dans l'obligation de me fournir régulièrement quelque menue monnaie. Je me souviens avec émotion de ma grand-mère paternelle qui me mettait souvent dans la main une pièce de cent sous, qu'elle prélevait sur le produit de ses journées de laveuse. Il est bien naturel que, de mon côté, j'aie employé mes vacances de normalien à gagner quelque argent pour être moins à charge. Je ne manquai pas non plus de demander une suppléance pour le temps libre entre ma sortie de l'Ecole et mon appel à la caserne, soit un mois et demi : j'eus la chance de l'obtenir pour C... même, où j'avais fait mes premières études.

Le premier conflit

Enfin, le 1er octobre 1905, après avoir accompli mon année de service militaire, j'entrai dans la carrière comme instituteur stagiaire à Barcelonnette. Au bout de huit mois, je me mariais et je rejoignais ma femme, institutrice à M... Là, après avis favorable du Conseil Municipal, nous réalisâmes la gémination de nos deux classes, pour faciliter le travail, améliorer les études et créer un cours supérieur. Cela n'eut pas l'heur de plaire au curé de la paroisse. Il nous fit la surprise d'un petit article dans *L'Echo de l'Ubaye.* Mais la population ne le suivit pas et il n'y eut pas de suite fâcheuse pour nous. Cependant, nous nous tînmes cois, sur les conseils de M. E..., inspecteur primaire à Barcelonnette, et la gémination continua dans une région où le clergé avait — et a encore — beaucoup d'influence. Au bout de cinq ans, la population scolaire avait tellement diminué que l'administration supprima une classe, nous dûmes accepter un poste double à S..., aux confins sud-ouest du département [...].

Une existence fort modeste

Mes conditions de vie n'ont pas été ce que nous attendions, mes parents et moi-même. J'ai débuté à

75 F par mois, moins la retenue du premier douzième, répartie sur plusieurs mensualités. Pour joindre les deux bouts par ses propres moyens, il fallait faire sa popote soi-même. Aux Th..., pendant les cinq mois que j'y suis resté, j'ai mangé à la table d'une famille de paysans, pour 30 F par mois. Après mon mariage avec une institutrice, il y eut un temps où nous pouvions vivre assez bien avec nos deux gains. Mais nos enfants, trois filles, sont venus et nos traitements ne nous ont permis qu'une existence fort modeste. Je peux même dire que nous avons passé des caps difficiles. Je me souviens qu'à S..., ma femme ayant besoin d'une machine à coudre pour confectionner elle-même les vêtements du jeune âge de nos filles, nous n'avons pu nous la procurer qu'en payant par mensualité. De mon côté, ce n'est qu'après avoir usé d'un fusil à piston, puis d'un fusil de mon beau-frère, que j'ai pu m'acheter, à tempérament aussi, une arme à percussion centrale à Saint-Etienne.

Aussi, j'ai toujours eu un jardin qui nous donnait la plus grande partie de nos légumes. Cette situation, pourtant, se serait améliorée, mais le décès de ma femme, en me réduisant à mon seul traitement, me replongea dans des difficultés de trésorerie.

Une place convenable dans la société

Mes relations se sont bornées surtout à celles que j'ai eues avec mes collègues. Parmi eux, il y en avait que je fréquentais davantage, comme toujours, pour leurs qualités ou nos souvenirs communs. On se réunissait quelquefois chez l'un, chez l'autre ; on s'invitait à déjeuner, on discutait un peu de tout, surtout de pédagogie, et il m'arrivait de retenir de ces conversations d'utiles procédés d'enseignement.

Ce qu'on pensait des instituteurs dans les milieux qui m'entouraient ? Pas toujours du bien dans mes postes de début en montagne. On les respectait parce qu'ils étaient cultivés et qu'ils pouvaient de ce fait rendre des services, surtout comme secrétaire de mairie. Mais, si on avait besoin d'un conseil pour son comportement en face d'une situation imprévue ou délicate, on allait plutôt trouver le curé. En général, l'instituteur avait la réputation d'une personne trop émancipée, trop libre pour bénéficier du préjugé favorable dans une région profondément attachée à la religion. Dans le bas du département, plus tard, j'ai trouvé que l'instituteur avait une bien meilleure presse au point de vue idées. Mais ceux qui jaugent les gens à l'épaisseur du portefeuille ne lui accordaient tout de même pas grande considération.

J'ai toujours accordé à mon métier une importance capitale. Si j'avais pris la saine habitude de disposer de mes journées du jeudi et du dimanche pour aller m'aérer à la chasse ou au jardin, je revenais, le soir, à mes occupations professionnelles. Je n'ai jamais pu m'endormir d'un bon sommeil si je n'avais pas, avant de me coucher, parachevé le travail préparatoire de la classe du lendemain et, souvent, les douze coups de minuit m'ont trouvé encore à mon bureau.

Si j'ai dirigé deux de mes filles vers l'enseignement, ce n'est pas parce que je pensais que cette carrière serait pour elle le pactole ; mais, quand on n'est pas riche, il faut bien avoir un gagne-pain et j'ai pensé que la profession d'institutrice, en leur donnant une place convenable dans la société, les mettrait de surcroît à l'abri du besoin. Je n'avais d'ailleurs pas les moyens de les faire parvenir à des situations meilleures, ne pouvant les mettre en pension dans des écoles préparatoires à des emplois mieux payés ou plus faciles. Je ne les y ai pas poussées outre mesure et je n'ai pas déconseillé les contributions indirectes à la plus jeune, qui a préféré cette administration à l'enseignement.

Dans la foulée de son père

Je me suis toujours intéressé aux problèmes politiques. Je devais tenir ce penchant de mon père, qui fut pendant longtemps conseiller municipal et adjoint au maire de M..., et qui me suggéra, de peur que je m'égare ailleurs sans doute, qu'il fallait, politiquement, s'inscrire à gauche. Il serait satisfait de voir que j'ai suivi sa foulée et que j'ai, comme lui, toujours souhaité l'établissement d'une société basée sur la justice sociale et la liberté sous toutes ses formes, afin de créer une vraie fraternité entre les citoyens.

Je me souviens très bien de l'affaire Dreyfus. Je vois encore mon maître, à C..., tenant en main son journal *L'Aurore* et discutant fort avec ses adjoints pendant les récréations. Si je ne compris pas tout de suite le nœud de l'affaire, comme d'autres plus à même que moi de juger, ma pitié allait au malheureux banni. Mais j'applaudissais plus tard au courage de Zola et la révision du procès me fut un soulagement. La réhabilitation me fit mesurer le danger qu'avait couru la République.

J'ai eu beaucoup moins d'inclination pour la politique de revanche qui nous a menés à la Grande Guerre, et ce n'est pas moi qui ai fait apprendre les chants de Déroulède et autres œuvres du même acabit. J'estimais que tout cela, ainsi que la politique coloniale évinçant l'Allemagne, ne pouvait conduire qu'à la guerre et que le vrai patriotisme devait consister à en épargner les horreurs à notre pays ; sans pour cela abandonner les habitants de l'Alsace-Lorraine dont on aurait pu faire un petit Etat-tampon neutre entre les deux pays rivaux. Cette solution aurait été beaucoup plus élégante et humaine, mais, si on y a pensé, on ne l'a pas sérieusement voulue.

Quand un Alsacien [*sic*] est arrivé au pouvoir, quand on a fait voter le service militaire de trois ans, et quand on a formé la Triple Entente, j'ai bien compris qu'on s'acheminait à grands pas vers le choc inévitable des deux blocs. Je tiens la plus grande rigueur aux ouvriers — apprentis sorciers sans doute — de cet épouvantable affrontement qui a occasionné le deuxième, encore plus meurtrier, et qui nous a mis à deux doigts de notre perte. [...]

La politique coloniale a été une politique d'expansion, de heurts entre colonisateurs (Fachoda, Tanger), de guerre, d'assujettissement de peuples faibles. Elle a servi de gros intérêts capitalistes, non le bien-être des travailleurs. On nous dit qu'elle a porté la civilisation en des lieux où elle n'existait pas encore, oui, mais elle y a porté aussi souvent l'oppression. Il me semble qu'on aurait pu policer nègres et jaunes par une lente pénétration pacifique, mais il y aurait eu moins de profits, alors...

J'ai dit que j'avais, dans mon rayon, participé faiblement à la lutte anticléricale. J'ai été partisan de la séparation des églises et de l'Etat, considérant qu'il est juste que les dépenses des cultes soient suportées par les fidèles et non par tout le monde, considérant surtout que l'Etat doit être neutre par respect des consciences et de la pleine application de la laïcité.

J'ai cotisé assez longtemps au parti S.F.I.O. dont le

programme correspond à l'idée que j'ai de la République. J'ai cependant voté pour A. Honnorat dans l'arrondissement de Barcelonnette. Il n'était pas socialiste, mais c'était un homme de valeur et il fallait barrer la route à Guiot de Villeneuve. Je pensais que le socialisme améliorerait la condition des déshérités et, bien que ce parti ait eu souvent un comportement opportuniste depuis la scission de Tours, on ne peut oublier les réformes qu'il fit voter pendant le gouvernement de Front populaire.

Pour terminer cette confession, je dirai que j'ai été et que je demeure au soir de ma vie libre-penseur. Mais — Henri IV n'a-t-il pas dit que Paris vaut bien une messe ? — je me suis marié à l'église et j'ai fait baptiser mes enfants, pour ne pas me heurter avec mes beaux-parents. J'avais moi-même reçu l'enseignement catholique, fait la communion et assisté le curé pendant l'office avec toute la bonne foi et la candeur de l'enfance. Et cette éducation m'avait marqué au point que pendant longtemps, j'ai ruminé les vers : « Si le ciel est désert, nous n'offensons personne, Si quelqu'un nous entend, qu'il nous prenne en pitié. » Il a fallu, finalement, des discussions fréquentes et passionnantes avec des camarades, des lectures (Renan, J. Rostand), pour me libérer de tout culte sans pour autant détruire en moi le sentiment religieux que je ne rattache à aucun système philosophique, mais qui découle, me semble-t-il, des forces admirables de la Nature.

2
DEVENIR INSTITUTEUR

Qu'est-ce que devenir instituteur? Avant tout, c'est échapper à d'autres conditions; diverses, mais toutes marquées par des images de peine : celle du paysan épuisé aux soirs de fenaison, du sabotier qui transpire à grosses gouttes en tournant sa tarière, du tisserand qui peigne le chanvre poussiéreux. C'est l'inaptitude qui suggère, parfois même impose, ce choix négatif. Le futur instituteur, souvent, est de taille médiocre, de force insuffisante. Etre un gringalet, un enfant maladif inspire de l'amertume : il est cuisant, le souvenir du jour où il a bien fallu s'avouer incapable de manier la truelle, ou de tirer la scie. Pourtant, rétrospectivement, les insuffisances physiques apparaissent à l'instituteur comme le signe qui promettait une vie autre, et ne sont pas loin d'être ressenties avec un grand soulagement. Pour ce fils délicat, la famille n'a pas voulu des repas du « tantôt » pris froids aux champs ou sur le chantier, des risques de l'échafaudage, des intempéries; et, pas plus, du service militaire — dont jusqu'en 1889 sont exemptés les instituteurs. A cette fille fluette, elle a tenté d'éviter l'apprentissage pénible de la domestique de ferme, ou l'entrée « en condition ». Aussi la réussite à l'Ecole Normale — elle marque l'entrée dans une vie qui soustrait d'emblée aux fatigues des travaux manuels — est-elle vécue comme un sauvetage, une délivrance. Non sans doute que pour certains quelque regret d'une vie plus libre, du bûcheronnage dans les forêts de l'Orléanais, de l'embarquement sur un cargo cherbourgeois, n'accompagne la régularité recluse de l'existence à l'Ecole Normale ; pour la majorité pourtant, devenir instituteur, c'est avoir réussi une évasion[1].

Ne pas faire comme ses parents

— Je suis né et ai été élevé dans un des plus tristes quartiers de Lyon, avec chaque jour sous les yeux le spectacle de la prostitution la plus basse.

Mon père était ouvrier maçon, et ma mère ménagère. Originaires tous deux de la partie la plus pauvre du Limousin, de la même commune.

Ils avaient pour toute fortune une petite malle oblongue, dont le couvercle était « orné » d'étroites bandes de porc. Ils habitèrent tout d'abord dans une chambre garnie où je naquis cinq mois après leur arrivée à Lyon.

Mon père était complètement illettré. Il fut, à l'âge de six ans, placé en condition pour garder les brebis. Et, à dix-huit ans, en 1874, il vint à Lyon servir les maçons, métier de galérien dont rien aujourd'hui ne peut donner idée. Malgré les fatigues inhumaines infligées au jeune « goujat » par des compagnons sauvages, il eut assez d'énergie pour suivre des cours du soir où il apprit juste à lire et à signer son nom.

1. A la fin des textes empruntés aux réponses de notre enquête, nous avons indiqué : les initiales de l'auteur de la réponse (codées afin de respecter un anonymat généralement souhaité), son année de naissance et le département où il exerçait.

Ma mère ne fréquenta l'école — à cinq kilomètres de son hameau — que deux fois quatre mois — deux années de suite. Elle aussi fut placée à huit ans pour garder les brebis.

Pourquoi suis-je devenu instituteur ? C'est difficile à dire. Prestige de la fonction chez mes parents, qui souffrirent tant, toute leur vie, de n'être pas « allés à l'école » ? Gratuité de l'instruction à l'école primaire supérieure et à l'Ecole Normale ? De ma part, griserie de m'élever au niveau de ces maîtres d'école, qui représentaient pour un milieu de Limousins déracinés une certitude de dignité et de bonheur ?

(*H. A.*, 1890, Rhône.)

— Mon père était tisserand, ma mère s'occupait à la maison et aux champs avec mes grands-parents.

J'ai toujours considéré le métier d'instituteur comme le plus beau des métiers. Certainement l'influence de ma famille a été prépondérante dans le choix de ce métier : 1° parce que mes parents étaient peu instruits (et mes grands-parents illettrés), on me parlait toujours des bienfaits de l'instruction, on me citait l'exemple de personnes instruites et capables, et j'étais encouragé dans mon désir d'apprendre, qui était réel ; 2° comme mes parents, je trouvais enviable le métier d'instituteur, parce que le traitement était sûr, et me semblait suffisant, alors que chez nous c'était toujours le « gagne-petit » ; 3° et encore, pensant surtout aux durs travaux de l'été à la campagne, à ceux très pénibles aussi de mon père poussant sans arrêt la navette dans un coin de l'écurie pour tisser la toile, j'estimais l'instituteur favorisé et son métier peu fatigant (j'ai changé d'avis depuis !) ; 4° ajouterai-je qu'à cette époque de lutte ardente pour la République et la laïcité, que mon père défendait avec fermeté, j'étais naturellement disposé à respecter l'instituteur laïque et à vouloir aussi enseigner plus tard, alors que je considérais volontiers les prêtres et les « calotins » comme des êtres intolérants, hypocrites et dangereux.

(*P. A.*, 1889, Deux-Sèvres.)

Le symbole de la réussite

L'école est donc, pour ces échappés, le symbole de la réussite et de l'ascension sociale. Et ceci d'autant mieux qu'elle est tout à la fois le but poursuivi et le moyen de l'atteindre : la confiance en l'école laïque comme voie d'accès à la petite bourgeoisie s'exprime parfois crûment — ou ingénument. Une institutrice, qui décrit l'ascension régulière de sa famille de maraîchins vendéens, voit dans le mariage de sa mère avec un instituteur le palier décisif de l'escalade, à partir duquel tout change :

— Enfin ma grand-mère eut la joie de marier sa plus jeune fille, ma mère, à un instituteur.

Toute cette honnête famille arrive donc, comme par la force des choses, en l'espèce par l'intelligence et la conduite irréprochable, par la noblesse du cœur et la pureté des sentiments, à occuper dans les rangs de la bourgeoisie une place très honorable. Nous parlons aujourd'hui de promotion sociale, mais elle se faisait déjà à ce moment. La bourgeoisie, sortie du peuple, s'élève par ses propres moyens, peu à peu, au-dessus de lui. La notion d'émancipation est dans l'air et l'école laïque, à peine naissante, semble être l'âme de ce mouvement qui polarise, dans les masses populaires, les natures les plus riches ; et j'ai le souvenir de mes ancêtres maternels, croyants convaincus, se ralliant sans difficulté aux idées nouvelles, dont la pureté des intentions est proche de celle de leur cœur.

La présence de mon père et la mienne chez eux pour d'assez longs séjours aux vacances ne fut pas, bien sûr, étrangère à leur adhésion à la cause de la République et au soutien efficace que, par la suite, ils apportèrent à l'école laïque, mais je puis témoigner qu'ils y sont venus spontanément, en libres représentants de la conscience populaire.

Aussi ma nomination à St-Jean-de-Monts les enchanta tous. Car j'étais devenue moi-même institutrice...

(*Mlle E. R.*, 1889, Vendée.)

Mais pour qui veut, avant toute chose, fuir, le choix des moyens n'est pas toujours aussi ferme. Et ainsi s'expliquent des équivalences paradoxales : entrer au séminaire ou à l'Ecole Normale, c'est souvent tout un ; c'est que le bon élève de l'école est aussi l'enfant de chœur le plus dévoué, celui qui le plus aisément apprend répons et prières latines ; c'est encore que les campagnes ne connaissent que ces deux types d'intellectuels : les maîtres d'école, les curés. Pour que l'enfant, au lieu du séminaire, choisisse l'Ecole Normale, il s'en faut souvent d'un rien : de la décision d'une mère le jour de la rentrée scolaire.

— Mon père était l'aîné d'une famille rurale de cinq enfants. Il partit en apprentissage chez le maître bottier de Semalens. En quelques mois, c'est l'ouvrier n° 1. A vingt ans, il en remontre à son maître. Au retour du service militaire, le maître bottier est décédé : il le remplace et glane les meilleurs clients de Castres, de Mazamet et des châteaux des alentours. Beau garçon, distingué, beau parleur, il attire sur lui l'attention de

Mlle Hortense, la fille aînée du maire de C... Osera-t-il la demander en mariage ? Le père A..., ancien élève de Soreze, maire de C... depuis 25 ans est un bonapartiste enragé. Révoqué par Gambetta, ce « polisson », il est réélu sous Mac-Mahon. Cependant, homme de raison, il consent au mariage.

Voilà le jeune ménage installé, une jolie maison acquise sur la rue principale, une clientèle sûre et fidèle, un ouvrier, un fils : Ernest. C'est moi. J'ai six ans. Il y a deux écoles, l'école libre et l'école laïque ; l'une à gauche, l'autre à droite. L'enfant est prêt. Un regard muet de maman à son mari, un grand silence ; Hortense descend les quatre marches et prend la droite, l'école laïque : « Mon père dira ce qu'il voudra pourvu que mon mari soit content. » Car il est républicain, mon père ; il est conseiller municipal sous l'étiquette radical-socialiste (autrement dit révolutionnaire) ; il m'a présenté à Jaurès venu à Semalens pour une distribution des prix.

(*D. P.*, 1888, Tarn.)

Le signe du destin

Ou bien encore il a fallu l'intervention d'un oncle républicain, ou d'un grand-père lecteur du Constitutionnel, *et militant de l'opposition sous l'Empire. Lourd de conséquences, cet accident est tout naturellement compris par la suite comme le signe du destin ; pour fortuite qu'elle ait d'abord été sentie, la déviation de l'existence s'inscrivait en fait dans un plan concerté.*

— A treize ans il fallut s'interroger à mon sujet. Je restai quelques jours sans aller à l'école ; puis un matin je sarclais du blé — car j'aimais la terre —, je vis entrer les deux religieuses à la maison, on m'appela. « On pourrait me mener au Brevet. » Mon père fut bientôt convaincu. Ma mère hésitait, car elle se voyait pour toujours privée de l'aide de sa fille, mais puisque j'apprenais bien... Et moi, je dis : comme vous voudrez.

A quinze ans, les religieuses dirent à mes parents qu'il fallait m'emmener à la maison mère de Bordeaux où je suivrais un véritable cours pour la préparation du B.E. Ma mère pleura bien en faisant ma malle. En juin 1894, nous allâmes trois au Brevet. Je fus seule reçue. Au milieu des épreuves écrites, on apprit la mort de Sadi Carnot.

A partir de ce moment, la Supérieure de Bordeaux, celle des Eglisottes, et mon père ne se comprirent plus. Ces dames pensaient nettement à une prise d'habit, mon père à la poursuite de mes études. Sans comprendre la différence, il mêlait Baccalauréat et Brevet Supérieur, jugeant le Brevet élémentaire au-dessous de mes capacités. Le chagrin de ma mère emporta la décision. Muni d'un peu d'argent, il vint me chercher le 8 septembre 1894.

Tout se passa bien, j'étais mineure, et ces dames exprimèrent l'espoir de me revoir à vingt et un ans. M'ont-elles vraiment regrettée ? J'étais moins pieuse que les enfants de Marie du Lot ou du Pays Basque, j'étais indécise et, à seize ans, ne trouvais rien à dire à la mère des novices ni au confesseur.

Me voilà revenue chez moi. Cette fois je déclarai que mon brevet devait bien me servir à quelque chose. Mais à quoi ?

Un voisin et ami de mon père, appariteur dans une commune voisine, avait coudoyé plusieurs instituteurs secrétaires de mairie, et un parent de sa femme était directeur d'une école de garçons à Libourne. Une rencontre fut décidée. Puisque j'avais déjà le B.E., pourquoi ne pas tenter l'Ecole Normale... ?

(*Mme C.*, 1878, Gironde.)

Et voici, au masculin cette fois, un récit parallèle :

— Ma mère était catholique, dévote et quelque peu intolérante ; elle lisait *La Croix*. Le curé n'avait pas eu de peine à lui faire prendre un abonnement. Tout autre que lui aurait échoué : la dépense était modique, mais comptait dans un ménage où régnait la plus stricte économie.

L'influence du curé sur ma mère aurait pu avoir une autre conséquence : j'apprenais facilement mes leçons de classe et de catéchisme, l'abbé essaya de m'aiguiller vers le séminaire. J'avais onze ans et ne pensais guère à mon avenir. Heureusement, mon directeur de conscience manqua de psychologie. Après la leçon de catéchisme, il me retenait chaque fois et seul avec moi, pendant 10 à 15 minutes, il me parlait religion. J'écoutais sagement, mais distraitement. Ma pensée allait vers mes camarades qui galopaient sur la route pour rentrer chez eux et j'attendais avec impatience la fin du petit sermon. Enfin libéré, je quittais l'Eglise à toute allure.

Quelques jours avant la communion, le prêtre voulut probablement connaître le résultat de ses efforts. Il me demanda : pourquoi es-tu content de faire ta première communion ? Je réfléchis un peu et dus énumérer les satisfactions que j'attendais de ce beau jour : le voyage à Alençon pour acheter les habits neufs, la réception d'un oncle parrain et d'une tante marraine avec leurs enfants de mon âge, les cadeaux prévus, le dîner, genre repas de noce. « N'es-tu pas content pour autre chose encore ? — Je ne vois pas autre chose. — N'es-tu pas heureux aussi parce que ce jour-là tu recevras Dieu dans ton cœur ? » Je compris mon étourderie d'avoir oublié ce qui était le plus important pour le prêtre, mais cette erreur le renseigna sur mon état d'esprit et il renonça à ses projets.

Et, d'autre part, je pense que mon père aurait fait des objections à mon entrée dans un séminaire. A l'époque, les bûcherons, qui dans leurs coupes de bois travaillaient séparément, se réunissaient pour manger vers midi devant un feu en plein air. Ils parlaient de politique et de religion, et leurs idées différaient nettement de celles des cultivateurs aisés. Ils jugeaient sans indulgence le prêtre avec son presbytère de 8 à 10 pièces pour un célibataire, les gueuletons entre curés, leurs revenus (traitement et casuel, leur travail minime. Mon père, s'il allait à la messe trois ou quatre fois par an, c'était par habitude, pour faire plaisir à ma mère, mais au fond il était incrédule. Il racontait souvent de petites anecdotes où les curés avaient toujours le vilain rôle. Parfois l'histoire était quelque peu licencieuse et ma mère se récriait : « Je me demande ce que tu racontes devant le petit gars... »

(*G. S.*, 1889, Orne.)

— Mes parents (ma mère était paysanne, mon père scieur de long) n'étaient pas riches. Ma grand-mère paternelle, veuve à trente ans, avait élevé mon père en filant le chanvre et la laine à la quenouille (elle arrivait à gagner 5 à 6 sous par jour). Elle avait une chèvre et quelques poules, et une pauvre maison en chaume, au sol en terre battue où j'ai appris à marcher, avant qu'elle ne soit démolie.

Ma mère était fille de paysans aussi. Elle avait apporté en dot 2 400 francs, ce qui avait permis à mon père, l'année de son mariage, de faire construire une maison, avec grange et étable, que l'on trouvait très belle, à cette époque. Elle existe encore. Tous les ans, de la Toussaint à la St-Jean, mon père partait « à la campagne », avec une équipe de 15 scieurs de long, à travers la France, la Normandie, les Vosges, l'Algérie, pour faire des traverses pour les voies ferrées. A son retour, il rapportait de 250 à 350 francs net, qu'on utilisait à l'achat d'un champ, d'un pré ; c'est ainsi qu'à cinquante-cinq ans, il avait constitué une petite propriété de 8 hectares, qui pouvait nourrir 7 à 8 vaches — et toute la famille.

Mes parents savaient lire et écrire. Mon père, qui avait vu, avait beaucoup retenu. Il aimait à parler, à discourir sur la politique. Il était très fort en géographie et en histoire. Il n'aimait pas beaucoup le travail de la terre, ayant commencé à faire le scieur de long à treize ans. Il avait plutôt le genre ouvrier. Ennemi juré des curés, républicain à fond, grand ami de l'instruction — qui mène à tout, disait-il !

Ma mère était née pédagogue. Elle avait l'intuition de la pédagogie. C'est elle qui avait appris à lire à ses cinq enfants. Tant qu'elle n'avait pas appris à écrire ce qu'on savait lire, elle n'allait pas plus loin. Elle comptait fort bien mentalement et nous apprenait le calcul mental en en faisant un jeu de devinettes. Pour nous apprendre les lettres, elle les dessinait en l'air avec sa main [...].

L'abbé me chargeait d'apprendre et d'expliquer le catéchisme aux mauvais élèves. Il s'était mis en tête de m'apprendre le latin et parlait à ma mère de faire de moi un prêtre. Elle en était très contente. Seulement, quand mon père revint de la campagne, et qu'il apprit cela : « A bas la calotte ! » s'écria-t-il ! Il ne fut plus question de faire de moi un prêtre.

Voilà septembre 1899. Mon père ne partira plus « à la campagne ». Il travaillera à la propriété qui est assez importante maintenant. Alors, un jour : « On n'a plus besoin de toi », me dit le père. « Que veux-tu faire ? » « Ce que vous voudrez... me louer, un maçon, un menuisier. » « C'est pas ça... tu feras un instituteur, tu mangeras du bon pain blanc, tu seras à l'abri de la pluie et du froid. Je vais te mettre en classe au Vernet... Tu iras à l'Ecole Normale... »

(*H. T.*, 1884, Puy-de-Dôme.)

Un enchaînement de chances

S'être évadé de la rudesse paysanne par la voie de l'enseignement primaire plutôt que par celle du séminaire est parfois un signe des temps. « Le métier de curé se gâte », dit vers 1880 au père hésitant d'un futur normalien un curé perspicace. Mais ce n'est là qu'une des chances dont l'adolescence des futurs instituteurs est comblée. Car il n'est pas donné à tous les enfants fragiles, ou en rupture de goûts et d'affinités avec leur milieu, de réussir cette sortie. Il y faut bien des conditions : tant même que le vrai miracle tient dans leur concours. Il faut des parents éclairés, peu instruits sans doute pour la plupart, mais qui regrettent leur ignorance et voient une revanche dans les études de leurs enfants ; qui se font, en lisant leurs manuels, leurs tardifs élèves ; qui lisent le journal en s'aidant du dictionnaire ; qui parfois même possèdent quelques livres, et ont acheté par livraisons Les Trois Mousquetaires *ou* Le Bossu ; *plus ouverts aussi aux rumeurs du monde que la plupart, capables pour leurs fils et même pour leurs filles de rompre avec les choix traditionnels ; et le cœur à gauche, sinon dans une idéologie affirmée, du moins dans l'idée confuse que le savoir est le meilleur correctif à l'inégalité. Il faut encore pouvoir payer le trousseau, les années d'études, se priver pendant longtemps des bras du fils ou de la fille. Un héritage inattendu, un petit bois, un lopin de terre doivent souvent être sacrifiés à la formation d'un instituteur : abandons qui, toute la vie durant, rappellent de quel prix il a fallu payer l'ascension sociale. Et il faut quelquefois même de plus lourds sacrifices, dont le souvenir est cuisant : ces frères pour qui on n'a pu faire autant, parce qu'ils étaient les aînés — ou les cadets, selon les cas —, ces sœurs restées à la ferme et qui ont payé le trousseau d'Ecole Normale. L'instituteur ne risque pas d'oublier l'enchaînement de ces chances. L'image familiale lui rappelle inlassablement ce à quoi il a échappé ; et c'est aussi que, pendant qu'il s'accomplissait, le miracle semblait toujours précaire ; dans ces récits d'instituteurs, il n'est question que de menaces : tantôt il faut, pour des travaux plus pressants, interrompre l'année scolaire déjà entamée ; tantôt la générosité à quoi on doit les études est prête à se lasser ; ou encore le bienfaiteur meurt. Aussi la tendresse, la pitié, la peur de ne pas se montrer digne des sacrifices consentis marquent-elles ces portraits des parents, ou des personnes généreuses par qui le miracle s'accomplit.*

— Mon père n'aimait pas la terre, la travaillait sans bien savoir et en prenant beaucoup de peine. Il souffrait de n'être pas instruit, car ses parents ne lui avaient payé que trois ans d'école entre six et neuf ans. Il copiait, lisait, et mettait très mal l'orthographe bien qu'il eût fréquenté des cours d'adultes. Et la terre le tenait attaché, alors qu'il eût aimé un emploi au

Chemin de Fer ou aux Travaux publics, avec l'espoir d'une petite retraite.

Ma mère, un peu plus aisée, était allée plus longtemps à l'école, mais une fois mariée n'écrivit plus, laissant ce soin à mon père. Toutefois on lisait toujours un journal, au moins une fois par semaine. Et mes parents avaient gardé quelques livres que je dévorais : *Maurice ou le Travail*, une histoire sainte et un livre d'assez grand format *Cinquante sortes d'écritures*, où je lus le conte de Voltaire *Jeannot et Colin*. Les livres scolaires de cette époque n'avaient pas d'images, et lorsque mon frère apporta un petit livre de sciences de Paul Bert, ma mère s'indigna qu'on pût montrer à des enfants tout un squelette ainsi qu'un ventre ouvert avec les intestins.

Si je m'étends sur ces considérations, c'est pour expliquer ce que l'organisation de l'école gratuite et obligatoire a pu ouvrir d'espérance dans l'esprit de mes parents...

(*Mme C.*, 1878, Gironde.)

— Mon père, né en 1853, avait suivi régulièrement l'école et les cours du soir. Il avait eu la chance d'être instruit par un excellent instituteur, dur, mais intelligent. Mon père possédait une belle écriture et une bonne orthographe, il savait calculer rapidement, rédiger un bail, établir une facture et, surtout, cuber les arbres vendus à la scierie voisine. Il s'exprimait du reste en français, fait rare au village où chacun usait du patois bourguignon. Il avait lu tous les livres de la bibliothèque populaire de son village, s'intéressait beaucoup à la politique, aimant la République, connaissant les noms des hommes politiques de l'époque. Il était anticlérical, se souvenant que, dans sa jeunesse, le curé venait le chercher, lui et ses camarades, pour assister aux vêpres, interrompant aussi la partie de quilles du dimanche...

(*E. J.*, 1889, Côte-d'Or.)

Un conte de fée

— Mon père, analphabète, était remarquablement intelligent. Il faisait seul tous ses calculs : ventes, achats. Il avait des procédés à lui pour multiplier et ne faisait jamais d'erreurs. Il savait plus d'histoire et de géographie qu'un bon élève du certificat d'études. Parlait-il avec quelqu'un d'instruit, il questionnait, situait et retenait [...].

Ma mère avait les pieds au sol. Elle ne s'embarrassait pas de spéculation. Les enfants, la maison, les volailles, les cochons étaient son lot. Habile, active, elle était fière et avait du goût. Une maison propre, bien tenue, un peu coquette si possible était son rêve. A force de travail et d'économie, elle parvint à renouveler ce qu'on appelait mobilier : des caisses de bois mal équarries, noires.

Un soir d'hiver en 1880, l'instituteur vint faire le recensement. Ses papiers remplis, on lui offrit le verre de vin traditionnel. Comme remerciement, un bout d'aimable conversation, dont je fis les frais. Il parla de mes possibilités, du métier d'institutrice qui était pour demain. Il parla même de Fontenay d'où on sortait avec un traitement de 1 700 francs...

Mes pauvres chers parents durent voir le ciel s'entrouvrir. Ils mirent le pied dans l'entrebâillement afin que la porte ne se referme pas.

Pour moi, c'était une sorte de conte de fées [...].

L'idée cheminait et finalement mon père m'embarqua chez l'institutrice de Châtelet-en-Berry, un chef-lieu de canton à quelques kilomètres de chez lui...

(*Mlle L.*, 1868, Cher.)

— Deux fois veuve, deux fois ruinée (fermière, par le phylloxera, boulangère par une faillite), ma mère nous assura le pain, à l'aïeul paralytique, à mon petit frère, et à moi-même. Au milieu de ses malheurs, elle se retira et nous abrita dans une pauvre maison : sol battu, « finestrous », coffres très rustiques, et, entre autres, une pièce qu'on pourrait retrouver sur quelque peinture de Le Nain : entre les planches du plafond pendent les pailles du grenier et dans un demi-jour on voit la cuve, le lit à grands rideaux, des échelles, des sacs de blé, le chaudron plein de la pâtée pour les bêtes...

Dans le lit de la vraie chambre, mon grand-père récite ses chapelets et a peur de la malfaisance des sorcières. Mais ma mère, jeune et intelligente, se moque de lui ; elle ne sait pas lire, elle apprendra dans l'alphabet de mon jeune frère, alors que j'ai déjà six ans. Elle est née d'esprit libre comme sa mère à elle, qui, vers 1850, subtilisait malicieusement dans la poche de son homme, tâcheron au château, le bulletin de vote distribué par le noble, et mettait à la place celui de la liste républicaine. Dans le même misérable hameau, l'oncle Marcel, ouvrier qui avait appris le français à Paris, était aussi gagné aux idées nouvelles.

C'est cette sève qui est montée en moi, qui faisait battre le cœur de tous ces humbles, lorsque, après le festin de la baloche, on me hissait sur une chaise pour me faire chanter *La Marseillaise* que l'école nouvelle venait de m'apprendre et que je faisais suivre de la récitation : *La Prise de la Bastille.* C'est cette grande espérance qui, les soirs de 14 Juillet, redressait les moissonneurs courbaturés par leur rude tâche et les conduisait en troupeau, par quatre kilomètres de chemin de terre, jusqu'au chef-lieu de canton, pour y entendre les pétards de la fête nationale. J'étais dans la troupe, arborant les chaussettes tricolores qu'on nous avait fait tricoter à l'école pour ces jours-là.

(*Mme B.*, 1873, Gers.)

— Mon père, né en 1848, avait fait l'apprentissage de maçon et fut pendant 30 ans le petit entrepreneur le plus apprécié de la commune et des environs. C'était un ouvrier et il en avait l'aspect physique, mais un ouvrier d'un esprit évolué, indépendant, épris de bonté et de justice, éloigné de toute vulgarité et pourtant très modeste, qualités peu communes chez les autres compagnons. Pour lui permettre d'assurer l'éducation de ses enfants, il joignit à son métier celui de viticulteur, et arrivait à faire 80 barriques de vin en 1911, époque à laquelle il passa son affaire artisanale à mon frère aîné. A la fin de la guerre, vieux et malade, privé de main-d'œuvre, il voyait son vignoble en friche, mais ses enfants étaient élevés.

Mon père s'occupait beaucoup de politique à l'échelon local. Foncièrement républicain, un peu quarante-huitard, anticlérical, il avait en aversion les bigots de toutes les religions. Elevé dans la religion protestante, il perd la foi à trente ans, espère trouver un idéal dans la franc-maçonnerie ; bientôt déçu, il abandonne la loge. Afin de se tenir au courant de la vie publique, il lit attentivement les journaux régionaux : *La France de Bordeaux et du Sud-Ouest, La Petite Gironde,* goûte les éditoriaux de Lucien-Victor Meunier, et aime discuter avec les personnalités libérales susceptibles de l'éclairer. Il place l'école au-dessus de tout, admire ses maîtres grands et petits. Cette foi en elle, il la conservera jusqu'au bout. Il racontait que lorsqu'il fit sa première communion, son propre père s'en désintéressa, l'ignora même. Lui s'absentait de l'école pour suivre la retraite obligatoire. Sur le chemin de l'église, il rencontra son père qui s'informa de sa présence là, et ajouta doucement : reviens vite à l'école ; après la classe tu auras le temps d'aller à l'église, je t'autorise à y coucher. Ceci donne une idée plus précise du climat qui a favorisé et fait éclore ma vocation et celle de mes frères.

(*R. C.*, 1888, Dordogne.)

— Mes parents n'avaient pas la moindre fortune et, après la mort de mon père, survenue alors que j'avais onze ans, ma mère étant malade et mes sœurs couturières gagnant six sous par jour, ce fut la misère ! Je continuai à aller à l'école, car mon instituteur ne me demandait pas le prix des fournitures scolaires que ma mère n'aurait pu payer. Nous songions à un apprentissage. Mais j'étais petit et mince, je ne semblais pas robuste. Quel métier pourrais-je exercer ? Le mot « instituteur » était parfois prononcé. Mais qui paierait les frais ? Un miracle se produisit : un riche ingénieur de Paris, Monsieur Paul Lemonnier (dont le frère, Charles Lemonnier, avait fondé en 1848 le journal *Les Etats-Unis d'Europe,* et la mère, Elisa Lemonnier, la Société pour l'enseignement professionnel des femmes et les écoles professionnelles de jeunes filles), qui avait acquis dans la commune un château pour la saison d'été, vint à l'école et demanda à mon instituteur s'il avait un élève très pauvre qui mériterait qu'on s'intéresse à lui et qu'on lui fasse continuer ses études. Mon bon maître me présenta à M. et Mme Lemonnier. Tout s'arrangea. Je passai un mois au château...

(*J. V.*, 1876, Loire-Inférieure.)

Le bon maître

Tous ces trésors de courage, de patience, de générosité ne se déploient que pour de bons élèves. Il faut avoir mérité ces sacrifices ; avoir été remarqué, éprouvé, élu. Le futur instituteur, c'est l'enfant que le maître désigne, pour lequel il dépense auprès de la famille toutes les ressources de persuasion (il faut qu'elle consente à le « pousser »), qu'il garde le soir en leçons particulières gratuites et qu'enfin il reconnaît pareil à lui. Aussi comprend-on pourquoi, sous la IIIe République, l'entrée dans l'enseignement marque un enracinement tout autant qu'une rupture. Choisir ce métier, sans doute, c'est abandonner le métier de son père, être le premier à rompre avec une longue familiarité de gestes ; mais il ne s'agit pas pour autant de courir l'aventure d'une profession inconnue. En un sens les chemins dans lesquels l'enfant s'engage sont ceux qu'il connaît le mieux : il doit refaire des gestes dont il est coutumier, répéter un rituel dont il sait l'observance. Si ample soit entre 1880 et 1900 la révolution pédagogique, l'image du vieil instituteur, du « bon maître » reste l'armature de presque toutes les vocations. Il s'agit donc d'une vocation répétitive et qui mariée au refus du modèle familial, rend bien compte de l'ambiguïté de ce métier. La bâtardise si souvent évoquée à propos de l'instituteur et qu'on estime surtout sociale s'enracine elle-même dans cette bâtardise originelle ; la rupture avec l'horizon du foyer n'est pas une évasion hors de l'enfance, bien au contraire ; et non seulement parce que l'enfance investit de toutes parts la vie de l'instituteur ; mais aussi parce que le modèle de l'âge enfantin, le personnage du vieil instituteur, exerce son prestige bien au-delà de l'adolescence. C'est « sous lui », non avec lui, que l'enfant fait ses classes. C'est de lui qu'il tient ses premières récompenses : la gravure qui représente Victor Hugo sur le rocher de son exil, et qu'encadrent les parents ; ou encore la collection de dictées — toutes exemptes de fautes d'orthographe — de l'année du certificat. C'est à lui qu'est rapporté le succès à l'Ecole Normale, à lui qu'ensuite sont dédiées les promotions et les récompenses qui ponctuent la carrière. Et ce modèle déborde le modèle pédagogique : il ne s'agit pas seulement pour le jeune instituteur d'imiter des recettes professionnelles, mais aussi de retrouver l'atmosphère morale, réelle ou imaginaire, de la vie du maître.

— Je suis devenu instituteur parce que j'aimais l'étude et que mon maître était très satisfait de mes progrès. Mais où aller après mon certificat d'études primaires pour progresser dans cette voie ? J'avais perdu ma mère à l'âge de cinq ans ; mon père s'était remarié avec une veuve qui avait un garçon ; une fille était née de ce second mariage ; nous étions donc trois enfants à élever ; j'étais l'aîné, il n'était pas possible de m'envoyer dans un cours complémentaire trop éloigné, ni dans une école supérieure trop coûteuse. Comment faire ? Eh bien ! c'est mon maître, mon ancien maître à qui je dois tout, qui s'est chargé de me présenter au brevet simple d'abord, puis à l'Ecole Normale.

J'ai donc continué à fréquenter mon école de L... au milieu des jeunes élèves ; j'allais régulièrement en classe et je fournissais un gros travail personnel ; mon maître m'interrogeait, me donnait des leçons à apprendre, corrigeait mes devoirs ; et, à 17 ans, j'entrai à l'Ecole Normale de la Gironde.

(*P. A.*, 1880, Gironde.)

— Quand mon père mourut des suites de ses blessures — travaillant à la charpente d'une construction, il fit une chute dangereuse —, notre maison, nouvellement construite, était très convenable. Ma mère la loua à la commune pour servir d'école des garçons. Et nous nous installâmes dans une vieille petite maison au fond de la cour où jouaient les garçons. Notre porte était près de celle de l'instituteur. Quand Monsieur R... arriva dans la commune, en 1880, j'avais 12 ans, et je ne savais à peu près rien, surtout en calcul. Mon maître ne fut pas long à s'en apercevoir, mais il jugea qu'il était possible d'y remédier assez vite. En dehors de la classe, nous étions toujours ensemble dans la cour ou dans le jardin et, sans avoir l'air de me faire un cours, il m'apprenait de tout. Après mon certificat d'études, je continuai à suivre l'école. Le maître me donnait des compositions de plus en plus difficiles. Deux ou trois camarades me suivaient de près. L'école était renommée. J'arrivai à mes quinze ans. Monsieur R... me dit : « Tu ne peux pas toujours aller à l'école. Alors, que veux-tu faire ? — Je voudrais bien être charpentier-menuisier comme mon père, mais ma mère ne veut pas. — Evidemment, dit-il, et après un instant de réflexion : veux-tu être instituteur ? Tu m'aides déjà à faire la classe en t'occupant des petits. — Oui, mais ! Il me faudrait faire bien des dépenses. » Ma mère consultée dit à Monsieur R... : pouvez-vous le pousser jusqu'au brevet élémentaire ? Oui, Madame, mais il faudra compter deux ans pour être sûr. Ce fut entendu, et tout de suite je me mis à travailler avec lui...

(*J. A.*, 1868, Charente-Inférieure.)

— Quand il fut nommé à Saint-L., il avait 38 ans et j'en avais 11 [...]. C'est l'heure de la leçon de morale... Pas un bruit, pas un souffle dans 40 poitrines. Nos bustes attirés convergent vers l'estrade d'où il enseigne et qui le grandit. Il professe avec aisance, avec chaleur, avec foi cette science du bien condensée comme en un catéchisme dans un petit livre de Boyer qui fut, à l'école primaire, le credo moral de notre génération. On dirait un prêtre laïque : c'est à l'ombre de son prestige que je sentis éclore ma vocation d'instituteur. Sans le hasard qui me mit un jour sur son chemin, je serais resté paysan. La guerre qui m'a épargné m'eût enrichi [...].

Chemin faisant, l'excellent homme hélait un paysan au revers de la lande, frappait à la porte d'une ferme, sollicitait un renseignement, ou remettait un pli, car son activité ne s'arrêtait point au seuil de l'école. Secrétaire de mairie et conseiller de la commune, ses initiatives étaient hardies avec prudence, soucieuses de progrès, et ménagères des deniers publics. L'ingéniosité de son esprit pratique s'exerçait de la bascule au lavoir public, des bâtiments communaux au cimetière et à la voirie. Et c'étaient chaque fois des réalisations opportunes et au meilleur compte. Il était au village, tour à tour, écrivain public, expert, notaire, conseiller des familles, officier de santé et juge de paix. Lettres à écrire, actes à rédiger, parcelles à borner, consultations à donner, différends à aplanir, telles étaient ses récréations au sortir de 10 heures de classe et de secrétariat de mairie...

(*J. B.*, 1883, Sarthe.)

Quand ce sont des femmes qui écrivent ces portraits reconnaissants, ils se nuancent de plus de tendresse et accusent aussi un sens plus sûr de l'observation : J'avais une grande admiration pour mon institutrice. A cette époque, la plupart des directions étaient confiées à des célibataires ; elles devaient se consacrer entièrement à leur classe, tandis que les femmes mariées avaient d'autres soucis. Je revois encore ma bonne maîtresse habillée de couleur foncée, portant jupe longue ou col montant, *ou encore :* Je trouvais mon instituteur presque parfait : assez grand, le front haut, des yeux sérieux, un air ferme, de jolis favoris blancs, d'une propreté remarquable ; il ne buvait pas, il ne fumait pas. *La mémoire féminine garde avec précision l'image du petit bouc soigné du maître, ou des robes de la demoiselle, plus raffinées que celles des paysannes. Souvent une photographie, pieusement conservée, en atteste l'exactitude.*

La reconnaissance pour la famille de laquelle on s'éloigne, pour le maître vers lequel on va, fait donc, avec le lourd tribut de vigilance et de travail qu'elle suppose, l'unité de ces vocations. Toutefois, ici et là, ce schéma est susceptible de nuances. Vocations féminines et masculines, par exemple, ne sont pas équivalentes : d'accent moins négatif chez les femmes, comme on peut s'y attendre, comme au moins incline à le penser l'observation contemporaine ; non que l'éventail des professions soit, pour les jeunes filles qui veulent sortir du milieu familial, très ouvert : il s'agit toujours d'être institutrice, postière ou couturière ; vendeuse parfois, mais rarement, car les vendeuses ne « gagnent pas leur pain ». L'entrée en apprentissage chez une couturière, ou l'entrée au Cours complémentaire : tel est le choix monotone laissé aux filles. Malgré tout, la décision d'entrer à l'Ecole Normale a des accents plus conquérants que chez les garçons : c'est qu'il y faut plus de détermination ; dans un village, quand une jeune fille songe à être institutrice, c'est bientôt, contre ce projet, la ligue des gens de bien ; de la châtelaine au curé, on sait ici qu'une institutrice est une fille perdue ; et il faut aussi un esprit plus libéré : elles sont légion, en province, celles qui considèrent qu'il est humiliant de travailler, et vivent alors dans l'attente d'un mari. Devenir institutrice, c'est, renversant cette quête traditionnelle, mettre sa fierté dans l'indépendance.

La pente naturelle

Enfin, il faut faire une place toute spéciale aux fils d'instituteurs. Dans leurs confidences, pour qualifier leur vocation, le mot « normal », ou « naturel », revient sans cesse. Aucun coup d'Etat ici, aucun arrachement : Une fille d'instituteurs, par une pente naturelle, se destine elle-même à l'enseignement, surtout quand elle aime les livres et n'a aucune aptitude ménagère.

— Mon père était sous-maître à l'école de garçons d'Aix-en-Othe. Pourquoi suis-je devenue moi-même institutrice ? Sans doute parce qu'ayant vécu dans l'atmosphère... au milieu des livres... un peu par amour des livres. La bouffée de joie me revient en ce moment, lorsque la commande de livres de la bibliothèque arrivait, que le gros paquet de papier gris s'ouvrait sur le carreau de la classe et que je respirais cette odeur de papier frais imprimé ; que j'étais la première à palper ces feuillets glacés, à m'imbiber de contentement, à vérifier les titres bien conformes à la commande. Et puis, j'étais bonne élève et à cette époque, on ne voyait guère d'issue autre que celle-là. Je ne puis pas dire que j'aie choisi. J'ai suivi une ligne qui me paraissait toute tracée. Je n'ai pas quitté pour ainsi dire le milieu familial.

(*Mlle B.*, 1891, Aube.)

— Je suis devenu instituteur peut-être par vocation, mais surtout parce que je suis né dans une école, parce que j'ai grandi dans une école, parce que j'ai eu de bonne heure l'impression que mon père était un personnage important dans la commune où il exerçait et que j'ai trouvé tout naturel de faire comme lui.

(*E. O.*, 1882, Deux-Sèvres.)

— Aussi loin que je me souvienne, lorsqu'on me demandait : « que veux-tu faire plus tard ? », je répondais avec assurance : institutrice. J'attribue cette décision — ou plutôt ce souhait — au fait que mon grand-père maternel et mon père étant ou ayant été instituteurs, leur milieu devait tout naturellement être aussi le mien, et je me sentais attirée vers cette profession.

(*Mlle A.*, 1889, Ain.)

Dans la relation de ces décisions aisées — à peine a-t-on dû s'interroger —, il n'y a plus trace de rupture. Car si tous les instituteurs voient en leur bon maître un second père, les fils d'instituteurs, eux, peuvent faire l'économie de ce transfert. L'autorité du père se confond avec l'autorité du maître. Totale est alors l'unité des modèles que l'enfant reçoit, parfaite la cohérence de l'existence. Non sans beaucoup d'austérité, et même, parfois, sans quelque sentiment d'oppression. Mais c'est là une légère réserve. Dans la majorité des cas, cette circonstance particulière — être fils d'instituteur — accentue la ferveur des témoignages et donne un accent plus décidé encore à la défense d'une école avec quoi, d'un bout à l'autre, la vie se confond alors.

— Quand ils eurent 13 ans, ma sœur aînée puis mon frère furent mis en apprentissage chez des commerçants de Saint-Lô. Mon père ne pouvait en effet faire face aux frais des études prolongées pour chacun de ses enfants. J'ai bénéficié du choix qu'il dut faire quand le moment fut venu de concilier nos goûts, nos aptitudes et les ressources du ménage. Il est vrai que dès l'âge de dix ans je proclamais mon désir d'être maître d'école comme papa. Ma vocation devait s'affermir dans les années 1900-1901-1902, qui précédèrent mon admission en qualité de boursier à l'E.P.S. de Saint-Lô.

Intéressé, comme je vais le dire, à son travail, je vécus plus près de mon père ; et cela me valut, comme premier et bien précieux bénéfice, d'éprouver davantage sa sensibilité, sa tendresse, son indulgence et son humour. Je devins pour lui un auxiliaire apprécié : à la mairie où je calligraphiais, sous sa dictée, l'un des deux exemplaires de l'Etat Civil, ou des délibérations du Conseil Municipal ou telle autre copie aux exemplaires multiples ; soit à l'école où je faisais, en qualité de moniteur auprès des petits élèves, l'apprentissage de mon futur métier.

Les jours de congé, il m'était interdit de me mêler, dans le bourg, à mes camarades de classe. Le fils de l'instituteur ne devait pas s'associer à leurs farces, à leurs incursions dans les jardins des voisins, à leurs disputes parfois grossières. Il m'arrivait alors de m'enfermer dans la salle de classe où j'avais libre accès ; je disposais de ses richesses : bibliothèque, collections de musée, fournitures variées qui sentaient bon le papier neuf et qui excitaient mon envie, livres de mon père plus riches que les miens, et notamment certain recueil de chants appris par audition, et dont j'étudiais après coup la musique ; je découvrais aussi des préparations de leçons, des documents, des monographies, tous les fruits du consciencieux travail d'un maître exemplaire.

Ce maître je l'aidais à remplir les tableaux noirs de textes de devoirs ; parfois aussi je le suppléais auprès des élèves qui avaient négligé d'étudier leurs leçons [...]. Loin de me rebuter, les tâches variées que me confiait mon père flattaient mon amour-propre ; j'étais fort sensible au témoignage de la confiance et préoccupé de la mériter. J'étais fier aussi de l'autorité qui m'était conférée. C'était donc en garçon averti et déjà « engagé » que j'allais poursuivre mes études en vue de devenir instituteur...

(*R. J.*, 1889, Manche.)

Il s'agit donc là de vocations singulières, nées dans le silence des salles de classe désertées le jeudi et le dimanche, et sous le cercle de la lampe où le fils, le soir, fait des devoirs tandis que le père en corrige ; mais pour être absolument lisses et sans arrachement d'aucune sorte, ces vocations ne sont nullement, par rapport aux autres, aberrantes. Elles en offriraient plutôt l'image idéale et achevée, le modèle exemplaire ; car si les autres enfants doivent s'arracher à leur famille, l'école est pour eux, comme pour les enfants d'instituteurs, un havre maternel : univers de sécurité — car il s'agit de bons élèves —, dont les lois fonctionnent sans surprise, et au rebours de la vie ordinaire ; c'est à l'école que se noue leur destin, dans l'école qu'il se poursuit. Entrer dans la vie, pour les adolescents qui achètent leur uniforme d'Ecole Normale, c'est entrer à l'école : et il ne sera plus jamais question d'en sortir.

3

FAIRE LA CLASSE

L'entrée à l'Ecole Normale, c'est le triomphe ; triomphe d'une famille, fière de voir l'un des siens échapper à sa condition ; triomphe de l'instituteur qui, en conseillant cette orientation, avait su voir juste ; et souvent du village tout entier ; triomphe pour le candidat heureux, qui arrive à l'Ecole Normale par des chemins détournés, et voit, avec l'inscription de son nom sur la liste, fondre l'angoisse qui accompagna la préparation.

C'est qu'il a fallu travailler dur dans la peur de décevoir les sacrifices de la famille, « Travaille », me dit ma mère lorsque je la quittai. « Je puis encore faire l'effort de t'entretenir pendant un an. Si tu ne réussis pas, je te placerai comme apprenti boulanger. » Ce qui ne me souriait guère. J'avais envisagé, en cas d'échec, de m'engager à 18 ans. *Il a fallu travailler dur aussi pendant les vacances, toutes occupées à racheter la défection de l'année scolaire et à faire oublier un travail intellectuel qu'on a si tôt fait, à la campagne, de confondre avec le loisir ; garder les chèvres dans les bois communaux, couper du bois pour l'hiver, travailler chez un paysan pour quatre sous par jour, telles sont alors toutes les vacances. Si l'entrée à l'Ecole Normale ne rompt pas avec ces vacances de réparation, ni avec le souci de « coûter » aux parents, elle promet au moins pour l'avenir la sécurité.*

Les premiers jours d'Ecole, eux-mêmes, sont riches de tant de nouveautés qu'ils attestent la régénération de l'existence tout entière : rénovation qu'illustre d'abord le costume — tant de vieux instituteurs qui, cinquante ans après, ressentent encore l'insolite irritation que le col amidonné réglementaire cause à de jeunes paysans ! — parfois payé petit à petit, en donnant des leçons particulières, et grâce à la compréhension de l'Econome ; que manifeste aussi la présence, dans les programmes, de ces matières mystérieuses, la psychologie, la pédagogie ; et les leçons de maîtres jugés prestigieux ; et, sur les rayons de la bibliothèque, les livres — Guyau, Le Dantec, Payot — qui dénouent peu à peu les liens coutumiers de la pratique religieuse, sinon du sentiment religieux. Toutes ces découvertes compensent l'incroyable austérité d'une existence réglée — et dès cinq heures du matin — par la cloche, bourrée de devoirs, chiche de distractions pourtant innocentes. La raideur et le moralisme, l'exigence des horaires ne parviennent pas à ternir cette immense joie, mêlée d'une surprise inusable : être normalien.

Etre « Normalien » !

Ils — *il s'agit du père et de ses deux fils, futurs candidats à l'Ecole Normale* — auraient douté de l'identité de cette maison d'allure si imposante sans l'inscription gravée au fronton en lettres dorées. Il leur parut qu'aucun édifice civil de Dijon n'était, à l'époque, à la fois aussi nouveau, aussi pimpant, aussi grandiose. C'était du moins mon sentiment d'enfant, et je restais béant d'admiration devant l'altière façade, la symétrie des ailes hardiment avancées dans la cour d'honneur et prolongées en sens opposé, devant les hautes et puissantes assises de pierre de taille, la combinaison originale et séduisante des matériaux, calcaire blanc, brique rouge et marbre mordoré, le nombre inusité et l'ampleur des hautes fenêtres à meneau vertical, le gracieux feston des arcades du second étage, le toit d'ardoise à versants brisés, hérissé de paratonnerres, la manière de dôme central qui détache à l'avant, dans un élégant campanile, les trois cloches d'un carillon à trois notes, au-dessus du cadran d'une horloge monumentale. Cette flatteuse image se fixa dans mon souvenir[1].

— Je garde un inoubliable souvenir de mes trois années d'Ecole Normale. Le Directeur, M. G., était la conscience même. Pendant trois ans je l'ai vu surveiller en personne l'étude du matin. Il contrôlait avec une extrême minutie tout notre travail (toutes les compositions, une fois corrigées par les professeurs, passaient par ses mains avant qu'il nous les rendît ; ni une virgule, ni un point sur un i n'échappait à sa vigilance). Il contrôlait non moins austèrement notre tenue et nos menues dépenses ; sur tous les bulletins trimestriels de ma promotion, à la fin de ce premier trimestre, figurait à l'encre rouge, de la main même du Directeur, l'observation suivante : « En cas de dépenses exagérées de la part de votre fils, prière de m'informer. Comme argent de poche, une somme de deux francs par mois me paraît être suffisante. » Texte authentique, qui peut paraître aussi lointain aux jeunes normaliens qu'une inscription cunéiforme gravée sur une brique de Ninive.

1. L. PRODHON, *Un normalien dijonnais en 1900*, Dijon, 1957.

Mon pauvre père ne voulait certes pas me gonfler comme argent de poche. Bien que la pension fût gratuite à l'Ecole Normale, mon entrée avait nécessité pourtant pour mes parents de gros sacrifices : l'Econome, sitôt proclamés les résultats du Concours, nous informait que nous aurions à verser, à la rentrée, 265 francs pour l'uniforme, les livres, la masse. Mon père vendit une de ses vaches (190 francs, une laitière superbe) pour l'aider à payer cette grosse somme.

L'uniforme des normaliens de Mâcon comportait la redingote de fin drap noir à palmes d'or, tout comme les normaliens de la rue d'Ulm, telle que l'ont portée Pasteur, Herriot, Péguy, que nous appelions la roupane ou la touine. Je ne dis pas qu'elle nous seyait à tous, la prétentieuse touine ; gauches et engoncés nous l'étions tous plus ou moins, nous tous fils d'ouvriers, de paysans, d'instituteurs, nous tous comme Villon « de povre ou de petite extrace ». Mais elle nous marquait, elle nous engageait, comme la tunique du fantassin, ou la soutane du séminariste ; nous sentions que nous appartenions à un corps, à un ordre. La « touine » fut remplacée vers 1912 par le veston plus modeste...

(*P. A.*, 1886, Saône-et-Loire.)

— Réveil par cloche à 5 heures (heure solaire). Quelques minutes d'ablutions, puis étude jusqu'à 7 heures. Petit déjeuner à 7 heures, puis jusqu'à 8 heures récréation. A ce moment, chacun de nous était chargé d'une tâche plus ou moins absorbante, désignée d'avance pour un an : balayage des couloirs, entretien d'une salle de cours... Les jours de classe, de 8 heures à midi, cours d'une heure chacun, coupés à 10 heures de quelques minutes de liberté. A midi déjeuner, puis récréation jusqu'à 1 heure. Deux fois par semaine, on devait sous surveillance descendre, nettoyer, puis remonter nos chaussures. De 13 heures à 16 heures, cours. De 16 heures à 17 heures, récréation. On nous donnait un morceau de pain, et nous pouvions faire un goûter léger avec nos provisions personnelles. Mais, deux fois par semaine, cette heure était consacrée au cours de gymnastique. De 17 heures à 19 heures, étude. De 19 heures à 20 heures, repas du soir et récréation. De 20 heures à 21 heures, étude. Coucher à 21 heures. Repos mérité, et attendu.

(*F. E.*, 1888, Vendée.)

— Le jeudi, les trois heures de classe de l'après-midi étaient remplacées par une promenade à la campagne. Il y avait quatre promenades différentes, comprenant chacune des élèves des trois promotions. Les élèves de 3e année étaient à tour de rôle chefs de promenade. Tous les mercredis ils allaient faire connaître au directeur l'itinéraire choisi par chacun d'eux.

(*A. E.*, 1880, Aveyron.)

— La pension était gratuite, mais il y avait à faire une grosse dépense pour le trousseau, l'uniforme et les livres. Et puis les menues dépenses, et enfin le billet de chemin de fer pour le départ en vacances. Dès les premières semaines les élèves-maîtres de la promotion se groupaient selon leur caractère et leurs ressources. Il y avait le groupe de ceux qui, ayant quelque aisance, allaient l'hiver dans un café, toujours le même, où, en prenant une consommation, ils pouvaient rester à jouer au billard dans la salle chauffée. Et il y avait aussi les équipes moins fortunées qui allaient à la

Bibliothèque de la ville où ils pouvaient, sans rien dépenser, passer les trois heures dans la salle de lecture bien chauffée. C'est là que se trouvait toujours la bande dont je faisais partie. Au retour, on passait en face d'une boulangerie-pâtisserie qui, à l'automne, exposait des carrés de tarte fort appétissants. Les joueurs de billard s'arrêtaient pour acheter un carré de tarte qu'ils grignotaient en montant la côte. Mais nous passions sans nous arrêter. Nous n'en sommes pas morts, nous n'en avons même pas été malades ; mais quand j'entends un orateur parler d'égalité sociale, je pense aux carrés de tarte, comme Franklin pensait au sifflet.

(*A. J.*, 1878, Manche.)

— Oh ! cette école ! cette cloche qui ébranlait la maison à 6 heures, je crois. La nouvelle directrice avait un peu ouvert les fenêtres, mais avant, c'était pis qu'un couvent de carmélites. Le jeudi et le dimanche, promenade ; toujours sur la route de Fontainebleau pour ne rencontrer personne. Je me rappelle une sortie — il y avait une conférence sur la musique chiffrée — avec les normaliens ; d'un côté les garçons, de l'autre les filles. Notre professeur de lettres s'aperçoit que nous allons arriver au pont juste au moment où les normaliens s'y aventuraient, et je l'entends dire : « Oh ! mais ils vont se rencontrer ! » A quoi l'autre professeur répond : « Que veux-tu que ça fasse. » Ce jour-là nous avons continué sur la route de Paris. Le dimanche, en été, j'allais chez ma marraine à Charenton. Un professeur nous conduisait à la gare. Sur le quai, trois ou quatre normaliens attendaient ; nous montions en tête ; quand le train roulait, nous voyions ces garçons enjamber les séparations pour venir s'asseoir dans notre compartiment. Nous parlions de nos études, de nos professeurs. Rien, rien d'équivoque, mais il fallait surtout que cela ne se sache pas. Alors nous avons prévenu nos compagnons. Quand vous irez route de Fontainebleau, si vous nous croisez, surtout pas un geste, pas un salut, sans cela fini les voyages.

(*Mlle L.*, 1881, Seine-et-Marne.)

— Notre Directrice était aussi très sérieusement attachée à sa fonction ; elle était l'émule fidèle de Félix Pécaut, dont elle avait le portrait sur son bureau. Elle s'employa avec beaucoup de tact à nous inculquer les notions de grandeur morale, de conscience, de devoir, qui devaient faire l'armature solide d'une saine éducation laïque. C'est le moment où on travaillait avec ardeur à consolider les assises de l'école laïque ; encore en butte aux attaques des cléricaux, elle gagnait pourtant du terrain, car elle avait des partisans convaincus de la beauté, de la noblesse de l'entreprise, et qui avaient à cœur de faire tiompher le nouvel idéal de pureté, de joie en l'homme. Et comme je me trouvais dans mon élément, comme notre enthousiasme pouvait s'évertuer à l'aise ! Et je quittai l'école dans un élan de vie joyeux avec toute ma jeune ardeur prête à affronter les rigueurs de la lutte à laquelle j'étais destinée et que je pressentais peut-être plus qu'une autre en ma qualité de fille d'instituteur...

(*Mlle R.*, 1889, Vendée.)

Si les années d'Ecole Normale sont donc, tout compte fait, de belles années, c'est qu'elles sont celles de la jeunesse ; mais la jeunesse de ces instituteurs, c'est aussi celle de l'Ecole laïque ; coïncidence qui, mieux que l'attendrissement rétrospectif, rend compte de l'optimisme des récits. C'est en effet entre 1879 et 1886, que, dans un grand bouleversement législatif, se met en place l'organisation scolaire qui rompt avec cette loi Falloux, symbole de servitude pour des instituteurs qu'elle mettait dans l'immédiate dépendance du curé, et qu'elle livrait — en supprimant toute inamovibilité — à l'arbitraire local. C'est en 1879 que chaque département se voit contraint de se donner une école normale.

C'est en 1881 qu'est votée une gratuité qui chasse les souvenirs de l' « écolage » et fait naître une immense espérance ; en 1882, une obligation qui — du moins en droit — stoppe l'exode saisonnier des écoliers quand vient le temps des foins ou celui de la façon des orges ; en 1882 aussi cette laïcité — ce n'est encore que celle des bâtiments scolaires et des programmes — qui décroche le crucifix des murs de l'école, et détache l'enseignement moral de l'enseignement religieux. En 1886 enfin, la laïcisation du personnel tarit le recrutement congréganiste et complète l'édifice. Il faut ajouter cette loi de 1883 qui fait obligation aux communes de construire des « maisons d'école », et qui, en couvrant la France d'écoles neuves, alimente dans la presse conservatrice le mythe des « palais scolaires », que du reste les paysans beaucerons eux-mêmes baptisent : « les châtiaux pour les mait's d'école ».

Le premier poste

Certes, pour la majorité de nos instituteurs, au moment où ils commencent à enseigner, ces conquêtes sont irréversibles ; mais ils ont connu l'ancienne école, soit comme écoliers, soit à travers les récits encore proches de leurs parents, soit dans l'image de leur instituteur, souvent recruté par le curé pour sa belle voix, tenu d'être chantre à l'Eglise, et que la population baptise encore le vieux magister, ou le Régent. Et d'autre part, les traces de l'Ancien Régime sont longues à disparaître ; dans certaines écoles laïques, l'instituteur dirige encore, à la fin du siècle, la prière matinale, et « un Christ est accroché en face de nous, au-dessus de la chaire, à côté du portrait de M. Sadi Carnot et d'un nid d'hirondelle ». Toute fraîche est donc la mémoire de l'école d'autrefois. Aussi comprend-on que, si misérable, si angoissante souvent — et singulièrement pour la jeune institutrice — soit l'installation dans le premier poste, le sentiment du progrès accompli ou, en tout cas, imminent, traverse la description. Tout a changé, ou se met à changer.

— Mon grand-père, Alexis B., né en 1802 comme Victor Hugo, exilé comme lui, était, avant la loi Jules Ferry, « maître d'école ». En ce temps-là pendant les mois d'hiver, quand la neige paraissait sur les cols, il y avait dans quelques communes des Alpes et de la Drôme une foire, appelée en provençal « la fiero di mestres d'escolo » (la foire des maîtres d'école). Mon grand-père était un « Savantas », sachant faire les divisions, ayant le droit, par conséquent, de mettre deux plumes au chapeau. Il avait été choisi par les gens de Verclause (petite commune de la Drôme) pour instruire pendant les 5 mois d'hiver les enfants de ce village. Une grande remise, presque sans feu, servait de salle de classe, et chaque famille devait nourrir « lou mestro » autant de semaines qu'elle avait d'enfants à l'école. Mon grand-père ne changea jamais de quartier et devint, par la suite, maire de Verclause. Mais la fin de sa carrière d'école fut un triomphe qu'il aimait à raconter.

Après les lois instituant l'école « obligatoire et gratuite », les Inspecteurs primaires de l'époque avaient été chargés de retrouver ces vieux maîtres, et la République leur avait octroyé une « retraite » de 80 francs par an, que mon grand-père allait chaque année toucher chez le percepteur — ce dont il était très fier !

(*Mme C.*, 1875, Hautes-Alpes.)

— L'école de mes jeunes années était installée dans une maison en location ; chauffage défectueux, mauvais éclairage ; il n'était pas encore question de règles hygiéniques ; souvent les cabinets d'aisance étaient éloignés de l'école ; un certain temps même, il n'y en eut point. Il fallait apporter chaque semaine une grosse bûche pour assurer, dans un vieux poêle, le chauffage de la classe. Mon premier maître, frisant la cinquantaine, médaillé d'argent, chantre au lutrin, et vieux principes, nous faisait, dès l'entrée en classe, entonner le *salvam fac republicam* et *exaudi nos in die.* Puis, agenouillés sur nos bancs, nous psalmodions la prière ; alors seulement commençait le vrai travail scolaire ; les jeunes écoliers étaient conduits dans une pièce exiguë et confiés à de grands élèves moniteurs, et quels moniteurs !... On se demande encore comment on a pu apprendre à lire avec eux. Le vieux curé de l'endroit venait de temps à autre s'assurer de l'enseignement de l'Histoire Sainte...

(*A. B.*, 1872, Aude.)

— Ma classe était une grande salle séparée en deux par une cloison de bois de 1 m 50 au moins ; d'un côté les filles, de l'autre les garçons. A un bout, dominé par un énorme crucifix, se dressait la majestueuse estrade que ne quittait guère la bonne sœur, brave femme d'une soixantaine d'années et que j'aimais comme une grand-mère. A l'autre bout, l'immense cheminée d'autrefois.

L'hiver, le feu était entretenu par les bûches que devaient apporter, sous leur bras, tous les matins les 50 ou 60 gamins. A tour de rôle, en alternant, filles et garçons, 10 élèves prenaient place, pour un quart d'heure, sur un long banc, devant le feu, tournant le dos à la classe et tout à fait étranger à ce qui s'y passait. On faisait cuire des pommes, des châtaignes, et on taillait avec son couteau de petits bateaux ou des sabots de bois.

Comme cartes aux murs, il y avait seulement une mappemonde et une carte de la Judée. Comme livre, je n'ai jamais eu que la Croix de Dieu, c'est ainsi qu'on appelait l'alphabet. Ma sœur aînée, âgée de 10 ans, faisait, au grand ébahissement de sa maîtresse, la peuve par neuf de ses multiplications et dut apprendre sa méthode à la bonne sœur.

Les punitions consistaient en coups d'une longue baguette, en stations debout sous la Judée (peine infamante), et au léchage du sol en terre de la classe avec la marque du coup de langue bien apparente. Prière du matin, Benedicite, Grâces, prière du soir étaient de règle chaque jour.

Tous les samedis, l'après-midi se passait dans la lecture du Paroissien pour la messe du lendemain. Tous les mois, à tour de rôle, confession publique de chacun. La journée n'y suffisait pas toujours. On passait en revue, un à un, les commandements de Dieu, puis les Commandements de l'Eglise. Le Curé entrait très souvent dans la classe; les veilles de fêtes à l'Eglise, il nous donnait congé pour le lendemain, permettant ainsi à la bonne sœur de décorer l'Eglise.

(*P. P.*, 1883, Manche.)

Dans la salle d'asile, pas de matériel scolaire. Sur des bancs sans dossier, rangés contre les murs, on s'ennuyait, on se bousculait, on pleurait, surtout après les coups de baguette sur les doigts. Notre religieuse gardienne, grande malade, nous engageait souvent à dormir. « La Sainte Vierge vous sourira si elle n'entend aucun bruit. »

Au-dessus de notre salle, l'école gratuite. Les filles lisaient l'Evangile, récitaient des prières, chantaient des cantiques, tricotaient, mais n'écrivaient pas. Souvent on les occupait au jardin.

Dans une autre aile du Couvent, l'école payante. La 2e classe recevait des paysannes et des filles des petites gens de la ville. On y enseignait l'écriture. La 1re classe était réservée aux bourgeoises. Cette « élite » ne devait pas parler aux enfants de la 1re classe et son coin de cour était interdit aux autres. Même ségrégation à l'Eglise.

Le Dimanche, reléguées aux derniers bancs, les élèves de la classe gratuite étaient affublées de casaques de bure, de capulets de couleur identique pour qu'on sache bien qu'elles les devaient à la charité. Je n'ai jamais oublié ce dédain des pauvres.

(*Mme B.*, 1873, Gers.)

La porte de la classe

L'installation faite, le maigre mobilier mis en place, commence l'exercice du métier, celui que l'Ecole Normale devait apprendre. Certes, bien des principes volent en éclats : la leçon modèle s'oublie devant les 85 élèves de la classe unique, ou pour les intelligences rétives, que voulait ignorer une pédagogie officielle obstinée à professer l'universelle faim de savoir. Pourtant, faire la classe reste un plaisir. Dès qu'on a fermé sur les enfants la porte de la classe commence le vrai bonheur de l'existence. J'ai pris coutume, *écrit un instituteur,* de resserrer mon horizon à celui de mon chantier ; c'est entre les quatre murs de ma classe, ou au milieu de ma famille, que je me sens le mieux, et que je respire plus librement. *Cette porte fermée a plus d'un sens : elle symbolise la sécurité nouvelle de cette classe désormais soustraite à l'irruption du prêtre, à l'incidence des travaux agricoles. Mais elle est aussi une frontière morale ; une ligne idéale tracée entre l'enfance et la vie quotidienne. Beaucoup d'instituteurs rappellent que, contre elle, viennent se briser les fureurs du monde, et que même les soucis personnels ne peuvent la franchir. Les quatre murs de la classe, comme au jeu les lignes de la marelle ou les cases de l'échiquier, définissent un univers soustrait aux règles habituelles de la vie : l'école fait mieux que renverser la hiérarchie sociale ; elle l'ignore, lui substitue sans défaillance la sienne propre ; ici les récompenses se proportionnent à des talents méconnus au-dehors ; on sanctionne des erreurs ailleurs imperceptibles ; en revanche, Alain l'a dit, les fausses additions n'y ruinent personne. Et dans l'air léger de la classe, les leçons paraissent « se développer » d'elles-mêmes, sans jamais rencontrer d'obstacle.*

La situation scolaire tout entière sécrète une atmosphère d'utopie, dont les confidences d'instituteurs portent la marque. Souvent, la relation de leur métier s'endimanche. C'est que tout, dans l'image de cet exercice — l'horizon clos, la convergence des regards enfantins, le silence où résonne la voix du maître, les degrés de l'estrade d'où il répète des gestes qu'il admira si longtemps —, invite à une griserie légère ; c'est sans effort que se retrouve le ton solennel, l'emphase des causeries de l'Ecole Normale sur le métier d'instituteur :

— Ah ! les beaux matins de clair soleil, où, dans la classe murmurante, se développe la leçon ! Comme s'arrêtent au seuil les regrets, les haines et les fureurs de tous les combats ! Comme on y sent, mal aidé, qu'importe ! mal soutenu, tant pis ! l'avenir en formation, gros d'amour et de clarté !

Et ces bons moments, c'est bien là que je les passe, au milieu de ma classe ; car si le tableau de ma situation matérielle, tel que je viens de l'esquisser, offre quelques traits sombres, je puis déclarer bien haut que celui de ma situation morale est tout entier illuminé par la joie sereine que me procure l'exercice de ma profession.

Oh ! le charme souverain de la classe ! quel instituteur-poète, épris de son métier, nous dira l'intérêt puissant et doux de la leçon qui fait luire les yeux, qui éclaire les fronts, qui concentre la lumière des prunelles sur les regards du maître, qui incline les corps en avant, qui captive l'attention, qui éveille et vivifie les esprits, qui les attache aux parcelles de la science, qui leur ouvre la voie vers de divines clartés !

(Enquête du *Manuel Général*, 1912.)

Le regard d'autrui

Etre instituteur, c'est avoir aimé, jadis, ce spectacle ; et c'est désormais aimer en être la vedette. Malgré tout on n'avait pas toujours prévu, à l'Ecole Normale, que le spectacle déborderait les murs de la classe. Les instituteurs découvrent vite que dans cet étrange métier on n'échappe jamais au regard d'autrui ; celui des enfants n'est rien encore, et du reste on le sollicite. Mais il y a aussi celui des parents, d'autant plus tâtillon qu'en mettant leurs enfants à l'école, ils se départissent de leurs prérogatives, au profit d'un homme qui dès lors devient leur rival. Des enfants, qui racontent tout, aux parents, qui extorquent avidement les récits d'une vie dont ils sont exclus, se tisse autour de l'instituteur toute une toile de surveillance.

Et ce n'est pas tout, car il y a aussi la venue de l'inspecteur, et son verdict, si redouté. Certes, il peut y avoir matériellement beaucoup à craindre d'un jugement réticent. Mais surtout, pour ces bons élèves, le jugement de l'inspecteur ne cesse d'être ressenti comme capital ; c'est en lui qu'on peut faire la preuve périodique de ses capacités. Surtout, dans la bizarre situation de l'inspection, on se découvre de nouveau écolier, sous le regard de l'inspecteur, et même sous celui des élèves, qui voient juger leur maître ; on sent alors qu'on n'a pas quitté l'école. Et, de fait, ce qu'il y a à gagner à un examen favorable, c'est une nouvelle école, la vraie promotion de ce métier étant de changer d'école ; ou bien encore ces récompenses — médailles de bronze ou d'argent, lettres de félicitations, palmes académiques, honorariat, etc. — qui jalonnent la carrière de tout instituteur, que leur caractère symbolique apparente aux lauriers enfantins, et qui, sollicitées, attendues, rappellent que l'instituteur ne cesse pas d'être un bon écolier.

Champlauvent, le 17 novembre 1890,

Monsieur le ministre,

Je m'adresse à vous pour faire changer le désordre qu'il y a dans notre commune à légard de la clace, nous avons un instituteur qui a trois enfants le premier à 17 ans et les autres plus jeunes tout le monde se pleint quil ne regarde pas leurs enfants qu'ils n'aprennent rien il fait la clace que pour les sients et il prend sa fille dans sa clace qui a 17 ans tous le monde veulent y envoier les leurs deor d'age en disant qu'il y a point de réglement et quil doit les recevoir aussi bien que sa fille et il dit pour se moquer du public, que les Champlauvent paye sa pention puis je la mêtrez ailleurs mais monsieur le ministre je crois que personne lui en doivent de pention enfin monsieur le ministre tous les pères de famille se pleignent et dabort si cette affaire ne change pas bientôt moi je m'envait encore y envoyer les miens et même y aller encore moi même aumoin si lui fait la clace a ses enfants en étant payé moi je la ferai au mien et aux autres pour rien

Monsieur le ministre je vous prie de prendre des informations à se suget tous les pères qui on des enfants qui vont à l'école peuvent vous donner des renseignements. Agréé monsieur le ministre mes sincères salutations

Giraud

donc je vous prie de metre ordre à s'ette afaire[1]

1. A.N., F17 10900.

Un rapport d'inspecteur

M. Thouin, Léon, Albert, est né à Rennes le 25 septembre 1860. Elève de l'école de la Halle aux Toiles, puis du Lycée de Rennes, il passa successivement avec succès les examens de Brevet élémentaire, du Brevet de l'enseignement spécial et du certificat d'aptitude pédagogique. Il débuta dans l'enseignement comme instituteur adjoint en 1878, et fut appelé en 1884 à la direction de cette école de la Halle aux Toiles dont il avait été jadis l'un des meilleurs élèves, et à laquelle il s'est attaché avec un dévouement vraiment filial.

Excellent directeur, il a su faire de son école, en lui conquérant une estime générale et méritée, l'une des plus importantes et des meilleures de la ville de Rennes. Pour elle, il dépense sans compter : temps et argent. Très loyal, il a sur ses collaborateurs une autorité indiscutable et respectée. Ses élèves l'aiment et ont en lui une confiance qu'il mérite par le soin qu'il prend de leur instruction et de leur éducation. J'ajouterai que M. Thouin est un véritable érudit ; qu'il est d'une complaisance sans bornes ; qu'on le trouve toujours sur la brèche quand il s'agit de l'instruction du peuple ; qu'il inspire à ceux qui le connaissent une très grande confiance, ce qui explique pourquoi on le trouve dans les Comités de la Bibliothèque populaire, de la Société d'Instruction populaire, de la Société des anciens élèves des écoles municipales, de la Société municipale de secours mutuels.

Dirai-je enfin que sa conduite est exemplaire et que sa modestie égale sa valeur. M. Thouin a obtenu la médaille de bronze en 1895 ; il mérite certainement la médaille d'argent pour laquelle j'ai l'honneur de le proposer.

(Rapport de l'Inspecteur Primaire, 1901 [1].)

Admis à la retraite le 31 octobre 1898, après plus de 40 ans de services, M. Le Pautrenat avait épuisé toute la série des récompenses accordées aux membres de l'enseignement primaire ; il remplit donc les conditions exigées par les articles 34 de la loi du 30 octobre 1886 et 130 de l'arrêté du 18 janvier 1887.

J'ajoute que, par la dignité de sa vie et son dévouement à la cause républicaine, cet ancien maître mérite le témoignage d'estime et de satisfaction que demande M. l'Inspecteur d'Académie.

(Préfet du Morbihan à Ministre de l'Instruction Publique, 1er février 1901 [2].)

L'école interminable

Il ne faut donc pas espérer échapper au jugement d'autrui, ni pouvoir — même un moment — rompre avec la contrainte despotique du personnage exemplaire ; partout — jusque dans la vie privée —, on attend de l'instituteur — comme l'Ecole Normale l'affirmait — qu'il donne l'image de la rigueur, de l'honnêteté, de la droiture. Et c'est là aussi un métier ; ou plutôt le métier lui-même l'exige : l'autorité morale de l'instituteur n'est acquise que si, partout, il se comporte en instituteur. Aussi ne peut-on tracer les bornes de la profession ; ni dans l'horaire : la correction des cahiers et la préparation de la classe, la confection des tableaux muraux à l'encre

1. A.N., F17 11508.
2. A.N., F17 10932.

de Chine et des frises au pochoir dévorent jeudis et dimanches ; ni dans la soustraction des loisirs au métier : des promenades on rapporte toujours quelque chose pour la classe du lendemain ; le jardin lui-même est un terrain d'expérience pour l'école, l'occasion de leçons d'observation ; ni dans le public : toute la commune est faite d'écoliers virtuels, qui parfois se transforment en vrais écoliers lorsque l'école s'ouvre aux cours du soir pour les adultes ; ni dans les activités : l'école a un terrain de sport, où l'instituteur initie les jeunes gens au tir et à la marche ; et il y a l'arpentage, le reboisement, dont l'instituteur s'occupe aussi, et, dans la majorité des cas, ce secrétariat de mairie, où il faut encore lire et écrire pour autrui, conseiller, instruire. L'école n'est, dans ce métier dévorant, jamais finie.

— Je ne crois pas qu'un jour se passe sans qu'un coup, frappé à la porte vitrée de la salle d'école, n'indique la présence d'un brave homme qui réclame l'assistance de ma plume. Il me faut arrêter une leçon, couper court à la préparation d'un devoir pour courir à la mairie toute proche, et, bravant les rigueurs du règlement, confier les enfants à la surveillance du premier d'entre eux, pendant que je reçois une déclaration d'état civil, que j'inscris le signalement d'un cheval, que j'étudie un bordereau d'impôts trop chargé.

Pourrais-je éviter cet ennui, vraiment intolérable à certains jours ? Sincèrement, je ne le pense pas, du moins sans d'autres inconvénients plus sérieux encore.

Mais quatre heures sonnent : j'emporte les 56 cahiers des 56 élèves de ma classe, afin de contrôler leur travail de la journée. Je m'installe auprès de ma lampe, et j'annote quelques pages... Ma sonnette tinte. Un membre de la Société des amis des livres me rapporte deux volumes qu'il a lus. Nous courons tous deux à la bibliothèque. Ne suis-je pas en effet (et j'en ai quelque fierté) le fondateur et le secrétaire de cette association ? Nous examinons les ouvrages qui garnissent les rayons. Mon lecteur hésite, me consulte, se décide, s'empare d'un ouvrage, le feuillette. Puis, qu'est-ce qui l'a choqué ? Un texte trop serré, une série de pages trop descriptives, quelques phrases de style « artiste » ou de fine (trop fine !) psychologie ? Mystère. Il remet le volume sur un rayon, cherche à nouveau, choisit enfin.

Et je n'ai pas fini d'inscrire au registre de prêts son nom et le titre de l'ouvrage emprunté, que ma sonnette retentit à nouveau. Hélas ! je suis encore secrétaire de la Société musicale. Et il s'agit de convoquer le conseil d'administration : soit 7 ou 8 lettres à rédiger ou à adresser. Troisième coup de sonnette : c'est un certificat de vie que me réclame mon voisin, titulaire d'une pension de retraite. Enfin, un cultivateur s'avance. Avec force détails, il me raconte comment la maladie a terrassé une de ses vaches. Et je me souviens de mon titre de secrétaire de la Société locale de secours mutuels contre la mortalité des animaux de race bovine : je me prépare à convoquer les 25 commissaires chargés de rembourser au sociétaire frappé le prix de l'animal qu'il a perdu.

Dieu merci, aucune déclaration nouvelle n'est survenue ! Dieu merci, le conseil municipal, le bureau de bienfaisance sont en vacances ! Dieu merci, aucun cortège nuptial ne s'avance vers la mairie !

Mais il est six heures. J'ai à peine le temps de prendre mon repas du soir pour courir à ma classe, car mes « adultes » arrivent. Et de 7 heures à 9 heures, deux fois par semaine, je m'efforce à les intéresser, à raviver en eux le foyer, allumé voilà quelques années et bien refroidi déjà de la vie intellectuelle.

Et après neuf heures, le cerveau fatigué et vide, une meurtrissure aux épaules qui réclament le repos, je reviens à mes cahiers [...]. Trop hâtivement, car je sais que tout un travail m'attend ensuite : rédactions d'actes d'état civil, préparation des sessions du conseil municipal et du bureau de bienfaisance, rédaction du procès-verbal des séances, recherches statistiques, vaccinations, retraites ouvrières, accidents du travail, budgets, liste électorale, registre d'inscription des chevaux, recensement des conscrits, mémoires et mandats des fournisseurs de la commune ou du bureau..., suivant les saisons.

(A. Touchard.
Enquête du *Manuel Général,* 1912.)

— En février 1896, à la suite d'une violente tempête qui avait jeté un bateau d'Etel sur la côte d'Angleterre alors que l'équipage se croyait près de Belle-Ile, mon père se décida à partir à Groix, afin d'apprendre entre autre à se servir du sextant, pour pouvoir apprendre, ensuite, aux marins à se diriger en mer. Le cours de Groix était fait par M. Guillard, instituteur qui avait quitté l'enseignement d'Etat, sanctionné par l'ordre moral, pour fonder et diriger un cours nautique libre. Mon père y resta huit jours et revint pourvu d'un sextant qu'il avait payé 80 F : forte somme pour l'époque, qui correspondait environ à un mois de traitement.

Puis, au cours d'adultes, il voulut enseigner la navigation aux marins, tout en se perfectionnant lui-même dans ses connaissances, mais il n'eut guère d'élèves. Alors, avec l'autorisation de l'Inspecteur d'Académie, qui suivait avec intérêt son initiative, il fit de l'enseignement nautique dans sa classe. Un jour un nommé Bertic, marin pêcheur, rentrant du service militaire, vint lui demander s'il faisait toujours de l'enseignement nautique au cours d'adultes. Comme il n'en faisait plus, mon père l'invita à venir en classe avec les enfants. Ce que fit le marin malgré les moqueries de ses camarades qui lui proposaient de venir l'aider à porter son sac. Bertic réussit l'examen de marine marchande, devint capitaine d'un bateau de Lorient qui faisait le charbonnage avec l'Angleterre. Les moqueurs ne ricanaient plus, et certains vinrent demander au nouveau capitaine une place de marin dans son bateau. [...]

Voici ce que dit mon père à ce sujet, dans un discours prononcé quand il fut décoré de la Légion d'honneur : « Alors les élèves affluèrent de toutes les communes qui bordent la rivière d'Etel. Parmi eux, quelques hommes d'âge mûr, mais aussi beaucoup de jeunes munis du certificat d'études. Les vieux patrons, d'abord rebelles, m'envoyèrent leurs fils, et on vit alors les mousses de 14 ans faire le point, tracer leur route pour l'atterrissage. Cette période de transition ne fut pas pour moi sans anxiété. Je redoutais des erreurs de calculs. Une faute grossière, et c'était la perte de la confiance, sinon la ruine de mes efforts, du moins un retard préjudiciable au succès de mon enseignement. Mes craintes furent heureusement vaines. L'on ne vit plus, en fin de saison surtout, les bateaux en route pour l'atterrissage à Concarneau, reconnaître leur position auprès de l'île de Wight ou de Cherbourg, ou encore en vue du Havre. Ces erreurs m'ont été avouées par les patrons eux-mêmes...

(*E. H.*, 1868, Morbihan, par sa fille.)

— Son autorité morale se manifestait parfois de façon inattendue. Un jour que je l'accompagnais dans un arpentage pour l'aider à porter la chaîne d'arpenteur, j'assistai à cette scène édifiante. Un oncle (Denis, 60 ans, propriétaire et conseiller municipal à Montrichard) et son neveu (Barbou, 30 ans, propriétaire et conseiller municipal à Thenay) étaient en discussion sur les limites de deux champs riverains provenant du partage d'un bien de famille qui remontait à quelques années. En présence des deux propriétaires, mon père mesura chaque lot et constata qu'en labourant le neveu avait mordu sur le terrain de l'oncle. Devant nous la discussion reprit de plus belle : « Tu pourrais bien attendre que je sois au cimetière pour me voler ma terre, disait l'oncle. Je vais t'appeler en justice, cela t'apprendra à vivre. » « Si c'est pas malheureux d'être aussi regardant, pour un cheval qui n'a pas labouré droit : si vous voulez plaider ça ne me gênera pas, le public rira sûrement plus de vous que de moi. Vous n'êtes déjà pas si bien vu par ici ! »

Mon père intervint alors. « Je ne suis pas venu là pour assister à vos disputes, mais pour faire mon travail d'arpenteur. Toi, Benjamin Barbou, ne manque pas de respect à ton oncle qui a trente ans de plus que toi, et t'a rendu plus d'un service il n'y a pas si longtemps. Vous avez bien du temps à perdre tous les deux et vous vous souciez peu l'un et l'autre de ce que penseront de vous vos voisins pour aller ainsi devant les tribunaux entre parents proches à propos de quelques mètres carrés de terrain. Laissez-moi partager l'ensemble en deux parts équivalentes, cherchez pendant ce temps-là quelques tuiles cassées et deux ou trois pierres longues que nous enterrerons pour en faire des termes entre les deux pièces de terre. Limites ainsi fixées, vous pourrez l'un comme l'autre cultiver vos biens respectifs sans chicane, et ce sera bien ainsi non seulement pour vous, mais pour tout le monde autour de vous. Vous n'avez pas d'enfants ni l'un ni l'autre ; tout le monde sait que vous êtes dans une honnête aisance l'un et l'autre. Je suis aussi bien avec l'un qu'avec l'autre. Toi Benjamin, tu fus à Thenay un de mes premiers élèves et tu ne m'as jamais donné de mal. Ne va pas commencer aujourd'hui que tu as plus de raison. Et vous, Monsieur Denis, oubliez tout cela. »

Et j'assistai à la pose des pierres-bornes, plantées sur un lit de tuiles cassées comme il se doit, en terre, aux limites des deux parcelles.

(*C. A.*, 1882, Loir-et-Cher.)

Tout s'apprend, même le bonheur

« Mon métier était toute ma vie » ; cette formule, qui revient inlassablement dans les récits d'instituteurs est bien loin d'être creuse. La coïncidence qu'elle souligne est à la fois une vérité matérielle et une vérité morale. Reste à savoir comment la tension permanente qu'elle requiert ne suscite pas plus souvent de révolte de l'instinct ou du sentiment. Car si les instituteurs la vivent souvent avec lassitude, ils y consentent cependant, y reconnaissent une obligation, mais jamais une contrainte. Leurs meilleurs souvenirs sont les succès de leurs élèves, les voyages avec les reçus du certificat d'études. Si le bilan de leur existence se nuance de satisfaction, c'est en raison de la diversité des enseignements donnés.

Je crois avoir rempli en toute conscience et honnêteté mon métier d'éducateur, j'ai obtenu à ce titre toutes les récompenses universitaires attachées à la fonction jusqu'à l'honorariat. J'ai même servi l'école par certaines de mes activités extraprofessionnelles : ma pratique du violon m'a permis d'assurer l'enseignement de la musique dans un grand nombre de classes où les maîtres ne se croyaient pas suffisamment qualifiés ; de même pour le dessin que j'ai pu enseigner au cours municipal de la ville de Tulle. Comme agriculteur spécialiste et expert agricole départemental, j'ai participé pendant vingt ans aux cours itinérants professés à travers la Corrèze par la direction des services agricoles sans jamais commercialiser cette fonction où j'ai surtout suscité des vocations. Aujourd'hui je reste encore le conseiller de mes jeunes amis du Rucher Limousin dont j'assure la Présidence.

(*A. C.*, 1885, Corrèze.)

Ce qui explique cette cohérence exceptionnelle, n'est-ce pas alors la foi illimitée dans la pédagogie ? Tout — y compris le bonheur — peut s'apprendre, et tous peuvent apprendre. Ainsi s'établit cette réciprocité ; l'école est toute la vie, mais c'est que la vie tout entière est une école.

[illegible]

[illegible]

[illegible]

4

GAGNER SA VIE

Chacun le sait : la République paie mal ses hussards noirs. En 1901, après quatorze ans de service, un instituteur gagne 100 francs par mois (quand il a débuté comme stagiaire, il gagnait 70 francs par mois ; et, en 1914, à quarante-cinq ans, après les améliorations des premières années du siècle, il en gagnera environ 200). En 1901, dans les villages, la pension à l'auberge coûte 75 francs par mois ; on paie 1 franc une douzaine d'œufs, 1 franc 60 un kilo de lard. Au même moment, un journalier agricole gagne 3 francs par jour, un ouvrier menuisier 3 francs 50. Il est donc mince, l'avantage de l'instituteur ; encore s'effondrerait-il si on quittait ces comparaisons villageoises : l'ouvrier typographe ou le métallo parisien gagnent deux fois plus.

Cette petitesse explique la fortune du roman, pourtant médiocre, qu'en 1901 précisément publient les Cahiers de la Quinzaine, *« Jean Coste ». Avec lui, voici pour longtemps fixés les traits d'un instituteur pauvre hère. Souvent, les récits que nous avons recueillis se réfèrent à cette image ; beaucoup d'instituteurs se reconnaissent dans ce personnage pathétique, auquel la misère finit par souffler l'idée du suicide. Eux aussi traquent les menus travaux supplémentaires, cherchent à copier des actes notariés, à assurer pour des journaux locaux une correspondance qui leur vaudrait 50 à 60 francs l'an — le prix d'un complet neuf —, s'agrippent à un « bon » secrétariat de mairie, rêvent aux villes où les notables peuvent et veulent donner des leçons particulières à leurs enfants. Tel cherche à sauter un repas par jour ; tel autre bourre de papier froissé une enveloppe de couvre-pieds : c'est l'économie d'une couverture.*

Mais plus que ces détails, qui semblent en effet sortis du roman de Lavergne, la précision et l'abondance des récits, dès qu'il s'agit de la vie matérielle, sont étonnantes : soixante ans après, les instituteurs peuvent encore dire le prix du cigare dominical qu'ils fumaient, à la promenade entre collègues, avec le sentiment d'un luxe coupable, les variations du prix de pension à l'auberge, les versements pour la bicyclette achetée à crédit. Mémoire si sûre — les carnets de comptes retrouvés çà et là en garantissent par ailleurs l'intégrité — qu'elle dit mieux que tout la tension d'une existence quotidienne tissée de calculs. Comme en témoignent aussi ces suppliques à l'Inspecteur d'Académie, qui ne redoutent pas de descendre dans des détails très prosaïques, et respirent l'angoisse.

Bien entendu, il faut nuancer ce tableau, que les situations familiales font varier à l'infini. Que les parents aident au lieu d'être aidés, qu'on puisse passer les vacances à peu de frais dans la maison familiale, et tout va déjà mieux. Un secrétariat de mairie rentable, une population éclairée, qui dirige de nombreux enfants vers les cours du soir : l'étau se desserre un peu plus. Enfin, et plus que tout, c'est le mariage avec une — ou un — collègue qui donne le sentiment d'une petite sécurité (l'Administration le comprend vite, qui le favorise de plus en plus !). Encore faut-il que le ménage ne soit pas chargé de parents malheureux, ne se charge pas lui-même de trop d'enfants. Elles restent très étroites, les limites entre lesquelles les instituteurs peuvent se sentir en sûreté. Ce qui aide à vivre, pourtant : les souvenirs d'une enfance plus dénuée encore ; et, pour les fils d'instituteurs, le sentiment — qui incline à la patience — d'un progrès sur la vie de leurs parents.

Promotion sociale ?

— En 1875, mon père devient instituteur à la C., canton de Yenne, petite commune essentiellement agricole [il s'y marie en 1876 et a 6 enfants en 10 ans]. A chaque maternité, après sevrage, maman, très bonne nourrice, descend à Lyon en bateau à vapeur depuis Yenne, se présente au bureau de placement pour prendre un nourrisson au sein. Vite agréée, ayant bonne tenue, elle revient les bras chargés d'un poupon ! quel courage ! Elle en élève ainsi 5.

Ma grand-mère maternelle meurt en 1894 : le partage se fait entre les 7 enfants. Ma mère devient propriétaire de quelques bouts de terre. Par la suite, mes tantes devenues veuves vendent leur part à mes parents. C'est alors que la culture est l'occupation première de maman : vignes, blé, deux vaches, poules, lapins, cuisson du pain au four communal pour 15 jour, ... [...]. Mon père ne se mêle pas aux travaux des champs : son gros souci est la classe. Pourtant, il taille les vignes...

Notre vie de petite jeunesse est vraiment rustique : le strict nécessaire, sans jamais de gâteries. Les premières friandises — inconnues encore de nous — nous arrivent de Chambéry, cadeau d'un cousin riche, grand chasseur, qui nous amène, après la période de chasse, son chien à garder. En compensation, à Noël, il nous envoie une caisse de 50 cm, contenant oranges, figues, chocolat, bonbons, ... quel bonheur ! Nos parents les cachent et nous donnent avec parcimonie ces bonnes choses tant convoitées.

(*M. P.*, 1847, Savoie, par sa fille.)

Le « caméristat »

— Je n'aurais pas terminé l'exposé des conditions de vie de mon père si je ne vous expliquais le fonctionnement du pensionnat qu'il avait annexé à son école, bien caractéristique d'une époque révolue, sous le nom de « caméristat ».

Il faut savoir que la fin du siècle dernier a vu les populations rurales sortir de leur isolement, prendre conscience de leur ignorance et éprouver le besoin de faire instruire leurs enfants. Une sorte d'émulation de village à village les poussait à envoyer leurs fils parfaire leur instruction à l'école de la ville.

Le caméristat leur en procurait les moyens. Il est né aussi de la rigueur des hivers qui, sur les hauts plateaux auvergnats, interrompait ou ralentissait le travail des champs, libérait aussi les enfants associés à l'activité de la ferme pendant l'été (le caméristat ne fonctionnait que de la Toussaint à Pâques). Il n'a été possible que grâce à la ferme volonté des instituteurs de la IIIe République de servir la cause de l'instruction, à leur dévouement à l'école laïque, et aussi parce qu'ils y ont vu un moyen pour eux-mêmes de promouvoir leurs enfants à une meilleure situation, en ajoutant à leur maigre mensualité un appoint modeste mais non négligeable.

Il faut noter aussi que les paysans d'une région pauvre, encore victime d'un mode d'exploitation rural primitif, ne pouvaient subvenir aux frais d'une pension ordinaire. Il fallut leur laisser la possibilité de continuer à nourrir à l'école leurs enfants des produits de leur ferme.

Chaque semaine, ou à l'occasion des marchés, des foires du canton, ils les approvisionnaient de vivres (la viande salée du cochon, le fromage, le beurre, la « tourte » de pain de seigle), ils renouvelaient dans les magasins de la ville la provision de riz, de pâtes, de légumes secs. Et tout cela s'entassait dans la cave de l'instituteur, où il avait fallu organiser des casiers distincts (l'instinct possessif rendait les enfants eux-mêmes attentifs, soupçonneux, agressifs). Un règlement sévère devait être établi pour que chacun ait la juste part de son bien.

Ma mère, à la veillée, associait une vingtaine de gamines à la préparation du menu du lendemain. On pesait les quantités, on coupait son morceau de viande, on le marquait d'un signe distinctif (une planchette de bois portant le nom). Il arrivait, le lendemain, que l'enfant ne reconnaissait pas le morceau, diminué ou déformé à la cuisson, et se plaignait. Les rations englouties par les affamés paraissaient moins fournies que celle du retardataire. Ma pensée se refuse souvent à revenir en arrière ; mon cœur se serre en pensant à ma mère condamnée à ce supplice quotidien. Songez qu'on s'éclairait alors au pétrole, qu'il fallait aller chercher l'eau à la pompe dans la cour, que la place était restreinte : et tout cela existait à ce qu'on appelait « la Belle Epoque ».

Chiffrons maintenant le résultat de toute cette activité ; pour chaque élève : 1° une redevance mensuelle de 5 francs, payables en espèces ; 2° une livre de beurre ; 3° un char de bois (à brûler) pour la cuisson des repas et pour la durée de la présence du pensionnaire, et dont l'importance était laissée à la pingrerie ou à la générosité de chacun.

De loin en loin, à titre d'amabilité, de reconnaissance pour les soins donnés à un enfant, un poulet, une bouteille de crème ou la part de boudin que la coutume auvergnate voulait qu'on offre, garni d'une tranche de pâté et de quelques saucisses, aux amis de la famille quand on tuait le porc.

Comment ne pas sentir à travers cette évocation l'humilité du métier d'instituteur, quand on était réduit à ces conditions précaires et déprimantes ? Comment résister à l'usure d'une activité qui détruisait la vie par la promiscuité de tant d'enfants encore primitifs et grossiers, qui interdisait tout loisir : chaque soir, il fallait garder ces élèves à l'étude, les occuper le jeudi, les promener, les accompagner à la messe le dimanche ; et ajouter à toutes ces tâches la nécessité de coucher au dortoir pour la surveillance de nuit, lorsque les maîtres adjoints mariés n'habitaient pas l'école ou n'offraient pas assez de sérieux pour assurer ce service.

(*P. F.*, 1853-1917, Cantal ; par sa fille.)

Economies

— Aussitôt après mon mariage [1909], par besoin d'économie, je décidai : 1) de ne plus fumer ; 2) de ne plus mettre le pied dans un café ; 3) d'écrire à *L'Huma-*

nité que je ne pouvais plus payer mon abonnement, et, presque dans le même temps, je quittai la franc-maçonnerie. La cotisation était de 2 f 50 par mois et l'assistance à une tenue me revenait à 15 francs de voyage.

(*V. P.*, 1887, Corse.)

— A la sortie [du régiment], je n'avais plus rien [à me mettre] je fus donc obligé de réclamer 40 francs à mon père. Avec cette somme, je pus m'acheter un costume de moins de 35 francs (on m'avait fait une remise comme membre de l'enseignement), un chapeau melon de 5 francs et une chemise mauve de 2 f 50 ; j'avais mes souliers d'Ecole Normale. Comme j'avais oublié la cravate ; un collègue me fit cadeau d'un petit nœud que lui avait donné son oncle instituteur. Démobilisé, j'arrivai un après-midi de vacances à Luzillé et, dans mon habit de gentleman, je fis sensation : on ne m'avait jamais vu qu'en potache ou en militaire...

(*C. B.*, 1886, Indre-et-Loire.)

— Mes débuts à J., à l'extrême nord-est du département des Bouches-du-Rhône [1900], ont été fort pénibles. Au café-restaurant du pays, la pension est de 75 francs par mois : mon traitement mensuel diminué de la retenue pour pension s'élève à 71 f 15 et le premier mois de ce traitement est entièrement versé à la caisse des retraites. Par bonheur, j'ai obtenu à ma sortie de l'Ecole un des prix de 100 F que le Conseil Général attribuait à chacun des trois meilleurs élèves de chaque promotion sortante pour l'enseignement agricole. Le présent est assuré, mais l'avenir ?

Mes parents me donnent un lit, une table, quelques ustensiles de cuisine, deux ou trois chaises... et je m'installe dans l'appartement attribué à l'instituteur adjoint, à l'école même. Je prends une femme de ménage — 2 heures par jour — qui, pour un salaire minime fait ma chambre, prépare mon repas de midi, et celui du soir que je fais réchauffer ; c'est elle qui va aux provisions ; je règle mes fournisseurs en fin de mois par entente avec eux, et, chose à peine croyable, il me reste, un mois dans l'autre, une belle pièce de 20 francs en or pour mes menus plaisirs et pour me vêtir... bref, je fais des économies. Mais au prix de quels sacrifices au regard de plaisirs ! Au reste, à J... comme en tous les villages, les seules distractions possibles, c'est au café qu'on les trouve, devant un jeu de cartes ou le billard. Or il ne saurait être question pour moi d'aller régulièrement au café, et pourtant il faut bien que j'y paraisse de temps à autre pour prendre contact avec la population et tenter de me faire quelques « relations ». Je pris donc l'habitude de « sortir » le samedi après le repas du soir pour une partie de manille ou de piquet, voire de billard, en compagnie de mon Directeur et de quelques habitués d'âge mûr.

Mais que faire les autres soirs, et le jeudi, et le dimanche, et comment occuper les longues heures d'inaction après la classe pour ne pas mourir d'ennui ? Je lis, je prépare mon travail de classe, la nuit tombée ; mais durant les longues journées d'été, de printemps et d'automne, les heures claires de loisir et de désœuvrement sont dures à tuer.

Alors, j'ai recours à la nature. J'aime les champs, les bois, le ruisseau qui chante dans les prés fleuris, la source mystérieuse qui sourd au creux d'un rocher ; et le pays qui s'étend à perte de vue avec ses collines boisées, ses fermes isolées, ses sentiers rocailleux m'attire irrésistiblement. Et voilà que, dans quelque frais vallon, je découvre un petit monde floral qui, là-haut dans les Alpes, m'était familier. C'est le salut ! J'achète une bonne flore et, en deux ans, je récolte un millier de plantes, toutes déterminées par mes propres moyens ; cataloguées avec leur nom scientifique en latin et en français, et même leur nom en langue vulgaire, elles constituent un herbier qui, présenté en 1904 devant la Société de Botanique de Marseille, annexée à la Faculté des Sciences, obtient la médaille d'or de la Fondation Henri Roux. La médaille était en or et d'une valeur de 100 francs, je pouvais opter pour la médaille ou pour le billet... Or j'étais sur le point de me marier : je pris le billet. L'ai-je assez regretté par la suite ! Il en coûte d'être pauvre !

Le jeudi, le plus souvent, en patache tirée par deux chevaux qui font 7 km à l'heure, je vais à Aix, dans ma famille ; et, le dimanche après-midi, j'ai rendez-vous avec mon camarade de Peyrolles, tantôt chez lui, tantôt chez moi — promenade à pied, 5 km pour aller, autant pour revenir.

Ainsi ai-je organisé ma vie en fonction de mes très modestes ressources, matériellement satisfait de mon sort, heureux de n'avoir pécuniairement rien à demander à mes parents, mais moralement désemparé.

(*L. B.*, 1881, Bouches-du-Rhône.)

Du Petit Chose *à* Jean Coste

— Je me souviens de mon traitement de début, comme stagiaire en 1910. Je crois que je touchais

86 F 95 par mois, déduction faite de la retenue pour la retraite et du timbre de quittance. 86 F 95 ! Ce sont des chiffres fatidiques — dont on se souvient — et que je cite souvent.

Je faisais ma cuisine ; il ne m'était pas possible de prendre pension (cela coûtait 75 F) et je donnais 10 F par mois (à prélever sur mes 86 F 95) à ma vieille mère. A 13 km de la gare, je ne pouvais pour 2 francs prendre la diligence quand je partais en vacances chez ma mère. Arrivant à la gare, un bock de 3 sous m'était interdit.

A cette époque, je personnifiais littéralement « Jean Coste » comme j'avais personnifié le « Petit Chose ». Lorsque le fond de mon pantalon était en bon état relatif, mes chaussures étaient éculées ; ou inversement.

Je dois dire aussi que pour me permettre de faire ma cuisine, j'avais acheté à crédit, en même temps qu'un lit-cage, le strict nécessaire : un fourneau-cuisinière, une poêle à frire, une casserole en terre cuite... Coût : 250 francs. L'amortissement de cette dette a bien grevé mon budget. Ce fut encore relativement rapide, mais au prix de quelles privations et de quelles jongleries ! Dans ces conditions, j'ai attendu mon premier vélo jusqu'en 1912, et encore l'une de mes sœurs m'a prêté de quoi le payer.

C'est presque manquer de pudeur de dire que cette vie miséreuse a pris fin avec la guerre 1914-1918. Je conservais mon traitement civil ; la IIIe République me nourrissait et me servait ma solde de sergent (1 F 72 par jour ; encore un chiffre fatidique dont on se souvient).

(*H. N.*, 1887, Vosges.)

— Monsieur l'Inspecteur d'Académie, vous connaissez ma position de fortune ; vous savez où j'étais (St-

Dizier). Je me faisais un traitement de 1 100 francs. Vous m'avez promis pour ici 900 francs pour cette année et 1 000 francs pour l'an prochain si je réussissais : j'ai foi en vous et je ne puis croire Monsieur le Percepteur qui me dit que je suis à 800 francs. Depuis le 16 août, ma femme remplit ici les fonctions de maîtresse des travaux à l'aiguille, ainsi que vous me l'aviez dit — jusqu'ici, elle n'a pas eu de nomination ; s'il y a des formalités à remplir pour cela, je vous prie de me le faire savoir et de me les indiquer ; car ici, je suis au désert et, au désert, pour vivre, il faut des provisions...

Vous êtes bon, Monsieur l'Inspecteur d'Académie, je le sais ; vous êtes juste ; vous ne m'abandonnerez pas, j'en suis sûr ; et par votre puissante volonté toute erreur sera bientôt rectifiée.

[...] Veuillez m'excuser si je m'adresse directement à vous pour tout ce qui précède, le temps presse, le premier octobre est proche et j'ai pour cette époque bien besoin de ce que j'ai gagné ; tout intermédiaire retarderait la solution. C'est pourquoi je vous prie encore une fois de m'excuser et de vouloir bien agréer les profonds respects avec lesquels j'ai l'honneur d'être votre très humble et obéissant serviteur.

L'Instituteur de Tardes : *E. S.*
Tardes, le 18 septembre 1874.

Des calculs minutieux

— Dans cette école à deux classes [*Buais, Manche, en 1897*], l'adjoint disposait d'une pièce meublée d'un bois de lit et d'une paillasse, plus une chaise : la commune n'était pas généreuse. Comme moyen de chauffage, une cheminée, dans laquelle, l'hiver, je brûlais des copeaux que le sabotier m'apportait au prix de 5 centimes (un sou) le panier : je me chauffais bien à peu de frais.

La première semaine, je me suis adressé au menuisier du village pour avoir une table. Je n'avais pour éclairage que des bougies longues valant 3 sous et brûlant trois heures.

Le directeur était un célibataire déjà âgé. La femme du sabotier venait chaque matin faire le ménage et la cuisine. Comme un peu partout, le menu était : soupe à la graisse normande matin et soir, un plat de viande le midi (viande de boucherie le samedi, dimanche et lundi seulement, morue ou omelette le vendredi, lard aux choux ou aux pommes de terre les autres jours). Je payais 40 francs par mois.

[...] Pour aller voir mes parents, il aurait fallu, en plus du trajet en chemin de fer, parcourir 19 km à pied. Or, au 1er janvier, il n'y avait que deux jours de congé. Alors, de septembre à Pâques, je ne vis pas mes parents. A 17 km de Buais demeurait mon oncle maçon : quand il faisait beau, tous les deux mois environ, je prenais ma canne et parcourais allégrement ces 17 km à pied.

Dans ce pays, isolé comme beaucoup d'autres, j'aurais bien voulu avoir une bicyclette. Mais c'est en 1890 que j'ai vu le premier cycliste. En 1895, les bicyclettes étaient encore très rares, en 1897 elles étaient d'un prix inabordable pour moi (en 1903, une bicyclette neuve valait encore 240 francs, c'est-à-dire plus de trois fois le traitement mensuel d'un stagiaire, 71,15 F). Au printemps suivant (1898), je trouvai à acheter fort cher une bicyclette d'occasion, que je payai avec mes 50 F d'économie, une aide de mon père et le reste que mon oncle me prêta. Je ne pus le rembourser que 5 ans plus tard. Désormais, j'étais le roi de la route, puisque j'étais plus rapide qu'un cheval. Alors, une fois par mois, je partais le mercredi soir pour parcourir en 5 heures les 60 km qui me séparaient de mes parents ; y compris une demi-heure pour la collation en route : pain et beurre à discrétion, une moque de cidre, un café, coût 50 centimes (10 sous). J'étais un favorisé, car j'étais peut-être le seul de ma promotion à avoir un cheval d'acier.

[*A Rémilly-sur-Lozon*], le directeur avait 8 enfants, dont 7 à charge. Etant de 3e classe, il était payé 1 400 F par an, moins les 70 F de retenue pour la retraite, plus les 200 ou 300 F du secrétariat de mairie; il n'avait aucune autre ressource. La mère de famille devait faire des prodiges pour nourrir ces 9 bouches. J'y prenais pension pour 40 F par mois. La nourriture était suffisante et variée; il n'y avait ni gigot, ni bifteack, mais les abats et les morceaux de deuxième choix étaient bien cuisinés et appétissants. J'avais une chambre meublée d'un lit de fer avec matelas et sommier, une table, une chaise et une cheminée. Mais je n'avais plus les copeaux du sabotier... j'ai acheté pendant l'hiver 4 fagots chez le boulanger; quand j'avais trop froid, je m'enveloppais d'une couverture.

[*A Percy*] le directeur ne nourrissait pas ses adjoints, il fallait vivre au restaurant. Nous étions très bien : chocolat le matin, deux plats abondants le midi, potage et viande le soir, tartines à volonté à 4 heures. Mais la pension était de 50 F par mois, plus quelques petits suppléments. J'étais alors titulaire de 5e classe à 1 000 F par an, soit 79 F par mois. Alors, quand j'avais payé ma pension, il ne me restait en moyenne que

25 francs, somme insuffisante même pour assurer mes dépenses les plus urgentes ; j'étais habillé au rabais, sans la moindre élégance, je faisais la classe en sabots pour économiser mes souliers, et je me demandais souvent si j'arriverais à la fin du mois avec le porte-monnaie vide...

[*Nommé au Collège de Mortain*] j'avais mon traitement d'instituteur comme maître primaire, plus 200 F par an, et 400 F pour les heures de surveillance, je payais 400 F de nourriture par an au Collège ; donc, j'avais mon traitement net, il me resterait près de 100 F par mois au lieu de 25 F de Percy. C'était parfait, j'acceptai. Depuis onze ans, j'étais le garçon sans le sou, c'était fini.

[*A 27 ans, il se marie avec une institutrice et prend un poste double dans une commune rurale.*] Dans un ménage dont l'instituteur seul avait un traitement, s'il n'y avait pas d'enfant, c'était une légère aisance, jusqu'à deux enfants c'étaient, suivant la définition des contributions indirectes, des petites gens ; de 2 à 4 enfants, c'était l'indigence, au-delà c'était la misère, la pauvreté, et au goûter les enfants allaient avec leur gobelet tremper leur pain sec dans l'eau de la pompe. J'ai connu à cette époque un instituteur chargé d'une famille nombreuse qui allait pendant les grandes vacances travailler comme terrassier sur la voie ferrée. Moi j'ai épousé une institutrice : alors mes deux enfants ont pu faire des études complètes.

(*A. J.*, 1878, Manche.)

Tous ces calculs minutieux ne seraient encore rien : les instituteurs se consoleraient de n'avoir pas acquis l'ai-

sance s'ils avaient conquis la considération que leur promet — à moindres frais — l'Etat républicain. Mais, dans le cadre étriqué de la bourgade ou du village, ils font vite cette amère découverte : celle-ci se gagne mal sans celle-là.

5

FORCER L'ESTIME

Vu des champs, pourtant, rien de plus facile que le métier d'instituteur. Qu'il pleuve ou qu'il vente, le traitement mensuel vient. Toi, tu ne fais rien, *dit à un instituteur son beau-père tailleur de pierres, et celui à qui s'adresse ce propos ajoute :* tous ceux qui gagnaient leur vie avec leurs bras pensaient de même. *Ce n'est pas tout à fait de l'hostilité, mais de l'incompréhension : il est inconcevable que si peu de peine physique garantisse une sécurité si entière ; que le travail agricole redouble dans ces mois d'été où prend fin le travail scolaire ; et, encore moins concevable, le contenu de ce travail. Cette incompréhension fige souvent les échanges de l'instituteur et des paysans. Ceux-ci pourtant voient fondre leurs préventions si les enfants « apprennent bien », s'il y a beaucoup de succès au certificat d'études. Mais ils jugeraient insolite, un peu scandaleux même, de se lier à l'instituteur. Et pour celui-ci, l'élan n'y est guère ; l'image de la profession l'isole et le retient :* Nous avions une si haute idée de notre fonction que nous nous croyions tenus à une extrême réserve extérieure, et pour le moins aux apparences de la distinction, *écrit un instituteur normand. Il redoute aussi de déséquilibrer cette sereine égalité que l'école laïque promet à tous ses élèves. Il ne faut donc, dans le village, élire aucune famille ; il ne faut pas trop parler ; ni du reste parler trop peu. Toutes ces précautions n'empêchent pas les paysans de porter aux instituteurs qu'ils estiment les œufs de Pâques, les rillettes et l'andouille quand on tue le cochon ; mais ces offrandes — qu'on apporte aussi bien au curé — soulignent la distance sociale plus qu'elles ne l'atténuent. Si proche encore des paysans pourtant, l'instituteur n'a déjà plus avec eux d'intimité.*

Premières distances avec les paysans

— J'ai toujours été à la campagne, où dominent les cultivateurs. Peu expansifs. Il est difficile de connaître l'opinion exacte de chaque individu. Il y avait une sorte de jalousie pour le fonctionnaire en général, au travail à leurs yeux simple et peu productif. On trouvait qu'il y en avait trop, que leur salaire était élevé. On enviait leur retraite. (On ne voulait pas savoir qu'une retenue de 5 % se faisait sur leur traitement.) On ne veut pas comprendre que l'instituteur est obligé de tout acheter comme nourriture, chauffage, etc. Travaillant en été 15 à 16 heures par jour on comprend mal les 6 heures par jour de l'instituteur, et encore pendant la moitié de l'année. Il n'est pas question de compter les heures de surveillance, celles d'études quand elles ont lieu, le corrigé des devoirs, etc. Un tel travailleur est forcément un embusqué.

Néanmoins les relations étaient souvent cordiales. Certains nous priaient de leur rendre visite et on n'éprouvait aucune gêne lorsqu'elles se produisaient. Mais ces visites étaient un problème : six jours par semaine ces gens ou ne sont pas à la maison ou sont dans quelque champ à leur travail. Restait le dimanche après-midi. Encore il était souhaitable de les trouver seuls autant que possible.

(*F. E.*, 1888, Vendée.)

— Mes seules relations étaient mes collègues de la localité et quelques amies institutrices. Je passais mes vacances dans ma famille et me liais peu avec la population.

Dans le milieu où j'exerçais, les instituteurs étaient respectés, mais on les considérait comme des gens gagnant beaucoup d'argent sans beaucoup de peine et, plus d'une fois, j'ai entendu cette réflexion : vous êtes plus heureuse qu'à travailler...

Que pensait-on des instituteurs dans les milieux qui nous entouraient ? Pas toujours du bien dans mes postes de début en montagne. On les respectait parce qu'ils sont cultivés et qu'ils pouvaient de ce fait rendre des services, surtout comme secrétaire de mairie. Mais si on avait besoin d'un conseil pour se comporter en face d'une situation imprévue ou délicate, on allait plutôt trouver le curé. En général, l'instituteur avait la réputation d'une personne trop émancipée, trop libre pour bénéficier d'un préjugé favorable dans une région profondément attachée à la religion. Dans le bas du département, plus tard, j'ai trouvé que l'instituteur avait une bien meilleure presse. Mais ceux qui jaugent les gens à l'épaisseur du portefeuille ne lui accordaient tout de même pas grande considération.

(*E. V.*, 1883, Basses-Alpes.)

— L'envie, la jalousie marquaient l'état d'esprit paysan vis-à-vis de l'Instituteur aux environs de 1910. L'Instituteur était un travailleur à la vie moins rude que le cul-terreux et au salaire insuffisant pour en imposer par une supériorité matérielle qui, hélas, frappe toujours les masses. Que, avec ses ressources finissantes, le vieux-beau d'une authentique noblesse et baisant toujours la main de sa marquise passât son temps à courtiser ses servantes et à chasser, son domestique l'admettait mieux, au point de vue social, que de voir l'Instituteur, fils du peuple, jouir des avantages de sa profession. Le tâcheron pouvait se gausser du châtelain désœuvré, il ne le jalousait pas. Tout autre était son sentiment vis-à-vis « dou Régent », fût-il son ami. Je crois que je dis vrai : la belle épicière-propriétaire du village nous appelait avec mépris « lous trop pagats », « les trop payés ». Son propre neveu, faisant ses études grâce à une bourse, allait sortir d'E.N. La sœur de ce neveu avait épousé un instituteur arrivé au professorat, surtout pour mieux nourrir sa femme et ses trois enfants. Le normalien sortant prenait en charge sa mère sans ressources. Ce proche exemple familial ne lui donnait pas une plus juste idée de nos salaires.

Le forgeron (lui et sa femme pleins d'amitié pour moi) m'accueille un soir de fête chômée, dans un cercle de clients. « Vous avez eu vacances aujourd'hui ? » « Oui » — « Et vous avez été payé ? » « Oui » ? « Eh bien moi, si je ne travaille pas, je ne gagne rien » — « Mon pauvre Monsieur, il fallait vous faire instituteur ! ». Le brave homme se frotte la tête des deux mains et fait rire la compagnie : « L'asou m'a cargat no machanto maladio. » (L'âne m'a chargé d'un mauvais mal).

D'un père de famille, ignare, charron, cette dernière réaction : « Vous ne vous fatiguez pas vous autres, vous gagnez l'argent à votre aise. » « Alors ? il faudrait supprimer les instituteurs ? » « Non, macareou (juron gascon), boi pas qué nous droles nassen gula lous cans commo jou deouan las portas » (non ! je ne veux pas que mes fils fassent aboyer les chiens, comme moi, devant les portes). Il faisait allusion à ses arrivées à l'aube dans les fermes où il allait vendre ses services, donc à la rudesse de sa condition.

(*Mme B.*, 1873, Gers.)

— Nous étions, mes parents et moi [*il s'agit d'un couple d'instituteurs et de leur fille, dans un village du Charolais*], très étroitement mêlés à la vie du village, dont nous connaissions absolument tous les habitants. Nous étions invités à tous les mariages, associés à tous les deuils et l'on nous demandait conseil sur tous les sujets. Nous étions « la dame, le monsieur et la demoiselle ».

Mes parents avaient par rapport à la population un sentiment de supériorité (je me souviens que lorsque j'avais 10 ans, une de mes tantes épousa un ajusteur de chez Schneider, mon père et ma mère s'en crurent presque déshonorés et n'assistèrent au mariage qu'à contrecœur). Je crois que beaucoup de leurs collègues partageaient avant 1910 ce sentiment que leur donnait le fait de ne pas travailler de leurs mains, de n'être pas au service d'un patron et de jouer le rôle important dans le village. Tout ceci donnait à mes parents et à leurs collègues assez de satisfaction pour qu'ils ne se plaignent jamais de la modicité de leurs ressources et soient contents de leur sort. Il faut reconnaître d'ailleurs que les conditions de vie chez les ménages d'instituteurs étaient plus confortables que celles des cultivateurs et ouvriers qui les entouraient. On y mangeait mieux ; on était mieux vêtu ; on était les seuls au village ou à peu près à posséder des lits à sommiers et matelas ; chez les autres il y avait des paillasses et des lits de plumes. Mes parents avaient une salle à manger et des couverts argentés, et maman une robe de soie. Il y avait à la cave quelques bouteilles de bon vin.

(*Mme F.*, 1893, Saône-et-Loire.)

Fête en famille

Mais il faut nuancer ce tableau, que corrigent parfois les occupations de l'instituteur, sa situation familiale aussi. Celui qui s'est voué à l'enseignement agricole, ou qui chaque jeudi traîne par les champs la chaîne d'arpentage, connaît mieux et de plus près les paysans. Le mariage avec une institutrice — qui devient de plus en plus fréquent — resserre le couple autour de l'école et l'isole encore ; mais quand le mari de l'institutrice pétrit le pain ou gère sa ferme, quand la femme de l'instituteur vend de l'épicerie, les liens avec la population sont évidemment plus étroits. Et il faut tenir compte de l'infinie bigarrure géographique : dans la Manche, la côte estime l'instituteur, que « le terrain » tient à l'écart ; le Saumurois montre aux maîtres une considération qui s'altère au Nord, dans le Ségréen, au Sud dans le Choletais. En général l'atmosphère des petits villages est plus chaleureuse ; c'est là que les fêtes de famille accueillent l'instituteur autour de la fougasse ou des « grillons ».

— On invitait mon père aux mariages, aux repas de boudin et, si, souvent, il ne s'y rendait pas, c'était pour lui impossibilité.

« Je ne peux pas être partout à la fois ! »

Alors on lui apportait un présent à domicile, c'est-à-dire des grillons, les fameux boudins qui étaient le symbole d'un grand régal, bref, ce que Richepin avait appelé dans sa chanson des gueux de la « bonne cochonnaille grasse ».

« Pourquoi m'apporter cela, demandait-il à ceux qui lui portaient ces présents ? »

« Mais nous sommes honorés que vous goûtiez à notre cuisine ! »

Mon père remerciait, un peu confus, flatté malgré tout de la bonne affection qu'on lui témoignait.

Je revois toutes ces scènes comme si elles étaient d'hier. La vie était alors quelque chose de simple, de gai.

(*G. O.*, 1892, Deux-Sèvres.)

Fréquentations bourgeoises ?

Reste que la réserve réciproque est la règle. Et d'un autre côté, la fréquentation des notables ne peut compenser cette réserve ; car, vu du négoce ou de la profession libérale, il est bien petit, le métier d'instituteur. Se lier aux maîtres d'école, aux yeux des bourgeois, ce serait déroger. Il arrive pourtant que la poursuite d'un but commun légitime ces relations sans prestige : l'instituteur, alors, fait du violon avec le médecin, pêche et chasse avec le vétérinaire. Mais il s'agit, là encore, de l'exception.

— Il ne nous serait pas venu à l'idée de fréquenter les bourgeoises. Même si l'une d'elles était la cousine de ma mère. Elle avait désapprouvé mes parents quand ils lui avaient dit que je serais institutrice. Nous travaillions, nous étions pauvres, et nous nous permettions d'être moins ignorantes que ces Dames. Trois bonnes raisons pour qu'on nous regarde de haut et un peu de travers.

— Dans ce bourg [*il s'agit d'un village de vignobles en Gascogne*], il y avait des artisans, des boutiquiers, docteur, pharmacien, notaire, et beaucoup de solides maisons sur la grand'rue appartenant à de riches familles ; certaines habitaient là réellement, recevant les redevances de leurs fermiers ; d'autres surveillant en semaine leurs terres y avaient leur pied-à-terre du Dimanche : messe, cercle, visites. Cette société ne s'ouvrait généralement pas aux instituteurs et ne leur confiait pas ses enfants. Il y avait les précepteurs et le Collège-séminaire d'Eauze pour les garçons, les Couvents pour les filles (aucune trace de protestantisme dans ce coin d'Armagnac). Je n'ai vu aucun enseignant sortir de cette couche bourgeoise, mais quelques hauts fonctionnaires. Par contre, nées vers 1880 ou 1900, plusieurs filles d'artisans entrèrent à l'Ecole Normale...

(*Mme B.*, 1873, Gers.)

— Mon père vivait un peu retiré du monde, sans relations suivies avec les fonctionnaires de ce chef-lieu de canton, mieux rétribués que lui et moins chargés de famille... Il avait certainement l'impression pénible d'être dans un rang social nettement inférieur à celui de l'Agent Voyer, du percepteur, du Receveur des Indirectes, de la Receveuse des P.T.T., à plus forte raison du Docteur, du notaire, du juge de paix, et très loin après les quelques gros propriétaires fonciers et les plus importants fermiers de la région. D'ailleurs tous ceux-là considéraient l'instituteur, quelles que puissent être les qualités de l'homme, comme quelqu'un qui n'était pas de leur monde.

(*P. A.*, 1888, Manche.)

— Dans l'échelle sociale de l'époque, l'Instituteur se situait entre la classe ouvrière et la petite-bourgeoisie. Il se plaçait à un étage assez bas de ladite échelle malgré son instruction quelque peu au-dessus de la moyenne chez les gens du peuple. La population savait qu'il était fort peu rémunéré et l'appelait volontiers un crève-la-faim en faux col. Les « familles aisées » ne se souciaient pas de lui donner leur fille en mariage, car il était considéré comme trop pauvre. Tout au plus pouvait-il prétendre épouser une fille de paysan, de petit commerçant, de petit fonctionnaire, à moins que ce fût celle d'un vieil instituteur. Il y avait l'attrait de la retraite. Quand un jeune instituteur pouvait épouser une jeune institutrice, c'était une affaire assez intéressante, car en réunissant leurs deux maigres traitements ils pouvaient tout de même avoir une vie un peu meilleure. Parfois, si elle n'était pas dans l'enseignement, la femme exerçait un petit commerce (à son nom à elle).

(*A. P.*, 1894, Paris.)

C'est donc la bâtardise de l'existence qui dicte cette double exclusion : ni bourgeois par son mode de vie, ni paysan par son savoir, l'instituteur ne peut se lier d'amitié ni avec les uns ni avec les autres. A ses yeux, pourtant, ce qui légitime moralement cet exil, c'est un rêve d'arbitrage. Pour rester le conseiller écouté de chacun, il ne faut se lier avec personne. Bien avec tout le monde, très bien avec personne : *énoncée par un de nos instituteurs, c'est la règle de vie de tous, marquée par la recherche d'un équilibre, fait à doses égales de prudence et d'aménité.*

« La laïque » contre l'Ecole libre

Encore cette description ne vaut-elle que pour les communes où tout va assez bien. Et au pire ? Le pire, c'est la commune divisée, où l'instituteur doit non seulement forcer la réticence paysanne et les mépris bourgeois, mais faire face à « la concurrence » ; si redoutée, qu'elle suffit, disent certains instituteurs, à écarter de l'enseignement primaire leurs propres enfants. La concurrence, c'est, face à l'école laïque, une forte école confessionnelle, avec ses supporters, sa clientèle, ses moyens de pression ; c'est d'emblée l'impossibilité d'entrer en contact avec toute une partie de la population. Dans les communes à concurrence, le travail de l'instituteur se complique d'une épuisante rivalité ; il faut opposer aux fêtes de l'école confessionnelle des fêtes aussi brillantes ; compter ici et là les succès aux examens ; trembler qu'on puisse attribuer quelque méfait à un enfant de « la laïque ». Encore cette arithmétique sans fin n'est-elle pas tout à fait le pire : il n'y a concurrence que là où l'école laïque est assez forte pour la soutenir. Et il y a des communes disgraciées, où l'instituteur fait sa classe devant deux ou trois fils de gendarmes, ou devant ses propres enfants. Là l'école confessionnelle, triomphante, organise un défilé triomphal les jours de rentrée, qui passe en chantant sous les fenêtres de l'autre école, « la pouilleuse » ; là l'école laïque est la seule maison du village à pavoiser le 14 Juillet, et la seule, en revanche, à ne pas s'illuminer le jour de la fête de la Vierge ; là l'hostilité, quand il s'agit de jeunes institutrices surtout, se nuance de sadisme : les pierres dans les volets, voire les coups de revolver dans les fenêtres ponctuent la vie quotidienne.

— A M..., la partie se livrait entre l'école libre très chargée, et l'école publique de garçons, avec la moitié de l'effectif de la première. Les protestants, qui vivaient à part, avaient dans la partie de la commune qu'ils occupaient spécialement un groupe scolaire très important, qui pratiquement était une école sans concurrence ; mais ils partageaient les idées laïques. Les écoles de filles de l'un et l'autre parti ne prenaient pas d'initiative, mais suivaient fidèlement leurs instituteurs. Tout se passait très correctement ; il n'y avait pas à faire de démarche auprès des familles pour augmenter son recrutement. Quand un enfant naissait, on savait où il irait. Quand un commerçant ou un artisan voulait ménager les deux partis politiques, la fille allait à l'école libre et le garçon à l'école laïque. Il en était ainsi quand les époux n'avaient pas été élevés dans les mêmes idées. Les élèves ne quittaient pas l'école où les rivait l'intransigeance politique de leur famille. Je n'ai pas vu dans ma carrière une demi-douzaine de changements. On ne perdait que de très mauvais sujets, de l'un et de l'autre côté. Et quand le hasard réunissait ces maîtres, profondément divisés par les idées, il arrivait de les voir s'excuser de cette recrue indésirable. La division politique était si ancienne qu'elle était passée dans les mœurs. [...] La population marchait sur deux voies parallèles : deux enseignements, deux musiques, deux bibliothèques populaires, deux sociétés à allure sportive (la gymnastique à droite, le tir à gauche), deux sociétés de secours mutuels, deux salles de fêtes, deux comités (le républicain, et les hommes catholiques du Poitou) ; deux groupes séparaient les conscrits pour les festivités annuelles, un seul, celui des républicains, avait le drapeau tricolore. Cependant, une seule subdivision de pompiers qui relevait de la Préfecture ; sinon, on aurait vu des incendies de droite et des incendies de gauche. La division était étendue à la vie économique. On voyait, avec des opinions bien marquées, deux médecins, deux pharmaciens, deux hôtels, deux marchands de journaux : le républicain et la bonne presse. Les cafés, les maisons de commerce, les artisans étaient tous également catalogués, et certains n'avaient guère que la clientèle de leur parti. Bien qu'en minorité dans le bourg, les républicains n'étaient pas lésés, grâce à la clientèle massive et fidèle des protestants.

(*P. H.*, 1884, Deux-Sèvres.)

— Notre maison était à l'extrémité du bourg, avec un jardin derrière, clôturé par un buisson qui donnait dans un chemin creux ; au milieu du jardin, le puits. Une seule fois j'avais oublié de puiser de l'eau, il commençait à faire sombre, vite je cours en chercher, je commençais à remonter le seau du puits quand des cailloux, des bouts de bois volèrent au-dessus de ma tête, tout autour de moi : c'est miracle que je n'ai pas été blessée. Des gens du pays avaient baptisé leurs bœufs Balin-Bonneau (c'était le nom de deux des instituteurs) et criaient en les faisant passer le soir sous nos fenêtres : Hue Balin ! Hue Bonneau !

Une nuit, on avait cru mon mari parti faire une période, car plusieurs habitants du bourg étaient partis pour Fontenay-le-Comte. Des jeunes gens avaient transporté une échelle contre le mur de notre maison et monté sur le toit pour arracher le vasistas du grenier et pénétrer dans ma chambre. Nous nous sommes précipités à leur rencontre armés de bâtons que nous montions tous les soirs près de nous. Il était une heure du matin ; ils ont déguerpi en vitesse quand ils ont vu mon mari, mais j'avais eu une belle peur.

(*Mme A.*, 1885, Charente-Inférieure.)

L'instituteur et le curé

Comme au centre du village l'église, le personnage du curé se tient au milieu des adversaires, face à l'instituteur. De ce duel, toute la presse donne une imagerie grossière, qui dessine la figure de frères irréductiblement ennemis. Frères ? Sans doute, par le savoir, la fonction, le chiche mode de vie, et même les prudences dont les ligote leur métier. Et, en même temps, ennemis jurés, servants de deux religions irréconciliables. A interroger les instituteurs eux-mêmes, la grossièreté de ce portrait est criante ; d'abord, il y a de bons curés ; et puis, l'instituteur est loin d'être cet athée militant si complaisamment décrit. Car toute sensibilité religieuse n'est pas éteinte dans ces récits, et l'enseignement de l'école normale a plutôt entretenu une religiosité diffuse, le sentiment d'un Dieu sans visage et sans nom. En revanche, les liens avec l'Eglise ont commencé de s'y distendre. Très peu de pratiquants à l'Ecole Normale. Encore moins au sortir de l'Ecole, dans ces premiers postes où la vie communale impose ses rigidités. Encore cette désertion est souvent dictée par le mépris où l'Eglise tient l'école : attitude de riposte qui laisse parfois intacte la foi ; et ce n'est pas un abandon total ; car le mariage religieux, consenti souvent pour la belle-mère, ou la fiancée — qui vaut bien une messe — est la règle. Quant au baptême des enfants, parfois nos instituteurs nous disent ne pas savoir s'il a été ou non célébré : un séjour dans la belle-famille, des vacances, ces autres vacances que sont les années de guerre, ont pu être l'occasion d'un baptême clandestin ; le père ne sait rien, ou fait celui qui ne sait pas. Et ceux des instituteurs qui rompent tout lien avec l'Eglise, se font une réputation de courage.

— Après avoir rendu visite au maire, mon père alla voir le curé. Visite nocturne, bien entendu. Par bonheur, personne sur le chemin du presbytère. Le prêtre est un homme intelligent, qui indique tout de suite ce qu'il y a lieu de faire, ou de ne pas faire :

« Castelmayran compte deux clans férocement ennemis : les républicains et les cléricaux ; ils gardent leurs distances et se vouent une haine éternelle. Les uns fréquentent le café Bayrou, les autres le café Bouché ; la jeunesse de gauche se réunit dans une salle de bal qui lui est réservée ; celle de droite a la sienne aussi.

« De même chaque clan a son épicier, son boucher... Chacun ici est classé, étiqueté ; on ne fréquente que ceux de son bord ; on fuit les autres. Nous, instituteur et curé, sommes considérés comme des ennemis irréductibles. Vous avez certes toute ma sympathie, mais dans notre intérêt nous ne nous rencontrerons plus. Si on vous surprenait à rentrer au presbytère, je perdrais tout prestige parmi mes fidèles ; ils feraient des démarches à l'Evêché pour obtenir mon déplacement.

« De votre côté les républicains vous haïraient et vous créeraient des difficultés jusqu'au jour où, bon gré mal gré, il faudrait partir vous aussi. » La situation était nette. Mes parents ne remirent plus les pieds au presbytère. Ils s'occupèrent consciencieusement de leur classe et du secrétariat de mairie ; rien d'autre ne compta pour eux.

(*R. R.*, 1891, Tarn-et-Garonne.)

— Ma mère était très pieuse et m'entretenait souvent du « Bon Dieu ». Elle souhaitait que je fusse prêtre. Enfant de chœur, je connaissais bien, malgré mon jeune âge, la liturgie de la messe et je récitais mes prières plusieurs fois par jour avec une grande ferveur... A l'Ecole Normale, nous sommes libres de choix de nos lectures personnelles, auxquelles sont réservées quelques heures journalières. Quelques notions de philosophie nous sont exposées par le directeur. Je les assimile avec curiosité ; mon esprit s'éveille et je lis avec profit *Le Conflit* de Le Dantec ; puis c'est Guyau qui me retient avec les *Vers d'un philosophe, L'Irréligion de l'avenir, L'Esquisse d'une morale sans obligation ni sanction.* Une conférence d'un professeur de l'Université de Lille, sur la philosophie naturaliste de Zola, m'enthousiasme : C'est *Germinal, L'Assommoir, La Terre, La Débâcle* qui font l'objet de mes lectures.

Que devient la ferveur religieuse de mon enfance ? Je crois toujours en Dieu. La lecture des *Misérables* me confirme dans cette croyance et le fameux syllogisme du début de l'ouvrage sur le « Moi de l'Infini » marque dans mon esprit et dans mon cœur, une empreinte ineffaçable. Durant mon passage à Montreuil et à Hesdin, j'assistais régulièrement à la messe du dimanche. Puis, je cesse de fréquenter l'église, laisse les rites du culte à ceux qui en ont besoin pour affermir leur croyance ; mon culte est tout intérieur et je crois toujours en Dieu. Encore aujourd'hui, je m'interroge sur cette énigme qu'est l'Univers et qu'aucun esprit humain ne saura jamais résoudre.

(*A. J.*, 1889, Pas-de-Calais.)

Catholiques ou libres penseurs

— Je suis catholique, puisque mes parents m'ont fait baptiser pour suivre la coutume sans doute, car je ne les ai jamais vus pratiquer.

J'ai été pratiquante, comme tous les enfants : c'est-à-dire que j'allais au catéchisme et à la messe le dimanche, sans aucune conviction. J'ai fait ma première communion [...].

Quand je fus libre de mes actions, je cherchai si, ailleurs, je ne trouverais pas plus de satisfactions, et me rendis dans les temples et les synagogues. Je n'ai rien trouvé de bien sérieux dans les synagogues, des salons où l'on se reçoit et où l'on cause.

Les temples m'ont donné plus de satisfaction. D'abord, le Pasteur est habillé comme tout le monde et a une vie familiale comme le commun des mortels, ce qui déjà donne confiance. Il ne se donne pas comme un modèle constant et ne cherche pas à pénétrer le secret des familles par la confession. Puis j'ai eu l'impression qu'on trouvait plus de sincérité chez les protestants, plus de tolérance et que, dans l'ensemble, leur conduite habituelle était plus en accord avec leurs croyances.

C'était peut-être de ma part beaucoup d'orgueil, mais j'ai pensé que ce n'était pas la peine de m'enrégimenter, et que c'était en moi-même que je devais trouver la force morale qui me permette de mener une vie digne et de supporter courageusement les chagrins inévitables et l'adversité.

En somme, sans m'en douter, je suis devenue libre penseuse ! Pourtant, pour être agréable à ma famille, je me suis mariée à l'église. Ce fut l'occasion d'un drame.

Il fallut aller se confesser. Je répondis aux questions du prêtre qui me demanda entre autres choses si j'allais à la messe. Je répondis : non. Il me tint au moins une demi-heure pour obtenir de moi la promesse que j'irais. Je lui ai dit qu'il était inutile d'insister, que je ne pouvais pas lui faire une promesse que je n'avais nullement l'intention de tenir. Finalement, j'ai eu la planchette, donc pas d'absolution ; mais le certificat de confession qui m'était nécessaire.

Je suis certainement un phénomène dans ma famille paternelle, où tout le monde est catholique pratiquant et convaincu. Je dois dire que cela n'a jamais donné lieu à la moindre discussion : c'est un sujet qu'on évitait de part et d'autre quand j'étais présente. Et cela n'empêchait pas les sentiments familiaux de se manifester.

(*Mme B.*, 1889, Ardennes.)

— J'étais libre penseuse. Et pourtant j'avais été si croyante jusqu'à 12 ou 13 ans, presque mystique. Mais je n'oubliais pas qu'à l'époque de la fermeture de l'école tenue par les religieuses, les gamines me poursuivaient en criant : la communale ! bien fait, tu iras en enfer ! Je me demandais pourquoi. Pourquoi aussi ces dévots voisins de l'école cherchaient à faire peur aux jeunes maîtresses qui avaient ouvert l'école de tous ? Je me rappelle ceci : mon père allait le soir chez ces charmantes filles pour les protéger... elles avaient peur. Des bruits insolites dans le grenier, l'escalier, les tenaient réveillées.

(*Mme P.*, 1889, Ain.)

— Je suis avant tout un libre penseur. J'ai été baptisé dans la religion réformée évangélique du rite calviniste, et j'ai pratiqué ma religion dans ma jeunesse. Le deuil cruel que je viens de subir n'a pas contribué à me redonner une fois que j'ai perdu depuis moult années. Toutefois je suis près de mon ascendance protestante et (surtout !) camisarde. Je me suis marié à l'église catholique parce que j'épousais une catholique, pour lui faire plaisir, ainsi qu'à sa famille. J'ai laissé baptiser mes deux filles dans cette même religion et elles ont fait leur première communion. Faiblesse, peut-être, de ma part ? En tout cas, ni ma femme ni mes filles n'ont jamais mis les pieds à l'église.

(*A. P.*, 1894, Paris.)

— On a fait de moi un catholique sans mon avis, j'ai cessé de pratiquer dès ma 15e année contre la volonté paternelle et je suis libre penseur sans être inscrit à aucune société.

Pour ne pas créer de désaccord dans la famille, je me suis marié religieusement. Pas de confession. « Je te connais bien », m'a dit le curé, « je n'ai pas besoin de te confesser ». Je n'ai pas fait baptiser mes enfants.

(*A.C.*, 1888, Nièvre.)

— Si j'avais dû donner en 1914 mes idées philosophiques, j'aurais répondu que j'étais catholique par la volonté de mes parents, libre penseur par conviction personnelle. Mais..., moi aussi j'ai fait des concessions, et mon comportement vis-à-vis de la religion est en contradiction avec mes idées. Ceci pour les raisons suivantes : à cause de mes parents (surtout de ma mère) et du reste de ma famille, je me suis marié à

LA FOI ILLIMITEE EN LA PEDAGOGIE

Gravure allégorique sur l'instruction obligatoire. (B. N., Est.)

L'INSTRUCTION, C'EST LA LUMIÈRE.

Peuple, c'est guidé par elle, que tu connaîtras, enfin, quels sont tes droits et tes devoirs; c'est elle qui t'apprendra à distinguer tes vrais amis de ceux qui t'ont tant de fois trompé.

C'est par elle, et par elle seulement que tu pourras avancer dans la voie du PROGRÈS et de l'INDÉPENDANCE.

Bien que la pension soit gratuite, l'entrée à l'Ecole Normale nécessite souvent de gros sacrifices avec les dépenses pour l'uniforme, les livres, la masse. En 1893, le trousseau coûte 450 F à l'école d'institutrices de Coutances. (Ci-dessous et page ci-contre. Coll. part.)

ÉCOLE NORMALE D'INSTITUTRICES

DE COUTANCES

LISTE DU TROUSSEAU

		Fr.	C
Lingerie	12 chemises	36	
	4 chemises de nuit ou 4 camisoles	15	
	6 pantalons en cretonne blanche	24	
	12 paires de bas (laine ou coton)	26	
	4 jupons (2 au moins en couleur)	20	
	6 bonnets de nuit ou filets	3	
	12 cols droits unis en toile ou en percale	9	
	18 mouchoirs de poche	9	
	6 serviettes de table	6	
	12 serviettes de toilette	6	
	1 peignoir de bain	8	
	1 drap pour s'essuyer au sortir du bain	6	
Vêtements	2 robes pour la semaine (si elles sont vieilles, 2 de couleur seront acceptées, sinon elles devront être noires)	24	
	1 tablier de coton bleu	2	
Chaussures	2 paires de bottines en cuir, à boutons (sans clous)	24	
	1 paire de pantoufles sans talons	3	
	1 paire de sabots avec feutres	5	
Divers	1 couvert de table : couvert ruolz uni	12	»
	couteau de table, à manche noir	1	»
	rond de serviette, en buis uni	»	30
	1 brosse à habits	2	50
	1 boîte contenant : 2 brosses pour chaussures et un pot de cirage	3	50
	2 éponges	2	»
	1 brosse à dents	1	70
	1 boîte contenant : 1 démêloir, 1 peigne fin, 1 brosse à cheveux, 1 brosse à peignes	8	»
	1 boîte à ouvrage garnie : ciseaux, fil, aiguilles, dé, épingles, fil blanc, fil noir, laine noire, soie noire, boutons, coton à marquer, coton à repriser et 1 mètre de cretonne blanche	8	»
	1 sac de toile pour le linge sale (0m,80 de long sur 0m,60 de large)	2	»
	A reporter	267	»

Devenir instituteur, c'est avant tout échapper à d'autres conditions. On notera la hiérarchie des différentes positions sociales de la femme. (Institut pédagogique.)

		Fr.	C.
	Report. . . .	267	»
Uniforme . . .	1 robe noire en cachemire ou croisé de laine uni, jupe unie, corsage uni	40	»
	1 mantelet de même étoffe, fait exactement d'après le modèle de l'école	18	»
	1 manteau en drap noir uni, fait exactement d'après le modèle de l'école.	40	»
	1 chapeau en feutre pour l'hiver	11	»
	1 chapeau en paille pour l'été	9	»
	1 chapeau de jardin.	4	»
	2 paires de gants gris foncé (une en laine pour l'hiver, une en fil pour l'été).	6	»
	1 parapluie soie ou alpaga brun foncé.	7	»
	1 fichu laine noire (grande dimension)	8	»
	1 tablier noir (en serge de laine ou en mérinos aussi long que la robe, en forme de blouse avec empiècement montant et manches à poignets boutonnés, ceinture en même étoffe)	15	»
Facultatif . . .	1 en-tout-cas en soie noire ou alpaga brun foncé	10	»
	1 édredon.	15	»
	Total.	450	»

Le conseil des professeurs à l'Ecole Normale d'institutrices de Rennes (1902-1912) et les élèves-maîtresses de 3e année.

Un cours à l'Ecole Normale de Melun. (I.P.N.)

« Je revois encore ma bonne maîtresse habillée de couleur foncée portant jupe longue ou col montant. » La distribution des images à l'école maternelle de Dunkerque vers 1899-1900. (I.P.N.)

« La sortie de l'école. » Dessin d'une petite fille de 13 ans, en 1912. (I.P.N.)

Théorie des participes. (I.P.N.) ▶

« Qui n'acquiert point perd. » Devise inscrite sur la médaille décernée pour les cours d'adultes par le Ministère de l'Instruction publique en 1907. (Coll. part.)

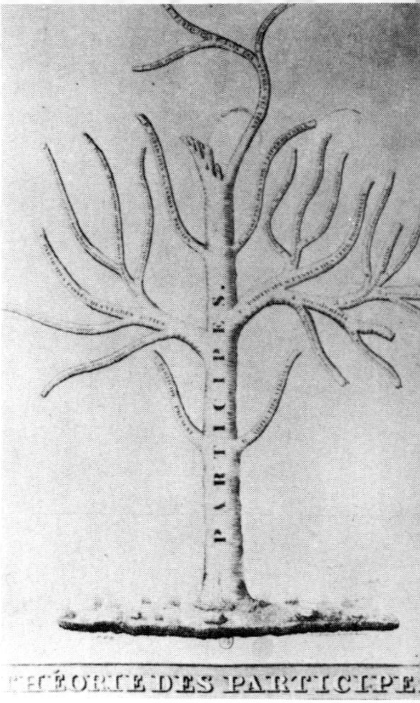

« Il professe avec aisance, avec chaleur, avec foi. » Une école primaire en 1909. (I.P.N.)

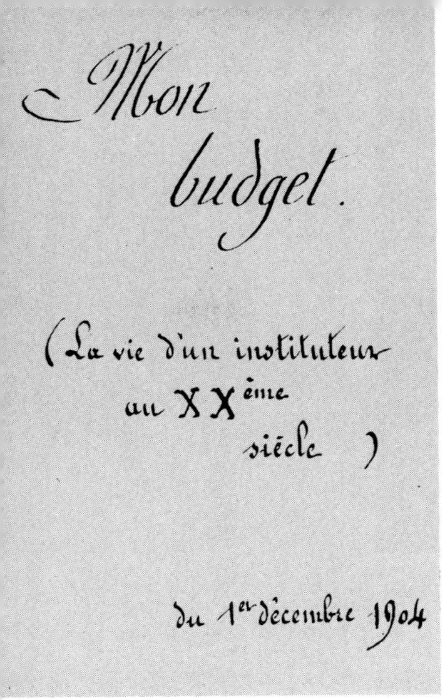
Mon budget.

(La vie d'un instituteur au XXème siècle)

du 1er décembre 1904

Un carnet de comptes d'un instituteur en 1904. (Coll. part.)

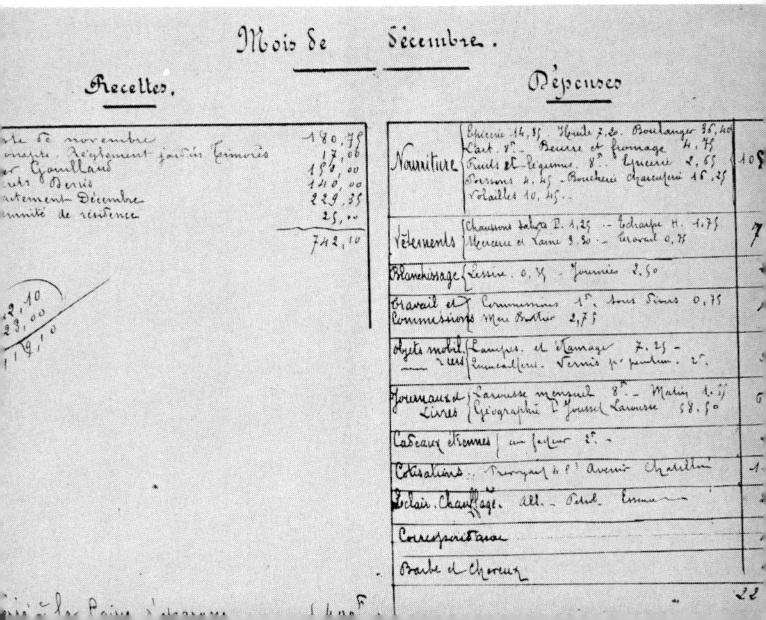
Mois de Décembre.

Recettes.

...te de novembre	180,75
...compte. Règlement jardin Limores	17,00
...r Gouillaud	150,00
...ts Bernis	140,00
...itement Décembre	229,35
...mnité de résidence	25,00
	742,10

Dépenses

Nourriture	Épicerie 14,35. Huile 7,20. Boulanger 35,40. Lait 8. Beurre et fromage 4,75. Fruits et légumes 8. Épicerie 2,65. Poissons 4,45. Boucherie charcuterie 16,25. Volailles 10,45.	10
Vêtements	Chaussons ... 1,25. Écharpe H. 1,75. Mercerie et laine 3,30. Cravate 0,75	7
Blanchissage	Lessive 0,75. Journées 2,50	
Travail et Commissions	Commissions ... 0,75. ... 2,75	
Objets mobiliers	Lampes et ... 7,25. Quincaillerie. Vernis ... 2	
Journaux et Livres	Larousse mensuel 8. Matin 1,55. Géographie ... Larousse 58,50	6
Cadeaux étrennes	... 2	
Cotisations	... Avenir Châtillon	1
Éclair. Chauffage.	Alt. Pétrole. Essence	
Correspondance		
Barbe et Cheveux		

C'est le mariage avec une collègue qui donne le sentiment d'une petite sécurité.

« Son activité ne s'arrête pas au seuil de l'école. » (Coll. part.)

Entouré de ses adjoints, au milieu de ses élèves, l'instituteur, à l'époque où son fils, son ancien élève, organise un voyage de fin d'études sur la mer de Glace. (*Ci-dessus.*) (Coll. part.)

« Et il y a des communes disgraciées où l'instituteur fait sa classe devant deux ou trois ... » La maîtresse et son unique élève dans une école publique de filles en Vendée au début du siècle. (Coll. part.)

Caricature parue dans un journal catholique contre l'école laïque. (I.P.N.)

— L'hygiène vous défend de cracher partout
— Mais, alors, où c'est-il que c'est permis ?
— Sur la religion !

Une des pages du *Livre unique de Morale et d'Instruction civique* destiné aux élèves des trois cours de l'école primaire. (Coll. part.)

Devoirs envers soi-même : L'AME — 56e Leçon

Respect des croyances et des opinions

LEÇONS

Respect des croyances.

1. *Nous devons nous montrer indulgents les uns pour les autres et éviter toutes les moqueries, toutes les persécutions que nous infligeons parfois à ceux qui ne pensent pas comme nous, à ceux qui ont des habitudes différentes des nôtres.*

2. — Aujourd'hui chacun est libre de penser, de parler et d'agir selon les sentiments que s onscience lui dicte. Vouloir s'opposer à cette liberté, c'est violenter la conscience humaine ; c'e rendre coupable d'une grave injustice. Que ce soit en matière de religion ou en matière d'op ions politiques, nous devons nous montrer tolérants. Si nous voulons qu'on respecte nos croyanc nos opinions, respectons celles des autres.

3. — Bien des gens, qui se croient très honnêtes, sont cependant injustes et intolérants; ainsi ceu ui refusent du travail à un ouvrier, qui enlèvent une clientèle à un marchand, qui renvoient u ermier, un métayer ou un domestique, qui refusent de l'avancement à un employé, et cela pour eule raison que, ouvrier, marchand, fermier, domestique ou employé ne pensent pas comme eux o e votent pas dans leur sens, ceux-là sont injustes, malhonnêtes et méchants: leur action est indign

Récitation

Une bonne leçon de tolérance

e pauvre colporteur est mort la nuit dernière.
ul ne voulait donner des planches pour sa bière,

Questions orales ou écrites

1°. Que pensez-vous des moqueurs et des railleurs — 2°. Expliquez la gravure de la leçon. — 3°. En qu

« Pour la Patrie par la Plume et par la Parole. » Diplôme d'honneur décerné en 1901. ▶

Médaille d'entraînement physique et de préparation militaire décernée par le ministre de la Guerre. (Coll. part.)

Société Nationale des Conférences populaires

13 et 15, Place de la Bourse, Paris.

DIPLOME D'HONNEUR

Décerné à M. Pouguet

Instituteur

à Chateaulin. Finistère.

en récompense des services rendus à l'enseignement populaire.

Le bataillon scolaire d'une école près de Narbonne vers 1878-1885. (Coll. part.)

« La grande admiration de ces hommes, c'est Jaurès. »

Les souvenirs de la Commune.

La politique coloniale, Nicolas II à Paris, La Terre Nationale à travers *le Petit Journal Illustré* et les imageries d'Epinal. (Snark International, coll. Morangies et Marker.)

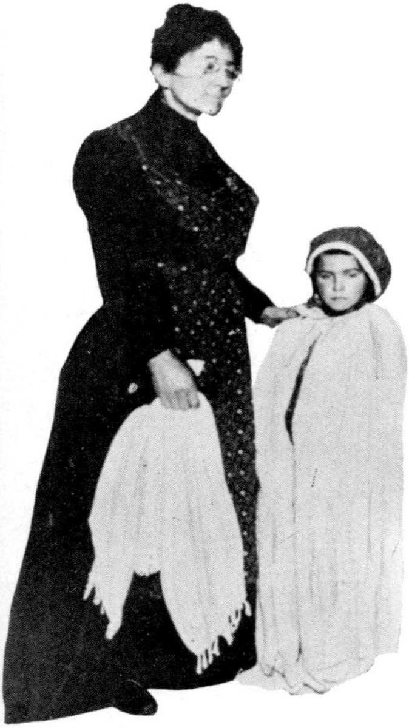

L'hygiène.

A l'école on apprend aussi à bien lire le journal. (Coll. part.) ▶

La lutte contre l'alcoolisme et la tuberculose. (I.P.N.) ▼

Lundi 17 Juillet

Dictée

La lecture du journal.

Quand tu lis un journal, aie bien présente à l'esprit
ette vérité : Écrit par les hommes, il est, comme les hommes,
assionné, ignorant, partial, injuste ; comme eux, il
st haineux ou envieux, il a la médisance et la calomnie
aciles. Les rédacteurs sont crédules, prompts à juger ;
eur paresse répugne grandement aux lenteurs de la vérifica-
ion et de la preuve. Ils aiment l'extraordinaire, le roma-
esque et le public, grand enfant, encourage ces tendances
ntraires à l'esprit scientifique. D'autre part, le journal
oit paraître à l'heure fixée, et il suffit de voir la hâte, la pré-
ipitation fiévreuse d'une salle de rédaction pour perdre toute
nfiance dans la besogne qu'on y fait ; la vérité demande
lus de patience, plus de calme, et ce n'est pas au milieu du
ruit des coups de téléphone, de l'agitation, des bousculades
u'on travaille à l'Institut Pasteur.

Lis donc ton journal en homme libre ; ne t'en laisse im-
oser par personne ; garde intact le tranchant de ton
prit critique. Lis avec défiance ceux qui, visiblement, flat-
nt nôtre sensualité, nos instincts violents et haineux, aie
le dégoût des journaux et des livres qui tendent à nous
faire rétrograder vers l'animalité et dont les rédacteurs sont
des attardés, des hommes restés à mi-chemin de leur dévelop-
pement.

Fautes : 3

Illustrations de Grandjouan pour le journal-revue *la Raison,* août 1907.

l'Eglise et mes enfants ont été baptisés ; et puis, j'ai pensé qu'un jour mes enfants se marieraient eux aussi, et que la famille du futur gendre comme celle des futures belles-filles pourraient refuser leur consentement à un mariage civil. Mais je connais plusieurs collègues plus courageux, libres penseurs, qui ont élevé leurs enfants selon leurs idées.

(*G. S.*, 1889, Orne.)

— S'il y avait eu recensement sur les idées philosophiques, j'aurais répondu que j'étais protestant de naissance, non pratiquant et que j'étais devenu un penseur libre et, ce qui peut paraître extraordinaire, chrétien, mais non catholique, parce que j'aime mon prochain (quelle que soit sa race, sa nationalité, sa religion), que je ne hais personne, que je fais le bien autour de moi, que je pardonne et ne suis jaloux de personne.

(*A. R.*, 1879, Gard.)

— J'ai reçu une éducation catholique, plus traditionaliste que profondément religieuse, me semble-t-il. Les souvenirs qui me restent de ce temps d'imprégnation sont sentimentaux ; ils s'associent à des faits familiaux qui suscitent encore en moi un peu d'émotion lorsque je les évoque. Je me suis mariée religieusement. Ma fille n'a pas été baptisée, non plus ses 2 fils et son petit-fils.

(*Mme F.*, 1883, Charente.)

Le poids des convenances

Toutes ces déclarations, qui écornent la légende, ne l'empêchent pas pourtant de forger souvent la réalité. Car c'est la légende, vite fixée dans ses traits essentiels, qui raidit la vie de la commune, enferme le curé et l'instituteur dans l'antagonisme qu'exigent leurs rôles respectifs. Ils échappent parfois au stéréotype — assez souvent, puisque ces confidences d'instituteurs laissent ici et là deviner une connivence secrète ; les curés y avouent leur répugnance pour ces bigotes qui font la loi du village, demandent le déplacement de l'instituteur mais du même mouvement accablent de leurs criailleries l'Evêché. Mais ce ne peut être que clandestinement. Quand ils s'y conforment en revanche, c'est au grand jour, et avec la tranquillité des convenances respectées :

— Après la naissance de notre fils aîné, le curé vint frapper à notre porte et nous proposa de le baptiser. Je lui répondis : « Monsieur le curé je vous remercie, lorsque j'aurai besoin de vos services je vous préviendrai. » Ma femme et moi, nous aurions bien accepté son offre pour faire comme tout le monde si nous avions eu affaire à un curé moins sectaire. Par la suite lorsque je le rencontrais en dehors du village, dans quelque chemin peu fréquenté, il cherchait un endroit convenable pour se mettre à genou. Tourné vers le mur ou la haie, tête baissée, dans une attitude de prière, il restait immobile et ne se relevait que lorsque j'étais éloigné...

(*A. E.*, 1880, Aveyron.)

Dans le cadre resserré du village, où doivent tenir côte à côte deux types d'enseignements, bien des conflits apparaissent ainsi comme le fruit obligé des représentations collectives. Incidents de frontières : ceux qu'inlassablement soulève la question de « l'heure du catéchisme » ; querelles d'attribution : celles que font naître les propos de l'instituteur dans sa classe ; ou plutôt les propos qui, au terme d'un long voyage à travers la compréhension des enfants et l'imagination des parents, font accuser l'instituteur d'un scandaleux empiètement sur l'enseignement voisin :

— Un samedi soir, veille d'élections, qui devaient se faire dans ma classe, parce que le plancher de la mairie menaçait de s'effondrer, mes élèves m'aidèrent à débarrasser la classe des grandes tables si encombrantes et si lourdes ; mais, pour qu'ils arrivent à l'heure au catéchisme, je les renvoyai à 4 heures 25. Ils n'avaient que 300 mètres à faire pour arriver à l'église et arrivèrent en effet avant 4 heures et demie, heure du catéchisme. Le curé prétendit qu'ils arrivaient en retard et les punit. Ils se défendirent en expliquant qu'ils m'avaient aidé à déranger les tables et qu'ils avaient vu à ma montre qu'ils sortaient de l'école à 4 h. 25. « Vous n'êtes pas les domestiques de M. O. », leur répliqua le curé. En sortant du catéchisme les enfants vinrent vite me raconter comment ils avaient été punis et ce qu'avait dit M. le Curé. Quand le lendemain M. le Curé vint voter, je lui demandai l'heure exacte, et lui fis constater que ma montre, à défaut d'horloge publique, était réglée sur les sonneries de cloche afin de ne pas envoyer en retard les enfants au catéchisme. Bien que ne fréquentant pas l'église, je respectais toutes les opinions, et tolérais même que les enfants repassent, pendant les récréations leur leçon de catéchisme. « Seulement », dis-je, en m'adressant aux conseillers municipaux présents, « vous aurez désormais à payer une femme de ménage pour balayer les classes ; c'est prévu dans la loi. Vous pouvez remercier M. le Curé à qui vous devrez cette dépense supplémentaire ! » M. le Curé sortit accompagné du Maire qui nous dit ensuite lui avoir passé un savon.

Pendant longtemps, il ne chercha plus à me créer des ennuis, mais quelque temps après, s'adressant au petit Hinoux, pourtant aussi bon élève au catéchisme qu'à l'école, il lui dit : « Pourquoi ta sœur ne vient-elle plus au catéchisme ? Elle se contente sans doute d'avoir fait une première communion ! Va la chercher. Si tu ne me l'amènes pas, tu ne feras pas ta communion. » Le petit Hinoux, ne pouvant ramener sa sœur, attendit au lendemain. Il avait mis son père au courant qui lui dit : Tu retourneras au catéchisme et si le Curé te renvoie, il aura affaire à moi. Le garçon retourna au catéchisme sans sa sœur qui restait à l'étude du soir pour pouvoir se présenter au C.E.P. Il fut à nouveau renvoyé, cette fois définitivement. Alors le père Hinoux s'en fut trouver le maire, lui dit son indignation. « C'est ça la justice du curé ? Je vais lui faire de la réclame, je ferai partir des pétards dans sa procession et j'ai un ami au *Journal des trois cantons* qui fera du pétard ! » Cette fois le maire, M. L..., un très riche propriétaire, docteur en droit, qui connaissait Monseigneur l'Evêque de Sées, s'en fut le trouver et lui dire : « Je sais que M. le Curé était seigneur et maître à Montgaroult avant de venir à Chailloué, il n'en sera pas de même à Chailloué, je demande son déplacement. » L'abbé G... fut expédié au diable, et son remplaçant resta à Chailloué aussi longtemps que moi. Charmant, il vint le premier me rendre visite, et me dit : « Je suis sûr que mes mauvais élèves sont aussi les vôtres, n'hésitez pas à les garder en punition les jours de catéchisme, je les punirai aussi... »

(*F. O.*, 1882, Sarthe.)

— Il y a eu des incidents à J..., où j'ai été accusé d'avoir mal parlé de Jeanne d'Arc ; mais je dis à l'inspecteur qui enquêtait : « Je ne sais plus ce que j'ai dit de Jeanne d'Arc, mais en tout cas je ne l'ai pas brûlée. » Il s'agissait de me faire déplacer pour renverser la municipalité. On m'accusait aussi de dépasser les heures de classe. L'Inspecteur termina en disant : « Je ne voudrais avoir à faire que des enquêtes pareilles ! » C'était un curé remplaçant le curé décédé qui avait monté l'affaire. Un avocat avait rédigé la plainte.

(*L. O.*, 1881, Ain.)

— Les bonnes dames accusèrent ma mère d'avoir fait, dans sa classe, un référendum sur la croyance en Dieu. Un article paru dans le *Journal de Chartres*, antilaïque par excellence, prêta à ma mère ces paroles prononcées au cours d'une leçon de morale : « Autrefois, j'avais cru naïvement qu'il y avait un Dieu. Je sais aujourd'hui qu'il n'y en a pas. Qui, parmi vous, mes enfants, croit à l'existence de Dieu ? » Sur 80 élèves dont se compose la classe, une seule eut le courage de se lever et d'affirmer sa foi, etc. Plusieurs journaux de la même tendance, dont *La Croix* de Paris, reproduisirent l'article. Ma mère reçut de lecteurs de plusieurs villes de France soit des félicitations, soit des blâmes.

J'ai conservé une de ces lettres, anonyme d'ailleurs, dont je joins la photocopie :

Paris, ce 4 avril 1908,

« Madame,

J'ai lu dans le journal auquel je suis abonnée le triste incident dont vous avez été l'auteur. Je ne puis vous dire à quel point je me suis sentie indignée et c'est comme institutrice moi-même que je viens vous parler.

Vous savez pourtant, Madame, que le rôle de l'éducatrice est non seulement d'instruire l'enfant, mais avant tout et surtout de lui former le cœur. Or, comment pourrez-vous y parvenir si vous déracinez dans ces jeunes âmes les croyances les plus sacrées ? A quoi ferez-vous appel pour les détourner du mal si vous leur supprimez Dieu ? Ne vous rendez-vous pas compte qu'actuellement tous les voleurs et assassins ont entre 15 et 20 ans, quand ils ne sont pas plus jeunes, et que ce vice précoce est le fruit de l'éducation laïque donnée dans les écoles ? C'est la plaie actuelle et c'est ce qui fait que notre France succombe.

Et puis, Madame, quel compte aurez-vous à rendre un jour devant le Souverain Juge, car, bien que vous ne croyiez pas en lui, vous ne serez pas pour cela dispensée de comparaître devant son tribunal.

Et toutes ces âmes que vous avez perdues seront autant de crimes que vous aurez commis. Quels remords vous aurez un jour si, revenant à la naïveté de vos premières années vous faites un retour sur vous-même.

Revoyez votre histoire, et vous pourrez constater que pas un héros méritant ce titre n'était un incroyant. Songez aussi à la mort de Voltaire. Il aurait bien voulu un prêtre à ses derniers moments, lui qui disait aussi qu'il ne croyait pas, mais aucun n'a pu parvenir à son chevet et Voltaire est mort dans un affreux désespoir. Je souhaite, Madame, qu'il n'en soit pas de même pour vous, ce serait trop épouvantable.

Je vous plains aussi de tout mon cœur de n'avoir sur 80 élèves qu'une enfant intelligente. Faire la classe dans ces conditions doit être chose bien pénible. Il est vrai que vous-même vous ravalez au rang des sauvages, car eux, du moins, s'ils ne connaissent pas le vrai Dieu, sentent tellement la nécessité qu'il y en ait un qu'ils préfèrent adorer des idoles. Je les comprends.

Je me joins, Madame, à toutes les institutrices bien-pensantes pour vous ouvrir les yeux sur l'œuvre que vous entreprenez. »

L'Inspecteur d'académie fut alerté. Il ordonna une enquête. Ma mère dut refaire devant l'Inspecteur Primaire et le délégué cantonal la leçon incriminée. Les élèves furent interrogées sur la véracité des accusatins. Bref il se révéla que l'histoire était montée de toutes pièces. Le Curé confia un jour à ma mère qu'il n'avait rien cru à ces médisances. N'était-il par ailleurs renseigné par la confession de ses fidèles ? De temps en temps, cependant, il prêchait contre les écoles laïques. Il recevait des ordres auxquels il fallait bien obéir.

(*Mme L.*, 1865, Eure-et-Loir, par sa fille.)

Instruments de la laïcisation

D'autres remous, qui troublent la vie communale, viennent d'un horizon plus large : ils reflètent les relations de l'Etat et de l'Eglise, de l'Eglise et de l'Ecole. Dans le moindre village, ils signalent que l'Etat républicain a décidé de laïciser, ou d'enlever des murs de l'école les emblèmes religieux. Même alors, pourtant, il n'est pas question d'une vague de conflits qu'au même moment ces mesures soulèveraient dans le pays tout entier. Car si la loi Goblet a, dès 1886, acquis la laïcisation du personnel, elle a prévu des délais d'application tels qu'il y a encore en 1914 des écoles publiques de filles tenues par des institutrices congréganistes. Ce sont donc les hasards de l'existence (maladie, retraite, mort) qui décident ici et là des laïcisations ; prises dans les circonstances locales — au point parfois de passer tout à fait inaperçues —, elles en dépendent entièrement. Il en va de même pour la loi qui, en 1883, fait théoriquement disparaître les crucifix des salles de classe, et dont l'application est très lente, très inégale ; les conflits qu'elle engendre s'étalent jusqu'en 1914, et varient avec la prudence de l'instituteur, l'esprit d'observation des enfants, la vigilance des « gens de bien », les mille nuances de la vie locale.

— Un jour, une circulaire confidentielle invita les maîtres à enlever des écoles les insignes religieux qui pouvaient s'y trouver. On n'avait pas mis de crucifix dans la petite salle de classe ajoutée au bâtiment principal, mais il en existait un dans la grande salle d'autrefois. Comment faire ? Ma mémoire ne me permet plus de préciser les dates, mais un soir mon mari décrocha le crucifix avec un soin extrême pour avoir en entier la croix en bois et le christ en plâtre. Or la classe avait été blanchie à la chaux plusieurs fois et on n'avait pas enlevé la croix. L'emplacement restait tout jaune. Avec de la craie mon mari frotta longuement le mur puis emporta le crucifix et le plaça dans un placard de notre chambre. Le lendemain ou peu après une élève s'en aperçut et le dit chez elle. Un jour, au retour de quelques vacances, avant notre entrée dans la maison, un ami nous fit part du bruit qui courait : Monsieur D... a sorti le Christ, l'a promené autour de la classe en disant : « Je vais le faire brûler votre Bon Dieu. » Suffoqué, mon mari pensa : ils sont entrés chez nous et l'ont fait disparaître. Sans prendre le temps de se déshabiller il courut au placard et revint bien soulagé en disant : « Il est encore là, je viens de lui toucher les pieds. » L'Inspecteur primaire, mis au courant, nous invita à être toujours prudents et à « nous attendre à tout ».

(*Mme C.*, 1878, Gironde.)

— Les incidents qui ont le plus marqué mon enfance se rapportent à l'époque des laïcisations, lorsque ma mère fut nommée à St-J. (canton de Charolles) en 1903 ou 1904. Seules des religieuses en habit enseignaient les filles de la localité. Elle y créait donc l'école laïque. Tout de suite ce fut la guerre... En chaire, le curé se déchaîna contre la nouvelle école et tout ce qui s'y rattachait. Maîtres, parents, élèves furent voués à l'enfer. A l'église, le petit groupe des laïques (5 à 10 élèves) fut parqué loin des élues (une trentaine) qui continuaient à aller chez les sœurs (celles-ci s'étaient déshabillées). Au catéchisme, mêmes avanies. Bien que je fusse beaucoup plus calé en instruction religieuse que les petits paysans qui m'entouraient, j'étais maintenu dans un rang médiocre. Il ne convenait pas que le fils de la laïque fût reconnu meilleur que les autres! c'est là que j'ai commencé à douter de la justice divine et à perdre la foi...

(*F. C.*, 1893, Saône-et-Loire.)

— Entré à l'école le 20 avril 87, je me souviens d'y avoir fait la prière pendant quelques années en rentrant en classe. Puis, un beau jour, plus de prière, une leçon de chant, et, quand le chant fut su, il remplaça la prière. Puis le répertoire s'est enrichi et nous, gamins, préférions de beaucoup le chant à la prière.

Pas de réactions dans les familles. On disait : « c'est un ordre venu d'en haut ». Pas du ciel, bien sûr !

Le Christ trônait toujours, assez haut sur le mur, derrière la chaire du maître. J'ai entendu celui-ci dire un jour à quelqu'un : « Ce n'est pas moi qui l'ai accroché, que ceux qui l'ont fait viennent l'enlever. » Et il y resta des années encore jusqu'à ce que des ouvriers venus repeindre la salle l'enlèvent et... ne le remettent pas.

L'instituteur était chantre au lutrin. Comme les autres chantres et les enfants de chœurs, il passait à la Sacristie revêtir le surplis. Un dimanche, plus de sacristie, plus de surplis ; mais toujours présent dans une stalle un peu en arrière, il chantait comme précédemment. Pas grand-chose de changé ! pas de réaction.

Ainsi, petit à petit, l'école laïque faisait son chemin, créée par des maîtres chantres au lutrin mais soucieux de leur mission et qui firent peut-être plus que ceux qui voulurent « aller trop vite »...

(*L. F.*, 1881, Eure-et-Loir.)

La querelle des Manuels

Les conflits les mieux circonscrits, toutefois, sont ceux que fait surgir, en 1908 et 1909, l'offensive de l'Eglise contre le contenu de l'Enseignement laïque. En 1908 il ne s'agit encore, selon les termes d'une déclaration des cardinaux et archevêques, que de surveiller l'Ecole laïque et de la contraindre à la neutralité. En 1909, l'attaque se précise, qui proscrit l'emploi de certains manuels. Souvent tenue pour négligeable par les historiens, cette offensive a dans les récits de nos instituteurs un relief particulier ; sans doute parce qu'à la différence des autres conflits, disséminés et disparates, ceux-ci, qui à la même rentrée scolaire gagnent une commune après l'autre, donnent le sentiment d'une attaque concertée :

— Aux V..., le nouveau curé du village est venu à la mairie m'entretenir du changement d'un livre d'histoire, où il était dit que Jeanne d'Arc avait « cru » entendre des voix. C'était en novembre, les classes avaient repris et les élèves étaient pourvus de livres. Il m'a demandé de changer ce livre. Je lui ai répondu qu'il m'était impossible de satisfaire sa demande. « Eh bien, ce sera la guerre entre l'église et l'école », m'a-t-il dit. Et ce fut la guerre. Il m'a attaqué pendant un an, consacrant un article toutes les semaines dans le journal catholique, *La Croix de la Lozère.* Ma vie d'instituteur, de secrétaire de mairie, et ma vie privée même fournissaient motifs à déverser son fiel sur mon compte. Finalement l'Amicale des instituteurs prit ma défense et le journal *La Croix,* condamné par le tribunal de Mende, dut insérer mes réponses aux attaques portées sur mon compte. Un matin, je trouvais la porte de l'école badigeonnée avec des excréments. Je la fis nettoyer par une femme payée par la mairie. Toujours poussées par le curé, deux familles (dont le sacristain) — au total trois enfants — refusèrent de se servir de ce livre d'histoire et refusèrent d'apprendre les leçons. J'en avisai l'Inspecteur d'Académie qui les mit à la porte de l'école. Le curé, alors, les prit chez lui pour leur faire la classe, mais cela fut de courte durée. Le tribunal de 1re instance de Florac condamna le curé à une forte amende pour avoir fait la classe sans autorisation et les trois enfants cessèrent leurs études. Toute la population prit parti pour moi et le prêtre voyant son église se vider fut nommé aumônier d'un couvent de Mende et rédacteur au journal *La Croix de la Lozère.*

(*J. M.*, 1874, Lozère.)

— Les élèves du Cours moyen se servaient de l'histoire Guiot et Mane. Certains parents demandèrent la suppression de ce livre. Je leur demandai pourquoi. Réponse : l'Evêque a commandé, j'obéis. La situation s'aggrava, parce qu'à 15 kilomètres de là, ma femme avait son oncle et parrain curé. Celui-ci intervint et me demanda la suppression du livre. Je lui répondis que cela n'était pas possible, car le livre avait été introduit régulièrement avec l'approbation du Conseil départemental. Il n'insista pas, car il était très libéral ; mais le Curé de Flers mena contre lui une campagne de dénigrement qui lui fut très sensible. La grande victime fut surtout ma femme qui aimait beaucoup son parrain. Une autre victime était l'Inspecteur primaire qui avait mis tout son poids dans cette lutte contre les évêques et que l'Inspection Académique soutenait mollement. La haine que lui portaient les hobereaux, les curés et les bien-pensants était telle qu'il lui fut impossible de trouver une nourrice pour sa petite fille nouvelle-née.

(*C. A.*, 1881, Pas-de-Calais.)

— En examinant les livres que possédaient déjà les élèves, je constatai que les grands n'avaient pas de livre d'histoire. J'eus l'intuition de la vérité, et en effet un collègue m'apprit qu'au cours de l'année scolaire écoulée, le curé de Blandas avait jeté les livres au feu en visitant les familles.

Ma décision fut vite prise : donner une autre histoire Brossolette à mes élèves du Cours Moyen.

Mais, à la Conférence pédagogique, qui eut lieu quelques jours après, l'Inspecteur primaire — un laïque pourtant — me conseilla fortement de n'en rien faire et de donner des résumés, sur un cahier spécial, après chaque leçon ; sans doute eut-il pitié de ma jeunesse, de mon isolement et voulut-il m'éviter de gros ennuis.

Tenace, je me procurai une Histoire Brossolette, et ce furent les résumés de ce livre que je dictai intégralement.

Je m'attendais à des représailles ; elles vinrent en effet sous une forme inattendue. Ma « propriétaire » devait me procurer de l'eau potable. Or, un matin, je trouvai la porte fermée par un solide cadenas. J'aurais pu en informer la Mairie, mais je préférai régler moi-même mes ennuis. A cent mètres de l'Ecole, une source suintait d'un rocher dans une sorte de vasque naturelle, malheureusement envahie par les têtards qu'il fallait chasser. J'allai donc disputer un peu d'eau aux têtards.

(*Mme T.*, 1891, Gironde.)

Fête à l'école

Tous ces tableaux expliquent assez pourquoi la vie de l'instituteur se replie autour de l'école. Gagner l'estime, dans ces conditions d'hostilité et, au mieux, de réserve, est encore un métier. Pour trouver l'élan gai des amitiés sans précaution, il ne faut compter que sur l'école ; les seules relations chaleureuses sont celles qui se nouent avec les collègues ; c'est avec eux qu'on étrenne la première bicyclette, qu'on prolonge le déjeuner dominical en chants et monologues, qu'on entend pour la première fois le frottement criard de l'aiguille d'acier sur le disque du gramophone Pathé ; avec eux aussi qu'on organise, à l'école et pour elle, ces « journées exceptionnelles », les fêtes de l'école laïque :

— J'aurais dû faire revivre ces journées exceptionnelles dans la vie de l'école pour remonter à la source d'institutions qui ont survécu, mais qui alors, dans la vie quotidienne laïque, devenaient des dates à retenir : parce qu'elles représentaient pour les élèves un jour de libération, pour les instituteurs un surcroît de préoccupations matérielles pour que l'établissement puisse recevoir dignement ses hôtes d'un jour, et pour tous les pédagogues du canton (on les désignait ainsi sans que le mot ait le sens dédaigneux et péjoratif qu'il a aujourd'hui) une éclaircie dans la quotidienneté de leur vie, un événement dans l'existence rude et étriquée des maîtres ruraux dans nos pays montagnards. Ces journées exceptionnelles, c'étaient, après la journée d'octobre consacrée à la conférence pédagogique, celle de juin, si pleine d'émotion pour les maîtres et leurs candidats, du certificat d'études. Venait ensuite le plus beau jour de l'année, parce qu'il claironnait l'arrivée des vacances, et qu'il couronnait les efforts d'une année de travail. C'est en effet une couronne — forme et couleur de la feuille de laurier — sur la tête que l'enfant rentrait chez lui. On dressait dans la cour de l'école une grande estrade où prenaient place les notabilités du canton présidées par un invité d'honneur, inspecteur primaire, conseiller général, vieil instituteur retraité ; discours, chants, musique : aux « toges » près, le cérémonial était aussi prestigieux que celui des lycées ; l'affluence était grande.

(*Mlle F.*, 1879, Cantal.)

— Heureusement, il y avait les amis, car l'école en avait qui partageaient ses déboires, mais aussi ses succès, ses joies, et ne manquaient jamais de se réunir, nombreux, autour d'elle, dès qu'une occasion se présentait. Il y avait les conférences que mon père préparait plusieurs fois chaque hiver, le dimanche à la veillée, suivies des projections d'une lanterne magique. C'étaient de vraies fêtes, où on venait de loin. Même des villages les plus reculés. Je me souviens de leur étonnement le soir où ils entendirent pour la première fois un phonographe, celui du percepteur, ami de mon père, tout dévoué aux laïques, qui avait bien voulu venir présenter son appareil. Il y avait aussi l'événement artistique attendu, la fête des prix, présidée le plus souvent par le Président du Comité Républicain, car on commençait à former des Comités Républicains dans tous les cantons. La fanfare, que mon père dirigeait, donnait son concours. Enfin, le 14 juillet était dignement marqué à P..., sous l'égide de l'école laïque et de tous ses partisans, dans le quartier de l'école des garçons, au carrefour de deux routes nationales qui forment une place aux activités commerciales vivantes, bordée d'hôtels tenus en général par des républicains.

Et ces fêtes étaient empreintes de beaucoup de gaieté. La veille, avec la fanfare, une imposante retraite aux flambeaux parcourait toutes ces rues de la ville, jusqu'au sommet de la colline et en redescendait grossie des nombreuses lanternes des participants, heureux de se livrer à la joie populaire. Et, le lendemain, dans notre quartier pavoisé aux couleurs nationales, tout ce monde rivalisait d'ardeur pour dresser les supports du feu d'artifice, fixer les banderoles de petits drapeaux, les feuillages. On banquetait à midi dans un des hôtels des « sympathisants », avec les notables du bourg et des communes environnantes, j'entends les notables de convictions républicaines (le maire n'est pas là ni le conseiller général). Dans la soirée, concert et bal endiablé...

(*Mlle R.*, 1889, Vendée.)

Face à une communauté aux rites éclatants et séculaires, les instituteurs tentent donc — souvent avec succès — d'inventer eux aussi le cérémonial réconfortant d'une fête laïque. Ces jours-là, dans le cadre de l'école, au milieu d'autres instituteurs, et sous le regard des parents d'élèves attendris et cette fois réconciliés, ils croient assister au rassemblement, autour de l'école, d'une grande famille laïque : c'est la revanche de ces existences un peu grises.

6

SERVIR LA RÉPUBLIQUE

A lire les pamphlétaires de droite et de gauche, la responsabilité politique des instituteurs est sans frontières ; piliers de la République, garants de l'ordre républicain et de la paix sociale d'un côté ; de l'autre, commis voyageurs de l'irréligion et de la franc-maçonnerie, de l'antipatriotisme, du collectivisme, de l'internationalisme. Ces stéréotypes sont bien connus. Mais rares sont les tentatives pour en mesurer la justesse. Il ne s'agit toujours que de choisir entre eux, au nom des sympathies, ou des exigences esthétiques : c'est parce qu'il lui paraît « déplaisant et médiocre » que Georges Duveau répudie le second de ces portraits. Mais faut-il vraiment choisir ?

C'est moins l'incompatibilité des portraits que leur air de famille qui saute aux yeux. Tous deux affichent une surestimation à laquelle concourent bien des raisons : l'habitude, depuis 1870, d'imputer défaites ou victoires à la médiocrité ou à l'excellence du système d'enseignement, le sentiment — ici nuancé d'espoir, là d'appréhension — qu'une éducation nouvelle doit façonner des hommes nouveaux, et partout l'idée qu'un pays est à l'image de son école. L'un et l'autre postulent une armée efficace encore que — ou parce que — clandestine, faite en tout cas d'enrôlés conscients. Enfin, chacun d'eux fabrique artificiellement son unité en puisant ce qui lui convient dans une idéologie d'apparence disparate, où voisinent en effet l'amour de la patrie et la passion de la paix, l'admiration pour l'œuvre coloniale et le culte de la liberté, le désir d'égalité et le respect de l'ordre social. Aussi, plus que l'ambition de choisir, s'impose l'exigence de questionner les instituteurs eux-mêmes. Forment-ils une cohorte militante, et savent-ils qu'ils la forment ? Professent-ils l'idéologie brutale que de part et d'autre on leur prête ? S'il y a du vrai dans les deux portraits à la fois, faut-il alors convenir que la pensée politique des instituteurs est un mauvais rapiéçage ? Et si cette incohérence s'impose à l'observation, comment expliquer qu'elle ne devienne jamais consciente ?

Garder sa liberté

Première surprise : ils sont bien peu à prendre des engagements politiques précis. Instituteur et politique, pourtant : la rubrique appelle des images familières, les instituteurs du groupe parlementaire socialiste en 1914, les futurs pèlerins de Kienthal — A. Blanc, Raffin-Dugens —, tel candidat aux élections législatives à Apt, tel conseiller d'arrondissement à Marseille ; et, à un niveau plus modeste, les adhérents du parti radical ou socialiste, les maires, les conseillers municipaux. Pourtant il ne s'agit là que d'une petite minorité ; encore entre-t-elle en politique très tard — après la retraite souvent — et manifeste-t-elle une prédilection pour la politique municipale, qui en est à peine une, ou n'en a pas l'air.

Si armée il y a, ce n'est donc pas une armée de partisans ; de sympathisants tout au plus, oscillant entre radicalisme et socialisme ; des « francs-tireurs de la gauche », comme les baptise l'un d'eux. Pourquoi cette résistance à l'engagement politique ? C'est d'abord que, s'il est du devoir des instituteurs d'être républicains (mais plus encore que d'un devoir il s'agit d'une nature), il l'est aussi de ne pas entrer dans une activité politique militante qui pourrait nuire à l'école laïque ; les précautions de la vie publique calquent les précautions de la vie privée ; c'est aussi — une fois de plus — que le métier paraît englober la vie politique, et dispenser donc d'autres efforts. Bien faire la classe, c'est la meilleure manière de militer.

— Ma propagande ne se fait pas à la réunion publique, au club, ou dans la rue. Elle se fait plus profonde, plus efficace, plus digne dans ma classe, dans mes leçons où, sans bruit et sans provocation, en formant des jugements droits, des intelligences ouvertes, des consciences fermes, j'ai la conviction de travailler plus vigoureusement à la formation du citoyen libre qu'en cherchant à recruter des adhérents à telle ou telle candidature ou en affichant une préférence pour telle ou telle nuance de l'arc-en-ciel politique.

J'ai cru bien faire de laisser aux hommes politiques élus pour cet objet le soin de faire de la politique. Je n'ai pas cru qu'un instituteur pût être un militant d'aucune façon, car il y perdrait à mon avis la sérénité qui inspire la confiance et le lancerait fatalement dans la polémique qui suscite les sentiments hostiles. Son champ me paraît être l'étendue des principes sur lesquels sont susceptibles de s'entendre tous les hommes de bonne foi ; le domaine n'est-il donc pas encore assez vaste ? [...]

Je laisse à d'autres les polémiques violentes ; à d'autres la tâche de publier, au son éclatant des trompettes, l'Evangile nouveau qui les ravit. Je suis trop passionnément attaché à mon idéal pour l'exposer aux affronts : je préfère m'efforcer de lui conquérir la sympathie des cœurs, afin de lui préparer l'adhésion des esprits. Ce n'est pas un travail qui se fait à telle heure, sur la place publique. C'est l'œuvre sérieuse et modeste, mais féconde de tous les instants...

(*Enquête du* Manuel Général, 1912.)

Dans ces confidences se lit aussi la réticence des instituteurs à l'égard des formations rigides, des obligations, des interdits. Il est beaucoup question de ne pas s'inféoder. Le modèle négatif, évidemment, c'est l'Eglise ; l'entrée en politique rappelle fâcheusement l'entrée en religion. C'est aussi que la liberté professionnelle a été chèrement conquise, sur le châtelain, le maire, le curé. Il n'est pas question de l'aliéner, fût-ce au profit d'une des formations républicaines. Et puis, cette liberté reste précaire ; même au service de l'école publique, la politique continue de faire sentir à l'instituteur sa dépendance. Les humiliations du favoritisme contribuent à écarter les instituteurs des « eaux mêlées » de la politique militante, comme les en détournent aussi de fréquentes désillusions. Pouvoir se tenir à l'écart de l'intervention politique, même quand c'est pour soi qu'on a dû la solliciter, à l'occasion d'une mutation ou d'une promotion, est donc un souhait universel. Ecoutons cette nostalgique revendication d'indépendance :

— Nos rapports avec les autorités locales ne sont bien souvent que le reflet de nos rapports avec les familles. Elles tiennent leur mandat des habitants et l'opinion que ceux-ci se font de nous se manifeste nécessairement dans la manière d'agir de celles-ci à notre égard. Là où règne l'esprit laïque, nous obtenons généralement tout ce qui nous est nécessaire, au triple point de vue de nous-mêmes, de l'école et des élèves. Mais ailleurs, nous n'obtenons, difficilement, que ce que la loi impose d'office aux municipalités récalcitrantes ; si encore nous pouvions être assurés d'y jouir d'une tranquillité relative ! Il faudrait pour cela que nous puissions nous tenir complètement à l'écart de la politique ; mais comment est-ce possible, avec nos fonctions de secrétaire de mairie qui nous mettent en contact journalier avec les électeurs et les élus ? Aussi, en temps d'élections, surtout d'élections municipales — d'un caractère si aigu un peu partout —, il nous est bien difficile de garder toujours une prudente réserve [...]. Il n'est donc pas surprenant que les changements d'instituteurs ne soient jamais aussi nombreux qu'après le renouvellement des municipalités...

Dans les milieux foncièrement laïques et républicains, nous pouvons avoir une allure plus franche. Nous y trouvons une population libérale, avide de progrès et de lumière, une administration amie, et c'est dans une atmosphère bienveillante que nous poursuivons notre tâche...

(Manuscrit, 1912.)

Ce malaise est significatif : il faut renoncer à voir dans les instituteurs la cohorte que décrit la propagande hostile à l'école laïque. On peut le vérifier sur un autre exemple encore : celui de la franc-maçonnerie. On sait avec quelle constance, avant 1914 comme plus tard, on a décrit les instituteurs comme l'infanterie de la maçonnerie. De fait, certaines données viennent établir ce portrait : en 1912, l'Association antimaçonnique publie, sous le titre les Francs-Maçons dans l'Enseignement, *une liste de plusieurs milliers d'enseignants convaincus d'appartenir à la maçonnerie, avec la mention de leur poste dans l'Instruction publique : soit 2 % des instituteurs que compte la France d'alors. Des documents moins discutables sont également éloquents : telle cette liste d'adhérents d'une loge de la vallée du Rhône vers 1910, où on relève près d'un quart d'instituteurs. Dans nos réponses elles-mêmes, les maîtres qui étaient francs-maçons disent volontiers les circonstances et les raisons de leur adhésion ; la chaleur des réunions, l'ambiance « riche et heureuse », compensation à une existence un peu crispée, tiennent une grande place dans ces motivations, autant que l'évocation du rempart qu'oppose la franc-maçonnerie à l'activité militante de l'Eglise.*

Face à ceux-ci, on trouve évidemment des adversaires de la maçonnerie, ceux qui ont eu à souffrir d'elle, et considèrent qu'elle empoisonne — au même titre que l'intervention politique, et souvent liée à elle — la vie professionnelle. Mais beaucoup plus nombreux sont ceux qui se refusent à faire partie de la franc-maçonnerie parce qu'ils répugnent à toute adhésion ; on déclare connaître de fort honnêtes gens, voire de bons camarades, qui se réclament de la franc-maçonnerie ; on accorde qu'elle affermit la République, qu'elle fait un contrepoids bénéfique à l'influence jésuite ; mais là encore on se refuse à remplacer une église par l'autre ; et c'est un rêve d'indépendance qu'on poursuit dans ce refus.

— Je suis entré dans la franc-maçonnerie à l'âge de vingt et un ans [1904] et j'appartiens toujours au Grand-Orient de France. J'entrai dans la maçonnerie étant socialiste. Je suis resté socialiste, mais j'y ai perdu la hargne, l'incompréhension, voire le sectarisme dont certains de mes camarades n'ont jamais pu se débarrasser. La Maçonnerie fut pour moi, à la fois, méditation, amour du prochain et action axée hardiment vers l'avenir.

(*G. U.*, 1883, Yonne.)

— ... j'étais franc-maçon. La franc-maçonnerie, association de libre pensée, me paraissait nécessaire pour que la société laïque ne soit pas, peu à peu, dominée par la théocratie romaine toujours prête à profiter des moindres occasions pour ressaisir un pouvoir absolu. Les encycliques de Pie X au moment de la loi de séparation sont assez caractéristiques à cet égard, ainsi que le Manifeste des Evêques concernant certains manuels scolaires (dont celui de Brossolette) utilisés dans l'enseignement laïque.

Telle était ma position il y a un demi-siècle.

(*X. V.*, 1879, Aube.)

— Je pensais d'elle qu'elle était une société archaïque, et pas assez ouverte pour que je puisse en faire partie, et qu'il aurait déplu à mon épouse que j'en sois membre. J'ai connu des francs-maçons, et je les ai tenus pour des hommes sincères, désirant vraiment le bien de l'Humanité...

(*M. B.*, 1888, Loire-Inférieure.)

— Je connaissais la franc-maçonnerie, ou plutôt un franc-maçon vénérable d'une loge. Je n'ai jamais été sollicité pour adhérer à cette organisation ! je n'aurais d'ailleurs pas accepté, ma qualité de libre-penseur s'y opposant formellement. J'ai toujours pensé que la franc-maçonnerie était une religion, laïque peut-être, avec ses rites et ses dogmes qui s'opposaient à la liberté.

(*A. A.*, 1883, Loir-et-Cher.)

— Si je n'ai jamais donné mon adhésion à une loge, c'est surtout que, qu'ils fussent religieux et publics ou secrets et mystérieux, je me suis refusé à courber l'homme que je suis devant des symboles, ainsi qu'à sacrifier à des rites. J'ai connu plusieurs francs-maçons dont quelques-uns, hélas ! visaient des buts tout autres que la recherche désintéressée de la vérité. J'aurais aimé pourtant participer à des discussions philosophiques...

(*G. F.*, 1886, Charente-Inférieure.)

Contrairement à toute attente, il n'est pas de question qui, plus que la franc-maçonnerie, suscite de la part des instituteurs des réponses divergentes. On est loin des cohortes serrées d'instituteurs maçons, occupés à ruiner les fondements de la religion et de la morale, à établir le règne de la République et de la raison, que forge l'imagination des adversaires de l'école publique, et, parfois aussi, de ses amis. Pas plus que l'engagement politique, l'engagement maçonnique ne convient à une pensée où se mêlent, au début du siècle, tant d'éléments disparates, voire contradictoires.

L'héritage républicain

Il suffit de traiter le mot politique en adjectif et non en substantif pour voir s'évanouir les résistances de nos instituteurs. Méfiants à l'égard de la politique — celle qu'on « fait » —, ils se disent tous intéressés par les « problèmes politiques ». La politique désigne alors cet ensemble d'indignations, d'enthousiasmes, de souvenirs qu'unifie une même couleur affective. Sentimentaux de la politique, les instituteurs ne sont pas des théoriciens. Il leur suffit souvent de s'affirmer républicains, comme si les résonances du mot dispensaient de toute autre explication.

Cette belle simplicité est encouragée par la priorité absolue du problème laïque. C'est lui qui rend infranchissable le fossé qui sépare alors les instituteurs de la droite. Et, réciproquement, il rend négligeables les déchirures du parti républicain. Les instituteurs restent étrangers aux tendances, sourdement irrités par elles : ils sont « bleus » dans l'Ouest, « rouges » ailleurs, républicains partout. Radicaux, socialistes, c'est souvent tout un. D'un scrutin à l'autre, le vote change sans difficultés : avec ces hommes, l'expression « radical-socialiste » prend son sens le plus plein.

Avant 1914, les problèmes politiques se limitaient pour moi au maintien des lois laïques de 1905, à la liberté de conscience pour tout le monde avec suppression des écoles religieuses et obligation pour les ministres des divers cultes de procéder à leurs activités religieuses à l'intérieur de leurs temples ou églises. En contrepartie, le gouvernement garantissait la neutralité totale de l'enseignement public.

Je n'appartenais à aucun parti, mais ma sympathie allait au parti radical-socialiste, probablement à cause de son rôle déterminant dans le vote de la loi de séparation.

Un radical-socialiste ou un socialiste n'avait aucune chance d'être élu dans la circonscription d'Alençon. Nous avions le choix en 1914 entre le député sortant,

Monsieur le Comte de Lévi-Mirepoix (25 ans de mandat), châtelain, riche propriétaire, tout juste bon à vivre de ses rentes et à courir le cerf avec sa meute ; et un candidat républicain bien pâle, prêt à toutes les concessions pour se faire élire et conserver sa place. Il s'appelait Adrien Dariac et fut élu. Après quelques années, ses votes à la Chambre des Députés enlevèrent leurs illusions aux républicains de gauche qui l'avaient élu...

(*G. S.*, 1889, Orne.)

— Avant 1914, en Vendée, aux élections législatives, il n'y avait généralement que deux candidats sérieux ; l'un, le conservateur (on n'osait plus se dire royaliste ; plus tard ce même conservateur deviendra « libéral ») ; l'autre, le républicain (sans autre étiquette). C'était là un vrai républicain et un laïque (certains une fois élus firent partie du groupe radical).

Il n'était pas question de subtilités, le deuxième candidat était celui de tous les vrais républicains, y compris les radicaux et les socialistes qui commençaient à se manifester...

(*F. E.*, 1888, Vendée.)

— J'ai toujours été socialiste, mais radical-socialiste, c'est-à-dire partisan des transformations sociales ayant pour but d'assurer le plein épanouissement de la personne humaine par la collaboration des classes et non par la lutte des classes. Quant au socialisme international, je ne l'ai pas suivi car, en 1914, nous étions ardemment patriotes et nous avions peur que l'internationalisme affaiblisse ce sentiment patriotique...

(*E. O.*, 1882, Deux-Sèvres.)

— J'appartenais au parti radical-socialiste et je votais socialiste. Voici pourquoi. L'arrondissement de Chalon-sur-Saône est divisé en deux circonscriptions pour les élections législatives, la première comprenant la moitié de la ville de Chalon-sur-Saône et la ville entière de Montceau-les-Mines. Les élections municipales de 1900, qui suivirent la grève libératrice de 1889, donnèrent à la ville de Montceau-les-Mines sa première municipalité socialiste et son maire, le mineur Jean Bonnerie, fut porté à la députation aux élections législatives suivantes. Sa popularité dans la circonscription devint telle qu'aucun autre candidat de la gauche ne pouvait lui être opposé.

(*P. A.*, 1877, Saône-et-Loire.)

Ce n'est pas une pensée théoricienne ; ce qu'elle réclame, ce sont des modèles, non des thèses. Et, en raison peut-être de sa fragilité, elle répugne à tout ce qui souligne ses contradictions, et appelle de tous ses vœux la sécurité des synthèses. Aussi, la grande admiration politique de ces hommes, c'est Jaurès. Pour les socialistes, cela va de soi ; mais aussi pour ceux qui ne se reconnaissent pas d'appartenance politique, et pour les radicaux, et pour les catholiques pratiquants. C'est « l'ami cher », le « guide », le « meilleur patriote », l'homme qui, de 1914 à 1918, a fait cruellement défaut à la France. Jaurès réunit toutes les vertus que ces éducateurs prêchent ; il est honnête, désintéressé, éloquent, cultivé. Par-dessus tout, il est « humain » : terme qui revient avec prédilection.

Cette unanimité est sans surprise. Face aux mêmes contradictions que les instituteurs, Jaurès — par sa confiance dans l'instruction et ses mérites, par son souci de prendre en charge tout l'acquit national — réalise à leurs yeux la difficile synthèse du radicalisme jacobin et du socialisme internationaliste : le « socialisme français ».

— Je considère Jaurès comme le seul qui apportait de l'humain dans toutes les explosions de colère que constituaient les conflits ouvriers de l'époque. Il éduquait au lieu d'exciter, sans oublier toutefois le but à atteindre : la possession par ceux qui produisent des moyens de production et d'échange. Par la suite, je suis resté, et je suis toujours un jauressiste impénitent.

(*J. V.*, 1892, Saône-et-Loire.)

— Cette confiance, un homme l'avait complètement : Jaurès. Je l'avais entendu parler deux fois, je lisais ses discours, j'admirais son éloquence, son érudition, son désintéressement, son dévouement à la classe ouvrière. N'était-il pas venu défendre lui-même à Bourges un simple ouvrier, secrétaire de la Bourse du Travail, condamné à 3 mois de prison pour son action dans l'affaire du Sou du Soldat ? Encore adolescent, j'avais suivi dans *La Petite République* que me prêtait un vieux voisin sa controverse avec Jules Guesde où il se montrait favorable à l'entrée d'un socialiste dans un ministère bourgeois. Il était de ceux dont l'attitude au moment de l'affaire Dreyfus avait emporté ma conviction, et son évolution, comme pour Victor Hugo, de la bourgeoisie au peuple, me semblait garantir sa sincérité à elle seule.

(*A. A.*, 1885, Cher.)

— L'événement qui m'a le plus frappé, c'est l'assassinat de Jaurès. J'étais dans le hall de la Gare d'Orléans avec mon ami P... — le futur président de l'Union Générale des Anciens Combattants —, attendant fiévreusement l'arrivée des journaux du matin. Nous voulions croire encore à la paix et à la joie, et nous espérions contre toute espérance. Et ce fut la tragique nouvelle, criée par les voyageurs descendant du train de Paris : « Jaurès est assassiné ! Jaurès est assassiné ! » Nous connûmes notre destin. Jaurès assassiné, sa grande aventure finie, la guerre était sur nous. Et, en vérité, la guerre commençait déjà : des petits hussards bleu de ciel, des dragons et des cuirassiers géants tels que ceux que Proust regardait passer, le soleil sur le casque, dans les rues d'Illiers-Combray, et des fantassins bleus et rouges s'entassaient dans les wagons de bois. C'est pourquoi je garde à Jaurès un souvenir d'une particulière tendresse. Ce qui me plaisait chez lui, c'était, plus encore que les qualités du discours — je l'avais entendu plusieurs fois —, la qualité d'âme, la noblesse, la générosité, la force et la richesse de la vie intérieure. J'admirais que, vivant parmi toutes les laideurs de la vie politique, il restât un idéaliste incorrigible qui passait sans effort des manœuvres parlementaires et des intrigues de couloirs les plus vulgaires aux vues de philosophie sociale et morale les plus belles et les plus hautes. C'était vraiment un disciple de Platon qui faisait honneur à son maître. J'admirais aussi son socialisme qui reposait sur une conception très haute de la vie humaine, qui, cherchant à défendre ce qu'il y a déjà de noble et de bon dans le patrimoine humain, n'était que la forme démocratique de son idéalisme. Et, surtout, j'ai senti, en apprenant sa mort, qu'elle était en moi celle d'une certaine ferveur consciente qu'il nous avait apprise, qu'elle était notre première défaite, le signe et le commencement de nos malheurs. Cet homme était grand ; nous pouvons penser que tout eût été autre, différent, que ces quarante-sept années eussent été plus justes, plus heureuses s'il était demeuré parmi nous.

(*P. J.*, 1888, Loiret.)

— L'homme politique qui me paraissait le démocrate parfait, c'était Jaurès. Ses interventions à la Chambre, ses articles de *La Dépêche* et de *L'Humanité* qu'il venait de fonder, sa création de la verrerie ouvrière d'Albi, enfin sa vie privée irréprochable : tout chez lui contribuait à le dresser sur un piédestal.

(*L. A.*, 1885, Hérault.)

Jaurès, du reste, est-ce bien le socialisme ? Ou, plutôt, qu'est-ce que le socialisme ? Dans cette orthodoxie incertaine, rien d'autre qu'un rameau du parti républicain. Aux yeux des instituteurs, le socialisme, c'est l'application « réelle, intégrale, profonde » des principes de 89 (que complètent parfois ceux de 93, de 48, de 71), colorée d'anticléricalisme ici, de pacifisme humanitaire là. Le parti socialiste n'a pas de programme original ; mais c'est le parti qui défend le mieux le programme républicain. Rien d'autre en somme qu'un parti un peu plus radical.

— Une société idéale ? — c'est un adhérent de la S.F.I.O. dès 1907 qui donne cette définition — c'est celle dans laquelle les Principes de la Déclaration des Droits de l'Homme et du Citoyen seraient strictement observés, société dont tous les actes de ceux qui détiennent le pouvoir s'inspireraient de l'immortelle devise : Liberté, Egalité, Fraternité. C'est ça le Socialisme !

(*L. A.*, 1883, Finistère.)

Je n'ai jamais été membre d'un parti politique et cela en raison de mes idées philosophiques à base de la plus grande liberté. Cependant je suis toujours resté sympathisant du parti S.F.I.O., et, en principe, j'ai toujours voté pour ses candidats.

Aux élections de 1914, j'ai voté S.F.I.O., comme aux consultations précédentes ; 1° en raison de la doctrine sociale du parti ; 2° parce que je suis anticlérical.

J'ai toujours pensé, avec Gambetta, que le cléricalisme, c'est l'ennemi. Je considérais le socialisme comme devant donner à la masse des travailleurs toutes les libertés proclamées de la Déclaration des Droits de l'Homme et du Citoyen. C'était pour moi un idéal à atteindre...

(*A. A.*, 1883, Loir-et-Cher.)

— En mai 1914, je votai socialiste pour Edouard Barthe, que j'avais vu au premier rang des anticléricaux à Montpellier et qui défendait les petits viticulteurs contre la grande propriété.

Le socialisme me paraissait capable de réaliser la société idéale, son corollaire étant l'internationalisme, sans abandon toutefois des valeurs nationales. J'entends par internationalisme l'union des peuples par l'entremise des syndicats ou autres associations ouvrières et non l'entente entre oligarchies appuyées sur le Vatican comme dans l'organisation actuelle de l'Europe.

(*L. A.*, 1885, Hérault.)

— Bien qu'ignorant à peu près tout du marxisme, j'accordai ma sympathie au parti socialiste personnifié par Jaurès. Je ne m'inquiétai pas de m'accorder avec l'un ou l'autre des mouvements d'extrême gauche : libertaires individualistes ou communistes, syndicalistes ouvriéristes ou intellectuels, socialistes jauressistes, ou guesdistes, ou hervéistes... Si leurs dissentiments m'irritaient souvent, ils ne pouvaient pas me mettre dans l'embarras, parce que dans le milieu social où je vivais, je n'avais à choisir qu'entre le curé et l'instituteur, comme disait mon paysan...

(*E. L.*, 1889, Lozère.)

La situation politique à La Palme [son premier poste, dans l'Aude] m'avait déconcerté. A Carmaux [où il avait été élevé], c'était net : droite — gauche. Droite : château, propriétaire de mines et Eglise catholique. Gauche : Jaurès, mineurs et, à la campagne, fermiers et métayers, petits propriétaires. A La Palme, les gros propriétaires catholiques, pour faire échec au radicalisme laïque symbolisé par la tribu Savant, votaient pour le candidat socialiste...

(*M. V.*, 1892, Tarn.)

Pourquoi ce flou républicain ? Cette insensibilité aux conflits, cette irritation quand il en surgit ? C'est d'abord, sans doute, que la profession doit à la République son importance et son prestige. Les maîtres les plus sensibles à ces bienfaits sont évidemment ceux qui enseignaient déjà avant 1880 et en ont immédiatement profité. En 1880 et 1881, le Ministère est accablé d'adresses d'instituteurs, envoyées à Paul Bert et surtout à Jules Ferry, et transmises par les autorités locales[1]. *Ces textes expriment la gratitude des maîtres pour les progrès déjà faits, encouragent le Ministre — dont le Sénat attaque les projets — à persévérer et l'assurent de leur reconnaissance active. Le Ministre se voit féliciter de sa « sollicitude pour la constante amélioration de la position des membres du corps enseignant », pour « l'amélioration morale et matérielle du sort de l'Instituteur », de ses efforts pour « affranchir l'instituteur et le rendre à ses véritables fonctions », pour en faire un « fonctionnaire libre en dehors de ses attributions d'éducateur de l'enfance » ; bref, et l'expression revient sans cesse, pour* émanciper *l'instituteur.*

Vingt ou trente ans plus tard, l'idylle s'est un peu ternie : les instituteurs veulent le relèvement de leurs traitements, le droit de s'associer, l'indépendance à l'égard des hommes politiques ; ils souhaitent n'être plus nommés par le Préfet, mais par leurs chefs hiérarchiques... Toutefois la gratitude envers la République demeure vive ; les maîtres se sentent encore les héritiers des lois Ferry, et c'est toujours avec élan qu'est esquissé le bilan du gouvernement républicain :

— Etant ancienne élève d'Ecole Normale, je crois qu'il m'eût été bien difficile de ne pas accepter, admettre et servir les partis républicains. J'aime la République, après comme avant les événements de 1914. Je souffre maintenant de voir notre gouvernement républicain si bafoué par les mauvaises gens. Une vraie République, pure, honnête, patriotique, éclairée au point de vue social, est le gouvernement rêvé pour la France et les Français.

(*Mme F.*, 1879, Calvados.)

1. A.N., F17 11 003.

— Dans mon village d'A., où d'ailleurs beaucoup d'enfants allaient en classe au temps de la rétribution scolaire, ce fut une joie générale, peu après, la municipalité républicaine prit les mesures nécessaires à la construction d'une maison d'école ; la vieille salle d'école, incommode et obscure, fut remplacée par la plus belle école du canton. Depuis cette époque, d'autres écoles furent construites, mais elles n'égalent en rien, pour la plupart, celle d'A... Peu ont une aussi belle salle de classe avec des ouvertures aussi grandes, des cours aussi spacieuses (école mixte : deux cours de récréation), un aussi grand préau. Des cases bien construites surélevaient le niveau du parquet de la salle d'école au-dessus de celui de la place publique, de sorte que la salubrité ne laissât rien à désirer. Un beau jardin, très bien exposé. Le logement du maître ne fut pas oublié : situé au-dessus de la salle d'école, avec deux chambres à coucher, une cuisine assez grande pour recevoir un lit (et munie d'un évier). Et, donnant accès au logement et atteignant le grenier, un escalier magnifique muni d'une belle rampe. On profita de cette nouvelle construction pour y ajouter une salle de mairie, éclairée comme la salle d'école par deux grandes fenêtres. Cette salle dispensait la salle de classe des réunions fort gênantes du conseil municipal et de tant d'autres réunions politiques, sans compter la célébration des mariages... Avec cela, une jolie bibliothèque, avec des livres se rapportant aux besoins des enfants et à ceux des jeunes appelés à suivre les cours d'adultes ; de plus un globe terrestre, un planisphère, une grande carte de France, un tableau des poids et mesures. Je ne dois pas oublier la grande cheminée prussienne qui remplaçait avantageusement la vieille cheminée de campagne.

Et ce palais scolaire témoignait de l'enthousiasme de cette population, heureuse de connaître enfin un gouvernement qui libérait le peuple et qui se penchait sur l'enfance, sur la jeunesse...

(*Mme C.*, 1881, Hautes-Pyrénées.)

Ce sont les instituteurs de la République : leur attachement au gouvernement républicain est donc de ceux qui ne se discutent pas. C'est aussi qu'il ne leur est pas laissé d'autres possibilités : amis et adversaires les confinent à la logique de leur personnage social. Ils ne peuvent qu' « enseigner » la République. Et leurs supérieurs hiérarchiques leur font — dans les conférences pédagogiques, dans les examens — un devoir de découvrir le difficile équilibre entre un enseignement républicain et la neutralité scolaire :

Monsieur l'Inspecteur entretient ensuite les Instituteurs des difficultés qu'ils éprouvent parfois dans les Communes. Monsieur l'Inspecteur croit que, le plus souvent, ces difficultés viennent de leurs fonctions de secrétaire de mairie. Avec de la prudence, leur dit-il, vous pouvez vous éviter beaucoup d'ennuis. Souvenez-vous que vous n'êtes que la plume.

La politique vous amène quelquefois aussi des embarras. Je n'admets pas qu'un Instituteur ne soit pas républicain. Il ne vous est pas demandé de crier sur les toits : « Je suis républicain ! » Il ne vous est pas demandé non plus de parler politique dans toutes vos conversations ; mais si, devant vous, on attaquait l'idée républicaine, il faudrait avoir le courage de la défendre.

(*Procès-verbal d'une Conférence pédagogique, pour les instituteurs du Canton de Vailly, 14 novembre 1887, manuscrit.*)

Et voici le sujet proposé en 1905 aux Candidats du Certificat d'Aptitude Pédagogique dans le département de la Haute-Loire : « Il est recommandé aux Instituteurs, d'une part de se dégager des incidents de la vie politique quotidienne et locale, et d'autre part d'enseigner la République et la démocratie. Leur est-il possible de suivre cette double direction ? Pourquoi et comment [1] ? » *L'épreuve, de l'aveu de la Commission d'examen, a été très faible, ce qui, sur un tel sujet, n'est guère surprenant ! Pourtant, la défense républicaine va tellement de soi qu'elle paraît extérieure à l'engagement politique. Une institutrice vendéenne, qui par ailleurs se déclare hostile à l'engagement syndical comme aux « jeux » de la politique, raconte sereinement :*

— Nous nous retrouvions chaque dimanche chez Monsieur le Président du Comité Républicain, Délégué cantonal ; l'hiver, pour de bonnes parties de cartes ; l'été dans le jardin pour le jeu de boules, quand nous n'allions pas tous ensemble dans un village ou dans un autre, dans des familles d'élèves ou, au moment des élections, chez quelques citoyens peu sûrs pour le succès de la gauche et qu'on essayait d'entraîner avec soi. Et nous donnions notre concours pour les préparatifs de la campagne électorale. Dans nos réunions intimes et amicales, nous procédions ensemble à la rédaction des professions de foi, à la formation des listes électorales, à la correspondance. Et ensuite c'était à l'école que les efforts se conjuguaient pour aménager la salle de conférences faites par les candidats de la gauche, dans une des salles de classe où les

1. A.N., F17 12202.

électeurs venaient assez nombreux toujours, car ils s'y sentaient chez eux...

(*Mlle R.*, 1889, Vendée.)

Comme les cartes, ou le jeu de boules, les préparatifs électoraux sont donc l'occasion d'une fête touchante — l'école elle-même devient dans ce récit un cadre intimiste —, et les efforts déployés pour les candidats de la gauche ne révèlent rien d'autre qu'un esprit de famille bien compris. Et, de fait, si l'attachement à la République a dans la pensée des instituteurs ce caractère flou, innocent et indiscutable — senti comme une atmosphère morale plus que comme un choix politique précis —, c'est aussi qu'en ce domaine les instituteurs sont des héritiers, qui se réfèrent durablement aux modèles qui leur ont été inculqués. Le modèle paternel, d'abord : il n'est question que de faire comme son père ; et, quand on s'estime plus avancé que lui, on accorde que c'est grâce à lui, et de toutes manières dans la même ligne (souvent, pour les institutrices, le modèle du mari se substitue à celui du père). Le modèle social, voire même géographique, d'autre part : être rouge contre les blancs est une question de naissance. Né dans un pays de tradition protestante, comment n'être pas républicain ? Et quand on est de Carmaux, né d'un père artisan cordonnier et membre de la section socialiste — « celle de Jaurès » —, lorsqu'on a, enfant, connu l'atmosphère et l'enthousiasme des réunions à Carmaux, lorsque avec les « jeunes socialistes » on a accompagné Jaurès dans ses tournées électorales, comment ne pas attendre du socialisme la réalisation de la société idéale ? Enfin, le modèle de l'Ecole Normale vient, soit combler un vide politique, soit renforcer l'influence familiale. Un parfum d'enfance et de tradition imprègne donc ces récits ; les relations de la Commune et de la guerre de 1870, les pèlerinages au Mur des Fédérés, l'Exposition de 1889, les premiers 14 Juillet, les veillées chez le voisin qui a fait les colonies, les suppléments illustrés du Petit Journal, *l'enterrement de Victor Hugo, l'agitation autour de l'affaire Dreyfus, la visite du Tsar et de la Tsarine, les chansons ouvrières ou anticléricales, tout cela constitue une toile de fond historique de légendaire, une réserve émotionnelle où s'enracinent les engagements politiques. Adossés à cette tradition, comment les instituteurs n'en tireraient-ils pas une sereine sécurité ?*

— Je ne parlerai, à cet égard, que des tendances et des options de mon père, et seulement, bien sûr, dans la mesure où j'en suis informé. Dire ce que furent ses idées et ses options, c'est révéler du même coup les miennes propres, car je n'ai jamais trahi mon modèle. Lui, cependant, fut plus ardent que moi ; il avait l'étoffe, l'information, la conviction, la fougue d'un militant. Jamais pourtant il ne se montra sectaire. Dans le milieu campagnard où s'écoula sa vie, c'était avec prudence qu'au hasard de rencontres, à la mairie ou aux champs, il lui arrivait de commenter les événements, d'expliquer les réformes et de les justifier...

(*R. J.*, 1889, Manche.)

— Mon père était un fervent républicain. La répression après la Commune lui valut un petit séjour au Cherche-Midi. Il tenait M. Thiers en peu d'estime. Plus tard il se détacha de la politique. Je crois que quelques personnages à double face l'avaient bien désillusionné. Il me promenait souvent le dimanche et m'emmenait quelquefois au Père Lachaise au Mur des Fédérés. Il me parlait gravement et j'étais pénétrée de l'importance de ses paroles sans bien les comprendre, car à ce moment-là j'étais encore très jeune.

Mon enfance a été marquée par l' « Affaire ». Quel émoi dans mon faubourg quand Déroulède essaya de détourner de son devoir le général... (le nom m'échappe), qui commandait le régiment cantonné à la caserne rue de Reuilly. Quel défilé de la Bastille à la Nation ! Les drapeaux rouges, que je n'avais jamais vus et cette foule hurlante me terrifièrent plutôt, bien que je fisse la brave. Le sentiment d'une monstrueuse injustice me pénétrait..., mais je trouvais bien amusant de coller sur les murs des papillons : vive Dreyfus ! à bas l'armée !

(*Mlle C.*, 1888, Seine.)

— Garde forestier du Comte de Larochefoucauld-Bayers, possesseur de vastes domaines forestiers de la région [*il s'agit de l'Aude*], mon père fut chassé par l'un de ses intendants pour avoir seul osé voter pour Gambetta et pour la République dans une commune sous l'entière dépendance du comte : à cette époque, il fallait avoir du cran pour oser s'affirmer républicain. Accompagné de ma mère et de ses trois jeunes enfants dont j'étais l'aîné, mon père, dépourvu de toutes ressources, vint se réfugier en 1875 à M., toujours dans le canton d'Axat. Il nous mit d'abord à l'abri, vers le centre de ce village de 750 habitants, moyennant un loyer minime, dans une petite maison à cheminée fumeuse, à chevrons noircis, à vieille table branlante et à chaises dépaillées. Puis un prêt de 2 000 francs de mon oncle, percepteur à Limoux, permit à mon père d'entreprendre un bien modeste commerce de tissus et de confections ; ses débuts furent pénibles, et la famille vit la misère de près. Pourvu du certificat d'études primaires — chose assez rare alors —, mon père, intelligent, énergique et d'une probité absolue, bien que de santé délicate, réussit, après un grand nombre de courageux efforts, à étendre son commerce aux bois et charbons, à élargir son rayon d'action et à acquérir une modeste aisance et quelque notoriété ; notre situation devint dès lors acceptable. Mon père n'a jamais cessé de proclamer hautement, en toute circonstance, sa foi républicaine...

Né catholique, j'ai été, dès le début de mon adolescence, non pratiquant et libre penseur. Il y avait, à ce sujet, une raison majeure : *La Semaine religieuse,* bulletin officiel de l'évêché de l'Aude, avait publié contre mon père, ardent républicain, un article fielleux ; puis l'Evêque avait ordonné aux 14 curés de mon canton de prêcher en chaire contre « cet ours d'un nouveau genre qui parcourt les campagnes et auquel ses enfants devraient manger le foie ». C'était dur, ... car mon père était l'ours et j'étais le fils...

(*A. B.*, 1872, Aude.)

— J'étais d'autant plus avec les « rouges » contre les « blancs » que les persécutions religieuses avaient sévi dans mon pays natal [St-Agrève, Ardèche], qu'en 1745 encore un pasteur avait été enlevé la nuit, emmené à Montpellier et pendu. Des paysans ardéchois, qui tentaient de le délivrer, avaient été massacrés. J'étais pour la Grande Révolution — dont l'histoire me passionnait — contre les rois, contre toutes les formes d'oppression, contre Rome surtout, pour qui j'ai gardé une solide aversion.

« Rouge » j'étais né, « rouge » je suis resté en politique. D'abord avec les radicaux, ceux évidemment qui défendaient la laïcité, la paix, les réformes sociales. Car il y avait aussi alors — comme toujours —, les arrivistes, pour qui la politique n'était qu'un moyen. Ensuite, avec les socialistes, quand j'ai connu *L'Humanité,* Jaurès, Vaillant, Sembat, Léon Blum, Francis de Pressensé, etc.

(*L. B.*, 1882, Ardèche.)

— Mon père était ouvrier maçon et ma mère ménagère, originaires tous les deux de la partie la plus pauvre du Limousin [...].

Pendant l'été 1897, les maçons lyonnais décidèrent une grève pour obtenir des conditions de travail moins périlleuses : garde-fou aux échafaudages, diamètre des cordages, épaisseur des écoperches, etc. Sans oublier, bien sûr, une augmentation des salaires. Ce fut une « belle grève », elle dura trois mois. On n'avait jamais vu ça à Lyon depuis les émeutes des canuts de 1831-1833. Depuis que l'armée française avait effacé la honte de 70 par le massacre de 25 000 Communards en mai 1871, le mouvement ouvrier français était resté comme assommé.

... Il y avait — hélas ! — des « jaunes », qu'alors on appelait renégats ou renards. La chasse aux renards s'organisa. La police fit respecter la « liberté du travail » (quel euphémisme ! et de quels salauds !). Il y eut des bagarres entre agents et grévistes. La police fit une perquisition chez moi à la recherche d'armes prohibées, qui n'étaient autres que des manches de pioche !

Ma mère profita du repos forcé de mon père pour aller faire un tour au pays avec ses trois garçons. J'avais alors six ans et demi. On me fit chanter partout la chanson de la grève :

Chanson de la grève
des maçons lyonnais (été 1897)
(sur l'air des Pioupious d'Auvergne)

En tirant le glaive
Les entrepreneurs
Font naître la grève
En vrais affameurs
Montrant à nos maîtres
Que l'on est des gars
Amis plus de traîtres
Ni de renégats

[Refrain]

Y a trop longtemps à la fin que ça dure
C'est trop de revers
Pendant les hivers
Puisque nous chômons au temps de la froidure
Il faut s'insurger
Car nous devons toujours manger

Ils ont l'impudence
Messieurs nos patrons
Ils ont l'insolence
Comme des barons
Mais notre énergie
Les rendra plus doux
Car leur bourgeoisie
A besoin de nous

Oui c'est dérisoire
Ce que nous gagnons
La misère est noire

Chez nos compagnons
Dans notre demeure
Nous voulons demain
Mettre un peu de beurre
Dessus notre pain

Le patron se gave
Sans plus de façon
Il traite en esclave
L'ouvrier maçon
Etc...

Pendant ce voyage en Corrèze, les deux vers — « Car leur bourgeoisie a besoin de nous » — avaient le plus grand succès et étaient suivis d'applaudissements impatients d'éclater avant la fin de la chanson.

Mon père garda longtemps cette chanson dans son calepin. Chaque fois que j'avais l'occasion, je la relisais. Elle était toute coupée aux plis et il en tombait ordinairement de la poussière de chaux. [...] A noter que, vers 1900, il y avait de nombreux chanteurs des rues, et que tout le monde chantait, pourvu qu'on ait un peu d'oreille et un filet de voix... Encore une chanson des rues, sur l'air de « Marchande de Marée », de La Fille de Madame Angot.

La loi de séparation

D'amour O ! République
Nous serions pénétrés
Si tu chassais la clique
Infâme des curés
Nos sacoches sont lasses
De se vider pour eux
Aussi noirs et rapaces
Qu'avares et crasseux

[Refrain]

Plus d'Eglise
De sœurs grises
De moines et de curés
Sœurs et prêtres
Que ces êtres
Du budget soient retirés

Je voudrais voir ces crânes
Noirs et blancs, tonsurés,
Abandonner soutanes
Et beaux salons dorés
Pour saisir la charrue
La faulx ou le râteau
Le câble et la grue
La lime ou le marteau

Ah ! si tu leur supprimes
La solde à ces corbeaux
Se posant en victimes
Ils perdront leurs airs beaux
Et leurs grosses bedaines
Aux florissants contours
Car toutes les semaines
Ils jeûneront trois jours

S'il vous survient un moine
Ne le recevez pas
Soit qu'il s'appelle Antoine
Anselme ou Barabas
Il aurait le cœur lisse
Et comme le serpent
Qui dans les fleurs se glisse
Vous mordrait sûrement

Envoyons donc au diable
Tous ces ensoutanés
Fuyons leurs tabernacles
Par eux seuls profanés
Quand ils n'auront personne
Pour les ouïr mentir
Et leur faire l'aumône
Vous les verrez partir.

(*H. A.*, 1890, Rhône.)

Pendant plus de dix ans — de 5 à plus de 15 ans —, j'ai passé toutes mes grandes vacances à Vennecy, chez de braves paysans, amis politiques de mon père. J'ai été fortement influencé par la femme de l'un d'eux (ancien ouvrier boulanger précédemment condamné pour faits de grève et à qui, je crois, mon père avait pu faire rendre ses droits civiques). Elle me gâtait comme une grand'mère et me raisonnait comme un petit homme. Elle s'est chargée de mon éducation antireligieuse. Avec elle, je suivais dans *La Petite République*, le journal le plus avancé de l'époque, les péripéties de l'Affaire Dreyfus. Tous les noms des protagonistes, Du Paty de Clam, Esterhazy, Mercier, m'étaient familiers.

Mon père avait une véritable vénération pour les Communards. A mon premier voyage à Paris, il m'a conduit au Mur des Fédérés : j'avais 16 ans...

(*M. B.*, 1889, Loiret.)

— L'annonce qu'une exposition universelle devait avoir lieu en 1889 avait suscité chez les enfants une grande curiosité, et le Champ de Mars où elle devait avoir lieu était devenu le but de bien des promenades. Nous étions nombreux à aller jusque-là pour essayer de voir, à travers les palissades des clôtures, les progrès de la construction de la Tour Eiffel dont nous entendions tant parler ! Après l'ouverture de cette exposition, il y eut des visites sous la conduite de nos maîtres et nous étions émerveillés. La grande Salle des Machines nous impressionnait : on y voyait imprimer des journaux, des livres et des images ; on y voyait fabriquer du pain, des croissants (on nous en offrait même !), de la bière... etc. Et tant de machines qui tournaient en ronflant ! Que de merveilles pour des yeux d'enfants des faubourgs !

Et, le 14 juillet ! On avait reconstitué la Bastille ! Et non seulement on pouvait alors se faire une idée exacte de cette prison-forteresse autrement que par des gravures, mais on assistait à l'évasion de Latude, à la prise de la Bastille avec de vrais « sans-culottes », et des piques et des canons, et des cris, et des chants ! Et le maître qui était là pour répondre à nos questions !

Autre souvenir : en 1885, j'ai été le témoin de la stupeur et de la peine qui ont frappé des gens de toutes conditions autour de moi, quand a été connue la mort de Victor Hugo. Ce fut aussi l'occasion pour beaucoup d'instituteurs de parler du poète et de lire à leurs élèves certains de ses poèmes. Le jour des obsèques nationales, avec mon père et mon frère aîné, nous sommes allés de bonne heure nous poster le long des grilles du Jardin du Luxembourg, juste dans l'axe de la rue Soufflot, pour assister à l'arrivée du cortège funèbre au Panthéon. Je revois encore l'immense foule massée, attendant depuis les premières heures du jour, hommes, femmes, enfants, jeunes et vieux, silencieux, recueillis, pour rendre leur dernier hommage au grand homme que beaucoup d'entre eux ne connaissaient et ne connurent peut-être jamais que de nom ! Tous cependant avaient le cœur en deuil..., et moi, j'étais sans voix et je pleurais.

Bien que très jeune à cette époque, j'entendais souvent parler de la République, et de ses adversaires. Il y avait des boulangistes, et des cléricaux. Et, dans le quartier, les réunions électorales, dans le préau de l'Ecole de Garçons que je fréquentais, étaient parfois bruyantes ! Il m'est arrivé, avec quelques autres polissons de mon âge, curieux et trouvant le spectacle parfois « rigolo », de grimper aux fenêtres, pour voir et écouter. Une fois, il s'agissait d'élections législatives : le candidat républicain était le conseiller municipal du quartier, le Docteur Navarre ; il parlait et tout paraissait calme. Mais soudain, son adversaire, le Docteur Paulin Méry entra dans le préau avec quelques-uns de ses partisans ; eux étaient des boulangistes avérés, et les choses se gâtèrent vite. La discussion devint violente et l'auditoire houleux ; sur l'estrade, les deux adversaires semblaient près de se colleter quand le deuxième nommé sortit de sa poche un revolver. La foule se mit à hurler : les bancs du préau devinrent des projectiles. Je n'ai pas vu la suite, car nous avons en vitesse abandonné notre observatoire et fui à toutes jambes.

En 1892, j'eus une grande joie. La ville de Lille célébra le centenaire du siège mémorable de 1792. Mon grand-père avait décrété que son anniversaire serait célébré en même temps que la grande fête, et que tous ses enfants et petits-enfants devaient y assister. Comme la Compagnie des Chemins de Fer du Nord organisait des trains spéciaux à prix très réduits, mes parents, et nous, les enfants, nous pûmes entreprendre le voyage. Là-bas, tout fut préparé avec enthousiasme pour que la fête réussisse, et je peux affirmer qu'il n'était guère possible de faire mieux. Ce fut non seulement la commémoration du siège et la glorification des héroïques Lillois de l'époque, mais en même temps la fête de la République et celle de l'école laïque. Des quêteurs et des quêteuses se démenaient sur le parcours du splendide cortège historique (précédé des deux « géants » patrons de Lille, Lydéric et Phinaert) pour alimenter le « Sou de l'Ecole Laïque », dont mon oncle avait été le fondateur. Cet oncle était naturellement un des organisateurs de la fête, et mon grand-père, malgré son grand âge, faisait preuve d'un bel enthousiasme. Comment n'aurais-je pas été frappé par ces manifestations ? J'entendrai, jusqu'à mon dernier souffle, la population entière applaudissant et chantant l'hymne composé pour la circonstance par un poète-chansonnier lillois, et dont le refrain contenait ces mots : « Quatre-vingt-neuf a fait éclore la République et son soleil ; les fils de la France meurtrie, alors debout, tous ont lutté. Ils ont vécu pour la Patrie, ils sont morts pour la Liberté ! »

(*A. P.*, 1877, Seine.)

[A l'école Primaire Supérieure de St-Lô] nous avions la chance d'avoir comme cuisinière-chef la mère d'un des professeurs, une vraie grand'mère pour nous [...]. Pendant ma 3e année, cette gentille dame m'avait demandé de l'aider à faire ses comptes d'économat le soir : alors elle m'a mise (en cachette) tout à fait au courant de l'affaire Dreyfus et je faisais part de mes connaissances aux compagnes de ma promotion. Nous étions toutes de vraies « dreyfusardes ». Déjà, à Versainville, j'avais compris que mon maître était dreyfusard, mais j'étais trop jeune pour bien comprendre. Pendant cette année 1898-1899, nous avons envoyé deux colis à l'Ile du Diable. Heureusement que la Directrice n'en savait rien : c'était une action bien *osée* de la part de jeunes filles de 16 ans, à cette époque-là.

(*Mme B.*, 1883, Calvados.)

L'optimisme pédagogique

L'assurance que donne la découverte d'une généalogie républicaine, le prestige des souvenirs d'enfance, les vertus du mot républicain suffisent-ils à expliquer l'absence de tout tragique dans ces confidences politiques ? La prise de conscience de l'injustice, pourtant, peut y être douloureuse : c'est le cas pour l'affaire Dreyfus. Mais cet exemple est précisément de nature à asseoir davantage le conformisme républicain : la République en sort plus éclatante, et ses adversaires seuls discrédités. En revanche, ni l'exploitation coloniale, ni l'inégalité sociale, ni la politique internationale ne suscitent un vrai sursaut. Pendant ce temps, pourtant, l'Etat républicain réprime des grèves ouvrières, se lance à la conquête du Maroc, s'allie au « gendarme de l'Europe ». Et très rares sont les instituteurs — même quand par ailleurs ils se donnent pour socialistes et pacifistes — qui s'en disent scandalisés.

Mais c'est que, prolongeant la lecture du passé, le pari sur l'avenir est résolument optimiste. Puisque, grâce au gouvernement républicain, les choses, si médiocres soient-elles, vont mieux qu'avant — c'est l'exemple inlas-

sable de l'instruction populaire qui soutient cette appréciation — elles doivent normalement s'améliorer encore. Nulle trace de convulsion dans cette vision de l'histoire ; ce ne sont jamais les désastres qui accouchent des progrès ; ceux-ci naissent toujours des efforts patients des hommes : tenace déduction qui évoque l'histoire des Lumières, et jamais celle de Marx. Ce n'est pas forcer la description que de voir dans cette histoire d'un « développement » le fruit de l'exercice professionnel. Faire ce métier c'est croire que les hommes sont éducables ; que l'accumulation, jour après jour, de menus progrès est globalement efficace ; que tous les progrès — moraux, politiques, sociaux — donnent nécessairement la main à ceux de l'instruction ; que la volonté des hommes ne fait jamais sécession par rapport à l'intelligence. C'est la pratique professionnelle qui sécrète le réformisme. C'est elle qui suggère que la réforme qui commande toutes les autres est celle de l'entendement : quand surgissent donc des cas litigieux, propres à ruiner le crédit républicain, c'est du développement des Lumières qu'est attendu un heureux dénouement.

Affaire d'éducation, on s'en doute, que la politique coloniale : point sur lequel la bonne conscience républicaine — aidée il est vrai par les souvenirs des manuels, les récits des parents, les images du Petit Journal *illustré — est entière ; non que les conquêtes coloniales n'aient suscité quelques inquiétudes chez les instituteurs. Mais ne s'agit-il pas d'instruire ? Ceux qui songent à demander un poste aux colonies les décrivent comme un immense champ d'action ouvert à la griserie d'enseigner. Comparaison qui s'impose à des spécialistes de l'enfance. Les colonisés ne forment-ils pas des peuples-enfants ? Il n'est question que de leur faire vivement franchir les étapes que la France a mis des siècles à parcourir. Evoquant la colonisation de l'Algérie, un manuel d'histoire d'Ecole Normale donne pour mission à la France d'accomplir ce qu'en quatre siècles d'occupation les Romains n'avaient pu faire. Avec quelles recettes ? la naturalisation des Européens non français, puis des Berbères ; la transformation de la propriété collective des tribus en propriété individuelle ; et, surtout, la multiplication d'écoles attachées à assurer le triomphe de la langue française. Ce programme ira-t-il sans trace de violence ? Sans doute pas ; mais la caution enseignante exclut toute critique globale : il ne pourra s'agir que des bavures qu'entraîne inévitablement un système éducatif.*

— Je n'avais pas d'opinion ferme sur la politique coloniale. Je la jugeais pourtant utile pour le développement de l'influence française près des peuples arriérés. Mon ami G., receveur buraliste à Gennes, ancien adjudant de l'infanterie coloniale, me parlait avec enthousiasme de son séjour à Toulon, du père Granpierre qui faisait aimer la France, et des efforts faits pour améliorer la condition des indigènes. Mais il ne se gênait pas cependant pour critiquer certains administrateurs pour qui la colonie était surtout un fromage. Mon beau-frère, adjudant de Tirailleurs algériens, ne m'a rien dit qui soit une source de reproches pour nous (sauf quand il faisait manger du porc aux Arabes et le leur disait ensuite : une farce qu'il eût mieux fait de ne pas leur faire !). J'estimais, et je crois encore, que nous faisions beaucoup pour les indigènes : routes, écoles, hôpitaux...

(*P. O.*, 1882, Maine-et-Loire.)

— Suite de l'éducation reçue dans la famille et à l'école, je me passionnais, tout comme mes petits camarades, pour les exploits de nos grands colonisateurs. Les pages illustrées du *Petit Journal*, les leçons de notre instituteur qui, avec sa baguette, nous faisait suivre sur la carte la route de ces intrépides : le sergent Bobillot au Tonkin, le sergent Blandas en Algérie, le caporal Lavayssière à Sidi-Brahim, Savorgnan de Brazza et Makoko, tout cela nous enthousiasmait.

(*F. J.*, 1888, Meurthe-et-Moselle.)

— Nos livres d'histoire, du Certificat d'Etudes au Brevet Supérieur, nous présentaient la conquête de l'Empire colonial comme une des plus belles œuvres de la IIIe République. Quelquefois, un professeur d'histoire nous disait bien : quel sera l'avenir de nos colonies ? mais on ne s'appesantissait guère là-dessus.

(*E. A.*, 1885, Dordogne.)

— Quant aux conquêtes coloniales, en général, ceux avec qui j'en avais échangé quelques propos considéraient que les peuples ainsi soumis à notre autorité n'auraient qu'à y gagner : on les sortirait de leur état sauvage, on les instruirait. J'en étais convaincue moi même...

(*Mme C.*, 1881, Hautes-Pyrénées.)

De même, c'est la foi dans les bienfaits de l'éducation qui tend à escamoter les conflits de classe au sein de la société républicaine. L'école laïque, en effet, fait, au moins en droit, voisiner sur les mêmes bancs les enfants de toute origine, riches et pauvres, ouvriers et bourgeois. Le classement scolaire a la singulière vertu de redresser les hiérarchies : l'enfant mal vêtu qui triomphe le jour de la distribution des prix, image usée et touchante de la mythologie laïque, est vraiment au cœur de cette sensibilité. C'est que le seul malheur insurmontable au pauvre, c'es l'ignorance ; ou plutôt, c'était, puisque la République l'a vaincue. Et c'est aussi que les maîtres de la IIIe République croient à la contagion de leur classement : en généralisant l'instruction, on l'imposera à la place des autres hiérarchies, et on viendra à bout des discriminations sociales. Celles-ci, du reste, ne peuvent résister à de bonnes recettes ; à ces aménagements que la République suggère elle-même et qu'il ne s'agit que de faire connaître : l'association, la mutualité, l'épargne, la coopération. Mises en œuvre par une pédagogie avisée, ces sages institutions sociales dues à la République ne donnent-elles pas au mot « socialisme » son contenu le plus intelligible ?

— A quoi doit-on cette amélioration du sort des travailleurs ? On la doit à l'attitude qu'a prise le travailleur lui-même, attitude qui lui a été en quelque sorte conseillée par les pouvoirs publics, qui ont compris qu'il était nécessaire d'améliorer la condition de l'ouvrier, et qui lui ont accordé la faculté de se syndiquer, de former des syndicats professionnels.

Oui, ce n'est que par l'association que l'ouvrier arrivera à obtenir les améliorations désirables. L'idéal est là. Que l'ouvrier soit son propre maître et reçoive tout le profit de son travail sans le partager avec personne, que l'instrument de travail soit mis à sa disposition et que chacun profite de ce qu'il fait. Encore une fois, ce n'est que par l'association que l'ouvrier arrivera à un résultat appréciable ; isolé, il ne peut rien. Ainsi groupez-vous...

(*A. F.*, Manuscrit, 1907.)

— L'enfant qui apporte son sou à la Caisse d'Epargne est prévoyant. Plus tard, le jeune homme, l'ouvrier qui fréquente le même établissement est prévoyant ; il aura besoin de ses économies quand il partira au régiment, quand il voudra s'établir ; il pourra être obligé de chômer, il pourra être victime d'un accident, d'une maladie. Ces questions de prévoyance et de mutualité sont aujourd'hui de plus en plus appréciées ; et je pense qu'un grand pas serait fait dans cette voie si l'on parvenait à y intéresser les enfants.

(*Ibid*, 1904.)

— On peut remarquer avec une certaine satisfaction que, de nos jours, la société prend des habitudes de prévoyance et d'épargne. On a compris que les associations (secours mutuels) peuvent rendre de nombreux services. Depuis une vingtaine d'années, depuis que le gouvernement de la République est solidement assis, les questions sociales ont fait beaucoup de progrès ; on a voulu améliorer le sort des travailleurs ; on a mis à la portée de tout le monde des institutions capables de faire fructifier les petites économies (caisses d'épargne). Par la caisse des retraites, on a même voulu assurer la tranquillité de chacun pour les vieux jours...

Je pense que les efforts faits par le gouvernement et les pouvoirs publics ont été compris. L'initiative privée s'y est associée et les sociétés de prévoyance deviennent de plus en plus nombreuses.

Toutes les assurances impliquent des idées moralisatrices et fécondes de prévoyance et d'épargne. Les assurances sur la vie sont à ce point de vue doublement caractéristiques : elles nous obligent à un effort continu, elles nous obligent à faire la part de l'imprévu, à songer à notre destinée ici-bas, avec tous les aléas qu'elle comporte.

Si elles sont contractées au profit d'autrui, elles entretiennent les sentiments généreux, et elles rendent plus rares les mouvements d'égoïsme qui sont si naturels aux hommes.

Aussi, les personnes qui disposent de capitaux modestes — petits fonctionnaires ou employés, cultivateurs, ouvriers, devraient plus que d'autres recourir aux assurances sur la vie, dont les avantages sont incontestables. De plus, elles empêchent l'augmentation de la dépense. C'est une économie obligatoire. Je sais bien qu'il y a aussi la Caisse d'Epargne, mais on peut avoir la tentation de reprendre ce qu'on y a déposé. Tandis qu'on fera tout pour assurer le paiement de la prime d'assurance.

L'assurance pourrait donc être considérée comme le commencement de la sagesse. Assurons-nous donc jeunes encore, nous y aurons tout avantage...

(*Ibid*, 1900.)

Le conformisme de cette morale républicaine est mêlé si intimement à l'enseignement de l'école qu'il n'est que très rarement perçu. C'est cinquante ans après, écrivant à notre intention ses souvenirs, qu'une institutrice avoue le découvrir dans son ampleur; et apercevoir du même coup, avec un étonnement tout neuf, la responsabilité de l'école dans sa constitution.

— Pendant toute mon enfance, ma jeunesse et jusqu'en 1922, j'ai lu à la maison *Le Lyon Républicain,* d'abord, puis *Le Progrès de Lyon.* Ces journaux représentaient l'opinion de mes parents et la mienne pendant longtemps. Il me semble avoir été très patriote pendant la guerre, très choquée par les mutineries de 1917 et les écrits de ceux qui mettaient en doute les thèses officielles et réclamaient la fin de la guerre à tout prix ; très choquée aussi par le pacifisme des ouvriers de la région de Montceau dont on disait qu'ils étaient « les plus mauvais soldats de France ». Ma génération avait été élevée dans les souvenirs de 1870 et la pensée d'une revanche nécessaire. Toutes les chansons qu'on entendait lors des réjouissances familiales dans nos campagnes comportaient un couplet sur l'Alsace-Lorraine ; on chantait en classe les chants de Déroulède, on récitait des textes patriotiques. De même aux distributions de prix.

Le syndicalisme ouvrier nous paraissait un danger et les ouvriers syndiqués des gens peu estimables dont il convenait de se méfier. Je crois que l'origine terrienne de mes parents et la grève de 1900 à Montceau-les-Mines étaient responsables de cet état d'esprit. Les ouvriers de Montceau sont pour la plupart — ou du moins étaient, car les mineurs sont aujourd'hui dans leur majorité des Polonais, des Algériens et autres étrangers — venus des campagnes à vingt ou trente kilomètres à la ronde et, par conséquent pour des campagnards comme des transfuges, des sans-terre, des traîne-misère..., dont les syndicats apparaissaient un peu comme des bandes capables de tout. C'était l'opinion de mon grand-père, de mes grands-oncles et vieux cousins vers 1900 ; opinion qui a paru trouver confirmation lors de la grande grève de 1900 qui a duré je crois au moins trois mois ; les mineurs à bout de ressources, et ne voulant pas céder, se sont répandus dans les campagnes et se sont emparés de pommes de terre, légumes, volailles, etc. Et les gendarmes qui se rendaient à Montceau pour maintenir l'ordre racontaient des choses terrifiantes. Traversant Montceau à ce moment-là pour aller en vacances chez mes grands-parents (j'avais 7 ans), j'avais été moi-même bouleversée par le spectacle d'un enterrement dont le cercueil était couvert d'un drapeau rouge et dont le cortège hurlait l'Internationale. Cependant que toutes les portes et les volets étaient clos.

Notre état d'esprit a changé, je crois, à partir du moment où sont rentrés les soldats de la guerre 14-18, qui n'étaient plus ce qu'ils étaient au départ. Une chose me vient à l'esprit ; ce conformisme tranquille dans lequel nous vivions, mes parents et moi, jusqu'en 1918, je crois qu'il était en grande partie l'œuvre de l'Ecole primaire sous la Troisième République jusqu'à cette date. Nos manuels d'histoire nous avaient inculqué l'idée qu'après le mauvais gouvernement des rois, la Révolution de 1789, les erreurs du Premier Empire, de la Restauration et du Second Empire, la IIIe République nous avait enfin apporté le gouvernement idéal avec lequel nous marchions de progrès en progrès. La question sociale n'était pas posée.

(*Mme F.*, 1893, Saône-et-Loire.)

C'est enfin, et une fois de plus, l'assurance pédagogique qui, à l'intérieur de cette pensée, rend moins aigu qu'on ne l'a dit le conflit qui devrait dresser l'un contre l'autre le pacifisme et le patriotisme. Plus que d'autres, ce problème s'entoure d'une imagerie déformante. Car en 1914, toute la presse de droite crie au miracle : il y avait un corps d'instituteurs défaitistes, pacifistes, dont les congrès retentissaient d'Internationales agressives ; il y a maintenant des héros qui se lancent à l'assaut des lignes ennemies à la tête de leurs sections. Et, comme ce sont les mêmes hommes, il faut croire à un sursaut collectif, à une grâce de la guerre : tout un groupe social se ressaisit, comme se retrouve cette classe ouvrière qui a pourtant puisé à l'Ecole laïque ses représentations et ses motifs d'agir. Dans la presse de gauche, certes, on déclare dans le même temps n'avoir jamais douté de cet élan patriotique ; mais avec une insistance triomphante qui suggère, même là, une trace de surprise. Dans l'automne 1914 et l'hiver 1915, les journaux pédagogiques sont pleins de constats allègres : l'Ecole a gagné son procès, écrit Th. Steeg ; et au portrait que traçaient d'eux leurs adversaires, les instituteurs ont répliqué par un argument irréfutable : ils se sont fait tuer. N'est-ce pas avouer qu'on avait cédé, un temps au moins, à la logique du portrait conservateur ? Montant de tous les horizons, ces cris révèlent en tout cas l'étonnement à trouver réconciliées deux images tenues pour discordantes.

Or, il n'y a pas, chez les instituteurs qui font le point de leur attitude politique, conscience qu'il y ait deux images. Il est vrai pourtant qu'il ne s'agit plus de la première génération d'instituteurs de la République, dont le patriotisme jacobin est sans lézarde. Les fusils de bois des bataillons scolaires — relégués depuis l'affaire Boulanger dans le placard aux fournitures — sont désormais des accessoires désuets, dont s'étonnent parfois les jeunes instituteurs occupés à l'inventaire du matériel scolaire. Et le temps a fait son œuvre, en décolorant l'imagerie revancharde. Tel fils d'instituteur décrit avec surprise l'enseignement que donnait son propre père :

— La Revanche, il la croyait nécessaire ; il exaltait dans son enseignement la Patrie, la France reine du monde, les devoirs du soldat... Les récitations ? les morceaux de Déroulède, le Clairon par exemple. Les chants ? tous les chants de soldat pour les écoles, particulièrement ceux qui exaltaient le sacrifice des troupes, leur désespoir de la défaite. La lecture ? les actes d'héroïsme, Bara, Viala, La Tour d'Auvergne... Et, encore, en morale et en instruction civique, la gloire de la France, premier pays du monde par son intelligence, son art, son esprit de sacrifice, etc.

(*P. A.*, 1888, Manche.)

Tel autre distingue deux époques dans sa propre pensée :

En ce qui concerne la Revanche, ma génération a passé par deux phases : la phase sentimentale, revancharde celle-là. Enfants, on nous faisait lire « Tu seras soldat », de Lavisse. Plus tard ce fut Barrès, au sujet duquel je crois devoir faire remarquer que, Président de la Ligue des Patriotes, il a oublié de s'engager en 1914.

Puis, une phase de résignation, qui pourrait se résumer à peu près dans cette formule : est-il bien nécessaire d'engager une guerre pour reprendre l'Alsace-Lorraine ? d'autant plus que certaines manifestations alsaciennes me faisaient réfléchir...

(*F. J.*, 1886, Côtes-du-Nord.)

La nouvelle vague d'instituteurs est donc consciente de ce qui la sépare de la première. Elle a appris à souhaiter la fin de toutes les guerres. C'est ce pacifisme que la presse hostile aux instituteurs laïques transforme, à l'occasion des congrès syndicaux — tel celui de Chambéry en 1912 —, en antimilitarisme, voire en antipatriotisme. Et, pourtant, ces hommes ne cessent de se sentir patriotes. En voici deux exemples frappants. C'est d'abord un jeune instituteur, réprimandé pour avoir milité contre la loi de 3 ans :

— A vingt ans, pourvu d'un poste, j'ai recueilli sur une feuille de pétition les signatures de la presque totalité des élèves-maîtres de l'Ecole Normale et d'un professeur, contre le projet de loi de 3 ans, et participé à une manifestation contre les retraites militaires. Ce qui m'a valu de comparaître devant le Conseil Départemental, qui m'infligea la censure, la plus lourde des peines avant la révocation (toutes les voix contre moi — y compris celles des Inspecteurs —, sauf celles des représentants du personnel).

Le réquisitoire de l'Inspecteur d'Académie me présenta comme un dangereux antimilitariste ayant abusé de la confiance des signataires. Je protestai avec énergie, déclarant : 1° que j'avais agi en toute franchise devant le professeur qui avait signé ; 2° que j'étais un patriote, partisan de l'Armée Nouvelle de Jaurès, et ayant passé avec succès mon Brevet d'Aptitude Militaire. En vain.

(*H. J.*, 1892, Aube.)

Et cet autre, pacifiste convaincu, adhérent du parti socialiste guesdiste dès 1903, pionnier du syndicat de la Loire en 1911, qui déclare être parti sans joie pour la guerre, où il voyait l'affrontement des capitalismes ; inscrit au Carnet B, il se réjouit pourtant que Malvy n'ait pas tenu compte de cette inscription et n'ait pas renoncé à le traiter comme « bon patriote » et « bon Français ». Pas plus que lui, les instituteurs n'ont conscience d'avoir à tenir péniblement joints un pacifisme et un patriotisme aux exigences contradictoires. Bien au contraire, elles leur paraissent se soutenir mutuellement.

Comment est-ce possible ? C'est que, aux yeux des insti-

tuteurs, toute politique mise en œuvre par la France républicaine est nécessairement édifiante. On peut le vérifier sur l'exemple de l'Alsace-Lorraine, si propre à démasquer les flottements de cette idéologie. Le patriotisme exclut l'indifférence à l'égard des Alsaciens-Lorrains. Le pacifisme exclut la guerre de revanche. Force est donc de chercher des solutions dans la voie étroite ainsi définie. Il y a d'abord le cas où la guerre serait imposée à la France par un agresseur : elle entrerait alors sans faiblir dans la guerre du Droit et donnerait au monde la leçon d'une nation guerrière malgré elle, doublement héroïque par conséquent ; et, par surcroît, dans le droit-fil de sa tradition : les héros que, dans le même temps, les manuels d'histoire présentent avec prédilection aux petits Français, sont ces généraux contraints des guerres de la Révolution — Hoche, Marceau, Kléber, Desaix —, dont la bravoure n'est suspecte d'aucune complaisance pour la guerre.

Il y a aussi le cas où la France parviendrait à imposer la solution inventive d'un Etat alsacien neutre : renoncement volontaire qui, plus encore sans doute, instruirait les nations. Cette utopie pédagogique, entretenue par les journaux spécialisés, lève tout embarras :

— Bien que d'ascendance maternelle alsacienne, je ne souhaitais pas la guerre pour reprendre l'Alsace. En effet, ma grand-mère maternelle, très pieuse, disait ses prières en patois alsacien, lequel ressemblait fort, comme prononciation, à l'allemand. Aussi j'estimais que l'Alsace aurait dû être un pays de transition entre la France et l'Allemagne, et je n'étais pas loin de penser qu'il vaudrait peut-être mieux faire de l'Alsace un Etat-tampon neutre, séparant l'Allemagne de la France, pour peu qu'on nous rende le pays de Metz...

(*M. B.*, 1888, Loire-Inférieure.)

L'espoir d'un règlement pacifique, joint à une protestation de bravoure guerrière — s'il le fallait —, tel est aussi le sens du grand article de F. Buisson dans le Manuel général *de mai 1905, qui tente de définir ce que doit être le Patriotisme à l'Ecole Primaire :*

— Est-ce à dire que nous avons le droit de leur imposer [à nos fils] comme devoir strict la formule qui la première nous est apparue, celle de la reprise à main armée ? Avons-nous le droit d'enfermer indéfiniment les nouvelles générations dans la forme de réparation qui a été pour la nôtre une sorte de mot d'ordre sacré et de consigne d'honneur ? Hélas, cette réparation, des milliers d'entre nous sont morts sans l'avoir vue. Comment nous permettre d'ordonner catégoriquement à ceux qui nous suivent, sous peine d'être de mauvais Français, ce que nous-même n'avons pu faire ? De quel droit leur défendre d'avance d'envisager les autres solutions que l'avenir peut tenir en réserve ? Le monde marche, et si le droit est éternel et imprescriptible, il n'est pas dit que la seule voie par où il puisse triompher soit nécessairement celle qui s'ouvrirait par une recrudescence du carnage.

L'école primaire, tout au moins, n'a ni à enseigner ni à prêcher un mode précis de revanche à main armée. Elle enseignera, elle inspirera l'obligation absolue pour le jeune Français d'accepter le sacrifice que lui commandera son pays, fût-ce celui de sa vie. Mais elle doit lui laisser l'espoir que la France pourra encore être le soldat du droit. Peut-être les moyens auront-ils été changés ; les victoires ne se mesureront plus sans doute au nombre des morts et des blessés, des modes nouveaux de réparation et de compensation, de conciliation raisonnée et mutuellement consentie pourront intervenir [...].

Quoi qu'il en soit, l'école aura rempli sa mission si elle fait de tout jeune Français un patriote au sens de la Révolution, c'est-à-dire un homme de raison et de conscience qui, même soldat, se souviendra qu'il est citoyen, qui, au régiment ou sur le champ de bataille ne se laissera dépasser par personne en fidélité, en discipline, en héroïsme, mais qui, tout en faisant la guerre quand il le faudra, revendiquera le droit, une fois rentré dans ses foyers, de la maudire et de travailler de tout son pouvoir à faire disparaître cette atroce survivance de la barbarie...

Lire de tels textes, c'est se prémunir contre la « surprise » de 1914. Dans l'automne et l'hiver qui suivent la déclaration de guerre, les journaux pédagogiques s'emplissent d'articles qui décrivent la guerre comme le prolongement de 1792 et la France comme le champion du droit et de l'indépendance des nations ; mais c'est loin d'être un thème nouveau. Les années précédentes, quand ils évoquaient la guerre, c'était pour dire que la seule guerre concevable pour la France était celle-là, précisément : la dernière guerre livrée à l'injustice, la guerre à la guerre, exemplaire et définitive. Tout ce que les Alliés ont charge d'abattre, l'Ecole l'avait par avance combattu, *écrit, dans une formule éloquente, le* Manuel Général. *Et, de même, montrer — comme le font si complaisamment les journaux pédagogiques — l'instituteur dans le soldat n'est pas difficile à une pensée qui montrait déjà le soldat dans l'instituteur. Ce que l'instituteur fait de plus clair, à la guerre, c'est prendre sa revanche sur le maître d'école prussien, dont chacun sait depuis 1870 que Sadowa est la victoire. Revanche toute pédagogique, par conséquent ; et la guerre elle-même, à lire ces articles, semble n'être qu'un cas particulier de cette compétition studieuse ouverte depuis près de cinquante ans entre l'enseignement allemand et l'enseignement français.*

Si la République est l'éducatrice des nations, c'est que la cause de la France républicaine s'identifie toujours, et sans effort particulier, à celle de l'humanité. Le sentiment de cette consubstantialité n'est jamais sérieusement mis en cause par les instituteurs. Sans le liant qu'il met dans leur pensée politique, celle-ci sans doute se déferait. Mais il est, jusqu'en 1914, assez fort pour éviter qu'elle ne vole en éclats.

7

UN CATÉCHISME RÉPUBLICAIN

Voici l'instituteur d'une commune du Loir-et-Cher, qui compte 167 habitants. Il y est nommé en 1899 — il a tout juste trente ans —, il s'y fixe jusqu'en 1910. Comme souvent, il ajoute mille métiers à celui d'enseigner : secrétaire de mairie, écrivain public des illettrés, conseiller agricole. De plus, il organise pendant 10 ans un cycle de conférences populaires. Remarquées, puisqu'elles lui valent de nombreuses distinctions. Remarquables aussi par plus d'un trait, car il a tenu le journal de bord de ses conférences sous forme de cahiers de préparation, que nous avons pu retrouver, et qui contiennent des renseignements précieux : le sujet des conférences et leur canevas, leur date (elles ont lieu l'hiver et l'instituteur libère son public quand s'allongent les jours), la mention des personnes présentes (d'une assiduité à faire aujourd'hui pâlir d'envie tout animateur politique ou culturel : pendant 10 ans, sur les 167 habitants de la commune — dont il faudrait du reste soustraire les enfants —, il s'en trouve toujours de 60 à 90 pour aller écouter l'instituteur !). Ces petits cahiers comportent aussi la liste des textes utilisés — l'instituteur emprunte souvent à ses journaux favoris, La Lanterne, Le Progrès, Le Rappel, *et à un livre qui est sa Bible,* L'Ecole du Citoyen *de son*

Inspecteur d'Académie R. Périé —, celle des photographies dont les projections égaient la soirée ; bientôt même, car d'année en année la partie récréative s'étend, celle des auditions phonographiques où deux Marseillaises *encadrent* Andalousie *(tyrolienne),* Je t'aime *(solo de piston),* L'Année Terrible *(V. Hugo, Déclamation).*

De cahier en cahier, on voit se former un enseignement plus explicite que celui du manuel scolaire et de la classe, puisqu'il s'adresse à des adultes, plus urgent aussi : dans cette éducation tardive, il s'agit de combler à la hâte les lacunes d'un savoir qui, pour la plupart des auditeurs, n'a pu être constitué par l'école laïque. L'instituteur y révèle donc ce qu'à ses yeux doivent, pour vivre au début de ce siècle, savoir les adultes ruraux ; il leur dispense des conseils d'hygiène — la tuberculose, l'alcoolisme, l'alimentation lactée des nourrissons font l'objet de causeries — ; il les arrache à l'horizon communal en les faisant, grâce aux projections, voyager : à Paris, bien entendu, mais aussi aux colonies et jusqu'en Chine. Enfin, surtout, il cherche, contre la paresse, le journal habituel, le prêtre, à leur donner une éducation civique. C'est un catéchisme républicain — l'auteur lui-même affectionne cette expression — que récitent, avec une cohérence extrême, ces petits cahiers.

L'école est la maison de tous

Mesdames, Messieurs,

Voici encore une fois revenue la saison d'hiver, amenant avec elle les longues nuits et par conséquent les longues veillées.

Je vous ferai cette année la proposition que je vous ai déjà faite les années précédentes : si vous le voulez bien, nous allumerons de temps en temps le dimanche la lampe de l'école et nous passerons ensemble quelques soirées.

Nous sommes maintenant d'anciennes connaissances, cela me fait me reporter par la pensée à trois ans en arrière, c'est-à-dire à l'époque où j'ai commencé à faire des conférences publiques. J'étais débutant parmi vous, je ne vous connaissais pas, je me demandais : ces conférences, ces réunions à l'école serontelles suivies ? trouvera-t-on parmi la population de cette commune quelques personnes décidées à se rendre régulièrement à ces réunions et à agir par là sur les hésitants, sur les indécis ?

Mais je me disais : nous serons à l'école, c'est-à-dire chez nous tous, car vous savez, Messieurs et Mesdames, que ces conférences et les cours d'adultes sont pour ainsi dire la continuation de l'école, et vous n'ignorez pas non plus que nous autres à l'Ecole laïque nous recevons tout le monde : le riche comme le pauvre, le petit comme le grand. Tous sont les bienvenus. Tous ont droit aux mêmes égards. J'espérais, et mon espoir n'a pas été déçu.

Il s'est trouvé un noyau de personnes qui ont bien voulu assister régulièrement à nos soirées du dimanche ; il s'est trouvé une certaine quantité d'amis de l'Ecole à qui je viens demander de faire cet hiver comme ils ont fait les hivers précédents. Je me permettrai même de leur demander davantage ; qu'ils recrutent chacun un adhérent pour nos soirées, qu'ils amènent, celui-ci un membre de sa famille, celui-là un ami. Ainsi que vous le savez, tous seront les bienvenus.

Cette année, je vais apporter une amélioration à l'organisation de nos conférences ; chacune de nos réunions aura, pour ainsi dire, sa partie récréative, ainsi que vous pourrez en juger dès ce soir.

Quant à moi je n'ai pas changé et vous savez tous ce que je suis, partisan acharné de la marche en avant, ami du progrès et de la science, ennemi irréconciliable de la routine et des préjugés de toutes sortes ; je ferai tout mon possible pour vous être agréable. Si je puis y arriver, je serai satisfait ; c'est la récompense que je sollicite.

L'instruction pour tous

Nous, à l'école laïque, nous appelons tous les enfants, tous les jeunes gens, tous les citoyens sans distinction d'opinion ni de religion : le catholique, le protestant, l'israélite, tous sont les bienvenus chez nous.

Nous les appelons — et je tiens à vous faire remarquer ceci —, non pas pour leur imposer des idées qui sont les nôtres. Nous ne disons jamais : « Croyez-nous sur parole » ; mais nous disons : « Réfléchissez avec nous, examinez, raisonnez et jugez, cherchons ensemble le meilleur moyen de bien penser et de bien agir, d'éviter les erreurs passées et de ne pas retomber dans l'ancien esclavage. »

[...] Oui, ne pas retomber dans l'ancien esclavage. Voilà ce qu'a voulu la 3e République en mettant l'éducation du peuple entre les mains de laïques, c'est-à-dire du peuple lui-même ; car nous autres instituteurs, nous sommes de votre sang, nous avons les mêmes désirs et les mêmes intérêts que vous.

En orientant l'enseignement primaire dans cette voie et en le rendant obligatoire, la 3e République, vous le savez, a trouvé beaucoup de détracteurs. Je n'insisterai pas sur ce point. Il me suffira de vous rappeler cette phrase significative d'un des adversaires de l'école obligatoire : « Si tout le monde apprend à lire, qui donc labourera nos champs et nous fournira du pain ? » Si je reviens aujourd'hui sur cette question c'est pour vous dire que tous ces adversaires qui luttent contre l'enseignement laïque depuis 20 ans n'ont pas désarmé. Il en est même qui, dans le courant de cette année, ont fait à ce propos un aveu qui mérite d'être retenu. Je ne veux pas ici faire de personnalité, mais je vous dirai qu'un homme — qui ne doit pas être un ami de l'école si l'on s'en rapporte à ses paroles — a dit, et écrit, que selon lui la première des grandes réformes à faire en France était la suppression du budget de l'Instruction Publique, c'est-à-dire la fermeture de toutes les écoles de l'Etat.

Ne pensez pas que je parle ici par intérêt personnel. Je vous avouerais que si, demain, toutes les écoles étaient fermées, je me trouverais peut-être embarrassé, mais ce n'est pas cette raison qui me fait parler ainsi. C'est pour vous faire voir qu'il y a toujours des gens qui sont disposés à demander le retour de leur « bon vieux temps ».

Dans l'intérêt de nous tous, dans l'intérêt du peuple français tout entier, souhaitons que les électeurs républicains soient assez clairvoyants pour ne pas envoyer au Parlement les hommes qui ont de semblables idées.

Quant à nous, qui avons des vues diamétralement opposées à celles de ces gens-là, ne désarmons pas non plus, unissons-nous pour continuer le bon combat, le combat qui a pour but, par l'école obligatoire, de donner de plus en plus d'instruction aux enfants du peuple et au peuple lui-même et, par suite, de lui donner plus de force, plus de puissance ; qui a pour but de lui permettre de soutenir de plus en plus énergiquement le vrai régime républicain, celui qui a pour mission d'établir le règne de la vérité par la science, de la justice par la bonté et de la liberté pour tous les hommes.

Que chacun, dans sa sphère, fasse tout son possible pour s'éclairer de plus en plus ; plus on est éclairé et plus on exige de lumière, et nous, peuple, c'est la lumière qui nous a permis de nous émanciper et qui nous empêchera de retomber dans les erreurs passées.

Même les filles

Avant de passer à la deuxième partie de ma conférence, je voudrais vous dire deux mots d'une question qui a défrayé pendant quelques jours, jusqu'à un certain point, les conversations. J'aime à parler franchement. Il s'agit des cours d'adultes pour jeunes filles que j'ai ouvert le 9 décembre, après avoir pris l'avis de mon chef. J'ai été surpris de voir des personnes hostiles ; cela me fait penser avec peine que la routine et la superstition sont encore fortement enracinées dans notre pays. Dès que l'on touche aux vieilles habitudes, la critique se fait vivement sentir ; cela ne peut que renforcer les arguments que je vous donnais l'autre jour quand je vous disais que le rôle de l'instituteur est bien ingrat, qu'il est souvent critiqué ; mais cela ne nous arrêtera pas.

Les personnes qui trouvent à redire à l'établissement de ce cours d'adultes croient voir là la cause de désordres qui pourraient se produire. A ceux-là je ne répondrai qu'un mot. Si au lieu d'appeler les jeunes filles deux fois par semestre à l'école, on les appelait six fois dans le bâtiment d'à côté, tout irait pour le mieux dans le meilleur des mondes possible.

Je constate avec plaisir que parmi la jeunesse de la commune, il n'y a pas — pardonnez l'expression — ce qu'on pourrait appeler de sujets vicieux. Je ne crois pas que la fréquentation du cours d'adultes puisse les transformer. Je ne me fais pas d'illusion et je me rends bien compte que l'école ne guérirait pas non plus ceux que l'on appellerait des sujets vicieux.

D'ailleurs, vous le savez aussi bien que moi, vous avez sans doute eu des exemples sous les yeux, ceux qui ont une passion quelconque à satisfaire n'ont pas besoin de sortir de chez eux. Vous excuserez cette petite digression qui n'était pas dans le programme de la conférence, mais je tenais à demander à ceux qui les observent encore de se séparer des vieux préjugés et des vieilles routines.

On y apprend l'histoire du peuple

Je viens vous proposer de revoir avec vous en plusieurs soirées, en plusieurs causeries, dans le courant de cet hiver, l'histoire de notre pays, je ne veux pas dire l'histoire des rois, des empereurs, des généraux, des guerres et des traités de paix, mais bien l'histoire du peuple de France, de ce pauvre peuple, de nos ancêtres qui pendant des siècles entiers ont travaillé, sué, souffert, lutté.

Leurs souffrances ont duré bien longtemps, trop longtemps, mais un jour est arrivé où ils ont vaincu leurs oppresseurs, où ils ont obtenu cette liberté qu'ils nous ont transmise. Je suppose que ce résultat obtenu par eux vaut bien la peine qu'on étudie leur misérable existence...

... qui permet de juger les rois

Dans notre dernière conférence, nous avons examiné la situation de la société française au Moyen Age. Nous avons vu combien le sort de nos pères était misérable.

Je ne pense pas aller trop loin en disant que, dans notre for intérieur, s'est produit un sentiment de colère à l'égard de tous les oppresseurs de nos ancêtres. Je ne veux pas dire que nous avons haï tous ces privilégiés, car ils sont morts et nous n'avons qu'à respecter leurs cendres, mais nous nous sommes fait une mauvaise opinion de ces prêtres, de ces nobles qui seuls profitaient du travail du pauvre paysan.

Au début ils ont rendu des services. L'Eglise a consolé le peuple, la noblesse l'a protégé ; mais, une fois leur domination solidement établie, noblesse et clergé sont devenus non seulement inutiles, mais malfaisants.

Nous allons examiner maintenant ce qu'a fait le roi, pour empêcher tous les abus ; nous allons étudier quelle a été l'œuvre de la royauté jusqu'à la Révolution libératrice.

Après avoir, comme nous l'avons vu, réprimé les brigandages des seigneurs, dominé et soumis tous ces seigneurs, le roi est devenu tout-puissant, il peut tout, excepté vouloir. Il laisse faire ses ministres. Impuissant pour le bien, il n'est resté tout-puissant que pour le mal.

... et l'Eglise

Comme l'histoire est une source d'enseignements, il est tout naturel de rechercher quelles sont les indications que nous pourrions retirer de cette question de l'Eglise dans notre pays.

1° L'Eglise s'est maintenue et a puisé sa force dans l'ignorance et dans la crédulité du peuple.

2° Elle a de tout temps cherché à s'enrichir et à dominer en exploitant les sentiments de terreur relatifs à la mort et à ses suites.

3° Elle a toujours été l'ennemie de la Science, qui nous invite à la discussion et à la recherche des preuves.

4° Elle a été la cause de bien des luttes.

5° Elle a bien souvent été une cause de discorde dans les familles, dans les communes, dans le pays entier.

Je m'en tiendrai là, à la vérité historique, laissant à chacun la liberté de penser, de choisir, de se décider librement dans sa manière de voir et de faire.

... d'admirer la Grande Révolution

Nous allons nous entretenir aujourd'hui d'une époque qui se rapproche de la nôtre, qui est pour ainsi dire tout dans l'histoire de notre pays, puisque c'est à elle que nous devons tout ce que nous avons : je veux parler de la Révolution de 1789.

Nous nous occuperons aussi d'une période de recul, d'une malheureuse période de réaction qui a suivi la Révolution et qui l'a empêchée pendant un certain temps de porter ses fruits : je veux parler du Premier Empire.

[...] Nous allons essayer de comparer un peu ces deux régimes qui se sont succédé dans l'espace de 25 ans. Après avoir librement comparé ces deux régimes, après avoir vu leur histoire telle qu'elle doit être vue, nous pourrons tirer une conclusion ; nous accorderons nos sympathies à celui des deux qui nous aura plu davantage, à celui qui a rendu le plus de services à notre pays.

Je crois dès maintenant, et je pense ne pas me tromper, que votre choix, comme le mien, s'arrêtera sur la Révolution. Je suppose donc que, dès maintenant, votre choix est fait, votre jugement est établi ; mais, si, pour une cause ou pour une autre, nous pouvions arriver à établir sur des faits plus solides encore, si c'est possible, l'opinion que vous vous formez ; si nous arrivions, en la connaissant mieux, à aimer davantage cette Révolution, nous n'aurions pas perdu notre temps, ni le travail que je me serais imposé pour arriver à ce résultat.

Je pense ne surprendre personne ici en déclarant que moi, enfant du peuple comme vous tous, je suis un admirateur de cette Révolution qui a tout fait pour la classe à laquelle nous appartenons.

Partisan résolu des principes ineffaçables contenus dans la Déclaration des Droits de l'Homme et du Citoyen, je ferai tout mon possible pour arriver à les faire connaître, ces principes devant former le catéchisme de tout républicain.

Il est de toute nécessité aujourd'hui que le gros de l'armée, c'est-à-dire le peuple, la nation, s'éclaire afin de ne pas se laisser endormir, de ne pas piétiner sur place, car, comme dit le proverbe : « qui n'avance pas recule ».

Ceci dit, abordons notre sujet. [...]

Ce que j'ai essayé de faire, c'est de vous faire comprendre que notre grande Révolution était non seulement juste et inévitable, mais nécessaire et morale, que c'est à elle que nous devons tout puisque, avant 1789, nos pères n'étaient absolument rien.

Si j'ai pu réussir à atteindre le but que je m'étais proposé ; si j'ai pu, je ne dirai pas vous intéresser c'est trop prétentieux, mais si j'ai réussi à ne pas trop vous ennuyer, je serai satisfait et je penserai avoir rempli mon devoir d'instituteur, mon devoir de fonctionnaire républicain.

[...] On ne saurait trop le répéter, c'est en voyant les fautes commises par les générations qui nous ont précédés, c'est en profitant de l'exemple que nous donne l'histoire que nous arriverons à devenir plus forts, que nous apprendrons à ne plus nous laisser glisser sur cette pente qui, plusieurs fois dans le cours de ce siècle, nous a fait de beaucoup reculer.

C'est à nous, c'est au peuple français de nous montrer ce que nous devons être, de résister à nos adversaires déclarés aussi bien qu'à ceux qui agissent en dessous, c'est-à-dire avec hypocrisie, afin que le XXe siècle qui va commencer dans quelques jours ne soit pas le témoin des erreurs qui se sont produites plusieurs fois dans le cours du XIXe siècle.

... et son héritière, la IIIe République

La Troisième République, le gouvernement actuel, date du 4 septembre 1870. C'est elle qui a terminé la guerre entre la France et l'Allemagne, dans laquelle notre pays a été lancé d'un cœur léger, par des hommes incapables et insouciants. Sa première préoccupation, une fois la guerre terminée et la paix signée fut de remplir les conditions imposées par le traité de Francfort (paiement de l'indemnité de 5 milliards). Une fois définitivement installée, la République va se mettre au travail et faire des réformes reconnues nécessaires par la majorité des Français. Elle a fait de grands efforts pour rendre les lois plus justes, et pour que les charges soient également réparties entre tous les citoyens, elle a surtout cherché à améliorer le sort du peuple, de l'ouvrier, de ce qu'on a l'habitude d'appeler le petit.

... de tirer des défaites des leçons profitables

L'histoire, nous dit-on partout, est une source d'enseignements et de conseils. On pourrait peut-être tirer une leçon des faits que nous venons de parcourir [les origines de la guerre de 1870]. Nous pourrions en conclure ceci : jamais on ne doit abandonner les destinées d'un pays aux mains d'un seul homme, fût-il le plus intelligent et le plus capable des hommes.

Pour en arriver là, surveillons-nous, ne nous laissons pas fasciner par l'éclat brillant d'un sabre, ni par les paroles et les belles promesses d'un prétendant ou plébiscitaire quelconque ; car nous pourrions revoir un 18 brumaire ou un 2 décembre et nous savons ce que les régimes produits par ces deux journées nous ont coûté. Unissons-nous et soutenons de toutes nos forces le drapeau républicain.

... d'admirer Pasteur, Marcelin Berthelot, Baudin

J'ai pensé qu'il est de mon devoir, comme instituteur de la République, de vous dire quelques mots d'une question qui est toute d'actualité. Aujourd'hui même a dû avoir lieu, à Paris, en présence des membres du gouvernement, des bureaux de la Chambre, et d'une délégation de députés, vieux républicains, l'inauguration d'un monument élevé à la mémoire d'Alphonse Baudin, représentant du peuple français, tué le 3 décembre 1851 sur la barricade du faubourg St-Antoine, en défendant la loi, le droit et la liberté, qui étaient violés par le prince Louis Bonaparte, celui que V. Hugo a appelé Napoléon Le Petit, ou encore l'homme de Sedan.

J'ai donc pensé qu'il était de mon devoir de vous faire connaître dans quelles circonstances est tombé cet homme, cette victime du crime ou plutôt de la série des crimes que vous connaissez tous sous le nom de coup d'Etat du 2 décembre 1851, par quoi Bonaparte, président de la République, traître à son serment, étouffa, foula aux pieds la loi qu'il avait juré d'observer et de défendre.

Si je me suis décidé à vous parler aujourd'hui de ces faits, c'est qu'ils sont d'actualité. Le mouvement de réaction qui s'est produit en 1851 sous le nom de bonapartisme s'est renouvelé depuis, changeant de nom il est vrai, mais quant au fond toujours le même. C'est en 1889 le boulangisme, et en 1899, il reparaît avec un nouveau nom encore : le nationalisme.

Quelles conclusions en tirer ? C'est que nous, républicains, nous devons aujourd'hui encore nous tenir en garde contre ce mouvement rétrograde qui ne manquerait pas de profiter de nos moindres défaillances pour nous écraser.

... Victor Hugo

[V. H.] fut le poète des faibles, des enfants, des pauvres. Toujours il a pris la défense des faibles contre les forts, des opprimés contre les oppresseurs. Il a été l'ami des pauvres jusqu'à sa dernière heure, et c'est sur sa demande que son corps fut placé sur un corbillard de dernière classe.

[...] Il faut lire, mais ne vous attachez pas à la lecture de ces interminables et stupides romans-feuilletons que votre journal quotidien vous fournit tous les jours au nombre de deux ou trois.

Dans ces romans, il n'est question que de passions, de situations plus ou moins embrouillées, de crimes ; en un mot, la plus large place y est réservée aux études des instincts bas et vils de l'homme.

[...] Au lieu de lire vos feuilletons, lisez les œuvres de l'homme que l'on va fêter prochainement, lisez V. Hugo. Ne vous effrayez pas de la forme de son style : beaucoup de ses œuvres peuvent être lues avec fruit par tout le monde. Nous avons ici, dans la bibliothèque, un certain nombre d'ouvrages de V. Hugo qui sont entièrement à votre disposition. Parmi ceux dont je vous recommande particulièrement la lecture :

Dernier jour d'un condamné,
Les Misérables,
Les Châtiments,
L'Année Terrible,
Les Travailleurs de la Mer,
Quatre-vingt-treize,
Histoire d'un Crime,
Napoléon Le Petit.

Essayez-en, goûtez-en et vous verrez que, vite, vous serez habitués avec V. Hugo. Je dirai plus : non seulement vous lirez ses œuvres, mais vous les *relirez ;* si je vous parle ainsi, c'est que cette chose m'arrive à moi-même en ce moment.

Encore une fois, lisez V. Hugo ; ce sera un moyen d'honorer sa mémoire en même temps qu'un moyen de bien vous rendre compte de toute l'importance de vos devoirs de citoyens, de tous les devoirs des républicains.

On y apprend aussi à vivre, à bien lire le journal

Un journal très répandu — comme je parle à vous tous, qui êtes des démocrates, je dirai un journal trop répandu — publie chaque semaine un supplément illustré. Dans la semaine qui a précédé le 1er janvier, ce journal a servi à ses lecteurs, à la 8e page de son supplément, une caricature ayant pour titre : « Réception du jour de l'an au Ministère de la Marine. »

Je dois vous dire en passant que ce journal est un adversaire du gouvernement actuel, sans doute parce que celui-ci est réellement républicain ; parmi les membres du gouvernement, il a particulièrement en horreur le ministre de la Marine.

Aussi la feuille en question nous représente-t-elle Monsieur Pelletan, debout, presque chancelant, baissant la tête et comme fasciné par le regard hautain de 6 ou 7 amiraux qui l'entourent.

Quel effet a voulu produire sur ses abonnés l'auteur de cette caricature ? Je l'ignore et ne veux pas le rechercher.

Tout cela est très bien, mais un point gâte l'aventure. C'est qu'il n'y a eu aucune réception au Ministère de la

Marine à l'occasion du 1er janvier. Ainsi donc, à l'aide d'un faux, ce journal cherche à donner à ses lecteurs mal renseignés une drôle d'idée de nos gouvernants.

Tout journal respectueux de ses lecteurs se serait empressé de réparer cette gaffe par un démenti formel ; j'ai tout lieu de supposer que le journal en question n'a pas soufflé mot de cette bassesse ; il a d'ailleurs à son actif des mensonges et des fausses nouvelles non démentis d'une importance bien plus grande que celle-là.

... à voter,

Dans un pays libre, dans une démocratie comme notre République française, le pouvoir est entre les mains de tous les citoyens.

Chacun de nous a le droit de prendre sa part à l'administration du pays par le bulletin de vote ; je dirai plus : chacun de nous a le devoir d'y prendre part.

Dans aucun cas, nous ne devons laisser échapper une seule des occasions qui nous sont offertes, nous devons user du suffrage universel que nos pères ont mis tant d'années à conquérir, puisqu'il date seulement de 1848. En un mot, nous ne devons jamais nous désintéresser des affaires publiques.

... à prévoir l'avenir,

Vous trouverez peut-être, que, souvent, j'aborde le sujet des retraites ouvrières, car nous avons déjà parlé deux fois de la Mutualité. Mais je voudrais vous donner une idée du fonctionnement de la Caisse des Retraites. Vous avez vu partout, chez les Percepteurs, aux bureaux de poste, une affiche bleue.

En ce moment où il est tant question de retraite, nous ne pouvons nous en désintéresser. Il serait beau le jour où on pourrait dire que tout le monde, tous les travailleurs, tous les ouvriers qui sont souvent empêchés de faire des économies par la médiocrité de leur salaire auront du pain assuré pour leurs vieux jours, pour le moment où leurs forces ne leur permettront plus de travailler.

En attendant, chacun peut, au moyen de versements en rapport avec ses facultés, se constituer une retraite pour le moment où il aura besoin de se reposer.

... à s'associer,

Dans le courant du XIXe siècle, l'évolution ouvrière se fait sentir ; toujours les ouvriers ont représenté le parti républicain et ont été soutenus par les chefs de ce parti.

Malheureusement, on a eu à déplorer des émeutes en 1831 à Lyon, en 1832 à Paris, puis en 1834 : peu de résultats pour les ouvriers qui demandent à vivre en travaillant ou à mourir en combattant. En 1848, une insurrection ouvrière eut lieu à Paris après la brusque dissolution des ateliers nationaux où les travailleurs étaient enrégimentés pendant une crise de chômage. Depuis, petit à petit, par suite de l'établissement du suffrage universel, des améliorations ont été apportées au sort des ouvriers.

J'ai la conviction que la progression du mouvement ouvrier doit continuer. De plus, je pense que les diverses catégories de travailleurs n'auront que les améliorations qu'ils sauront et voudront se procurer eux-mêmes.

Ces améliorations ne seront conquises que par l'union, bien entendue et intelligemment conduite. Depuis 1789, la situation du travailleur s'est trouvée améliorée. Mais elle est restée misérable, pendant longtemps encore : longues journées d'un travail fatigant, nourriture médiocre et insuffisante, tel était son sort jusqu'à ces années dernières, maintenant encore pour certains.

De nos jours, l'amélioration se poursuit, bien lentement encore. A quoi doit-on cette amélioration ? A l'attitude qu'a prise le travailleur lui-même, attitude qui lui a été en quelque sorte conseillée par les pouvoirs publics, qui ont compris qu'il était nécessaire d'améliorer la condition de l'ouvrier, et qui lui ont accordé la faculté de se grouper, de former des syndicats professionnels.

Oui, ce n'est que par l'association que l'ouvrier arrivera à obtenir des améliorations désirables. Oui, l'idéal est là. Que l'ouvrier soit son propre maître, et reçoive tout le profit de son travail sans le partager avec quiconque...

... à surveiller les progrès de l'égalité.

Remédier à l'inégalité sociale n'est qu'un rêve, une idée qui a germé dans le cerveau de quelques hommes.

Depuis longtemps, les partis avancés de nos assemblées demandaient une amélioration.

Tout le monde a reconnu que cette amélioration était indispensable, puisque les Chambres ont voté en 1905 une loi que j'appellerai un premier palliatif à l'inégalité sociale[1].

1. L'année 1905 voit le vote de deux importantes lois sociales : l'une étend à tous les ouvriers le régime de retraites établi en 1894 pour les mineurs ; l'autre complète et améliore la loi votée en 1898 sur les accidents du travail.

Ce n'est pas à titre officiel que je vous en parle, c'est en ma simple qualité de citoyen, d'instituteur, que je veux donner une idée de cette loi...

On y apprend les textes sacrés de la République

Mesdames, Messieurs,

Je me propose de vous entretenir aujourd'hui de la Déclaration des droits de l'homme et du citoyen votée par l'Assemblée Nationale Constituante dans les séances des 20, 21, 23 et 24 août 1789, et définitivement adoptée le 2 octobre 1789.

La Déclaration des Droits de l'Homme ! Voilà un nom que tout le monde connaît. Mais, le plus souvent, on connaît le nom sans connaître la chose. Et cependant la chose est importante, car cette déclaration forme la base de notre organisation politique actuelle (quoi qu'en disent certains *bons Français* parmi lesquels je citerai les chefs des émeutiers bretons, puis ceux qui ont voulu faire les grévistes en matière d'impôts, et enfin ceux qui ont mené cette odieuse campagne contre les Caisses d'Epargne, faisant dupes de leurs dires les bons gogos qui ont bien voulu les écouter et qui ont retiré leurs économies d'un placement sûr).

Je dirai donc que la Déclaration des droits de l'homme est la base du régime actuel, que c'est, en un mot, notre évangile républicain.

C'est à ce point de vue que je me suis placé et que je me suis décidé à vous fournir ce soir quelques explications.

Les Français ne furent pas les premiers à rédiger une Déclaration des droits ; les Américains nous avaient devancés dans cette voie (rappeler les événements) Non seulement les Américains avaient leur Déclaration, mais elle était apprise par les citoyens ; depuis longtemps, elle était affichée et commentée dans toutes les écoles des Etats-Unis.

Le retard que nous avons mis sur ce point à imiter les Etats-Unis ne s'explique — depuis la 3e République surtout — que par une coupable indifférence. Désormais, cette lacune va être comblée et nous allons faire apprendre à nos enfants la proclamation qui ouvrit en France le règne de la Liberté et de l'Egalité.

Non seulement, nous la leur ferons apprendre, mais nous la leur ferons comprendre en leur fournissant toutes les explications nécessaires. Ce sera là leur catéchisme, le catéchisme républicain qu'ils seront à même de comprendre et de saisir dans tous ses détails ; car, ainsi que j'ai déjà eu l'occasion de vous le dire, nous autres, à l'école laïque, nous n'imposons pas notre manière de voir ; nous ne disons pas « Croyez-nous sur parole », sans fournir de preuves ; non, nous disons : « Recherchons ensemble la vérité et ne nous attachons, n'accordons notre confiance qu'à ce que nous comprenons parfaitement. »

Voici donc les conditions dans lesquelles sera lue, commentée et apprise la Déclaration dans les écoles de France.

Tout ceci s'est répandu dans toute la France à la suite de la décision prise par la Chambre des Députés le 28 mars 1901, demandant que la Déclaration des droits de l'homme et du citoyen soit affichée dans toutes les écoles de France.

C'est avec une certaine fierté que je vous dirai que nous, dans le département du Loir-et-Cher, nous n'avons pas attendu que le désir de la Chambre se soit manifesté ; sur l'initiative de notre Inspecteur d'Académie, la Déclaration avait été affichée dans toutes les écoles avant le mois de mai 1901.

J'irai même plus loin, la modestie dût-elle en souffrir ; je vous dirai maintenant que, dans notre petite école de R..., je n'avais attendu ni vote de la Chambre, ni ordre de mes chefs : antérieurement à tout cela, j'avais de ma propre initiative et sous ma responsabilité personnelle, copié et affiché cette Déclaration dans cette salle de classe.

Vous faire connaître ce fait, c'est vous dire quels sont les sentiments qui m'animent et quelles sont les opinions que je professe ; c'est vous dire quelle est l'orientation que je pense qu'il est bon de donner à l'instruction de nos enfants.

En même temps que nous leur indiquerons leurs devoirs, nous leur ferons également connaître leurs droits et nous leur apprendrons de qui ils les tiennent.

Ce qui nous importe surtout, c'est de faire une génération qui, plus tard sera l'ennemie irréconciliable des vieux préjugés et des superstitions absurdes, qui sera l'amie de la science, des découvertes nouvelles et de tous les progrès ; une génération qui comprenne son devoir et qui l'accomplisse parce que c'est le devoir, et non par crainte d'un châtiment ou par l'appât d'une récompense. Pour cela, nous avons à notre service l'histoire et la morale. La tâche est dure et ingrate, car nous avons à côté de nous des adversaires qui ne désarment pas, qui nous harcèlent par tous les moyens possibles.

Qu'est-ce que la morale ?

Les philosophes l'ont définie la « science du devoir », c'est-à-dire la science qui nous enseigne quels sont les devoirs que nous avons à remplir, envers nos parents, quand nous sommes enfants, puis plus tard, envers nos semblables, envers notre Patrie, envers la Société qui nous entoure, envers l'humanité tout entière et enfin envers cette force qui a créé tout ce qui existe, cette force que nous ne connaissons pas, que personne ne connaît et que nous appelons Dieu.

Vous allez peut-être vous trouver surpris d'entendre ce mot à l'école laïque, on vous a dit tant de fois que l'école laïque, l'école de la République est une école sans Dieu.

Eh bien ! n'en croyez rien, la meilleure preuve que je puisse vous en donner, c'est de vous dire que notre programme de morale contient un chapitre sur Dieu et sur les devoirs que nous avons à remplir envers lui.

Mais je serai franc, je ne vous dirai pas que nous considérons Dieu de la même façon que les membres du clergé qui, dans un but de commerce, tentent d'accaparer cette idée. Non, nous considérons Dieu comme une force inconnue et inconnue de tous, nous le considérons comme l'artiste qui a créé cette œuvre admirable qui nous entoure et que nous appelons la nature.

Et la métaphysique ?

La question que je veux aborder aujourd'hui, celle de l'évolution des mondes et de l'homme n'est pas ce qu'on peut appeler une question nouvelle ; cependant il faut arriver aux 17e, 18e et 19e siècles pour trouver des hommes, des savants qui se sont mis résolument à l'étude de ce délicat problème.

On y a toujours pensé, dans les temps anciens, au Moyen Age, pendant les Temps Modernes ; mais la raison de l'homme était tellement bâillonnée, l'Inquisition, si longtemps maîtresse, se montre si sévère pour les penseurs hardis que la question ne fit pas de progrès rapides.

Pendant longtemps, on s'est contenté de l'explication donnée par la ou plutôt les religions qui, toutes, veulent avoir raison, malgré les différences de doctrine qui les séparent.

La plupart des religions se fondent sur la révélation, c'est-à-dire que le dieu qu'elles adorent est apparu, à un certain moment, à un homme ou à plusieurs hommes pour leur expliquer les détails de la création.

D'après l'Ecriture Sainte, pour la religion chrétienne, Dieu serait apparu à Moïse et lui aurait révélé toutes sortes de choses inconnues alors. Or l'histoire nous prouve de façon à peu près certaine que Moïse n'a jamais entendu aucune révélation et qu'il a simplement consigné les idées qui avaient cours à l'époque où il vivait.

D'après la religion chrétienne, voici quelle serait l'explication de l'existence des mondes.

D'après la Bible, Dieu aurait créé avec rien tout ce qui existe : le Soleil, la Terre, les étoiles... etc. Sur la terre il aurait placé l'homme à l'état d'être adulte. Puis, afin de le distraire, un beau jour, pendant qu'Adam faisait un somme, il lui enleva une côte et avec ce simple morceau d'os, il fit la femme. Tous deux, ils devaient vivre éternellement au milieu des plaisirs et des délices du Paradis terrestre, à condition toutefois de ne pas s'écarter des recommandations qu'il leur avait faites, et surtout de ne pas toucher aux fruits d'un arbre : l'arbre de la Science du bien et du mal.

Mais Eve, curieuse comme beaucoup de ses semblables, ne put résister au désir de goûter le fameux fruit défendu. Elle alla plus loin, la coquine, elle entraîna Adam qui se laissa aller et imita sa compagne.

A partir de ce moment et à cause de ce larcin, ils furent chassés du Paradis terrestre, ils durent gagner leur vie à la sueur de leur front, Eve dut enfanter dans la douleur et ils furent condamnés à mourir.

Bien plus, afin de perpétuer le souvenir de leur désobéissance, le Père éternel décida que tous les descendants d'Adam et d'Eve porteraient en naissant la tache originelle qui ne pourrait être effacée que par le baptême. Tous les hommes sont donc rendus responsables d'un acte blâmable commis par l'un d'eux il y a des milliers d'années. Drôle de justice, n'est-il pas vrai ?

Cette explication de la création du monde ne nous satisfait pas pour peu que nous y réfléchissions. La Raison et la Science ne nous permettent pas d'accepter cette doctrine.

La Science nous démontre qu'il n'y a pas d'effet sans cause et que tout ce qui existe ou ce qui se fait ne peut provenir du néant. Il est admis que rien ne se perd, que rien ne se crée, mais que tout se transforme. A supposer que le dieu des chrétiens eût créé le monde, nous devons nous demander d'où il venait, lui, et qui l'avait produit ? S'il avait été créé auparavant, quel avait été son créateur. Nous sommes là en présence d'un problème qui ne peut être résolu. On nous objecte encore : il n'y a pas d'horloge sans horloger. C'est vrai, mais l'horloger trouve la matière première, il fabrique les pièces qui devront entrer dans la composition de son horloge, il les assemble, mais il n'en crée aucune.

Oh ! je sais bien que, lorsque nous en arrivons là, on répond, pour se débarrasser d'eux, à ceux qui veulent être trop curieux : c'est un mystère ! Nous ne pouvons nous contenter de cette réponse.

La Science nous donne une autre explication de la formation du monde. Ce n'est peut-être aussi qu'une vaste hypothèse, mais à l'encontre de l'autre, elle a l'avantage d'être soutenable et d'être conforme à la raison et aux observations que tout le monde peut faire dans la nature.

Cette explication scientifique repose sur des principes absolument certains ; 1° le corps des animaux, y compris l'homme, les végétaux et les minéraux sont formés de mêmes substances : carbone, oxygène, hydrogène, ou de composés de ces corps ; 2° tous les êtres, animaux ou végétaux, sont susceptibles d'amélioration ou de perfectionnement.

Nous sommes bien loin de l'explication de l'Eglise...

Il faut défendre l'Ecole contre ses ennemis

Pour le 7e hiver, nous reprenons nos soirées, nos veillées.

Au début de cette soirée, la première de cette saison, je reviendrai un peu en arrière pour examiner ce qui s'est passé depuis février dernier, c'est-à-dire depuis notre dernière conférence.

Je me permettrai d'attirer votre attention sur un point spécial, qui a fait couler des flots d'encre depuis quelques mois : la question du patriotisme et celle de l'école.

La lutte contre l'école laïque dure toujours, aussi violente que jamais. On a essayé de vous faire croire qu'à l'école laïque on n'est pas patriote, on a voulu vous représenter les instituteurs comme des ennemis du patriotisme.

Avant de vous donner mon opinion personnelle, je voudrais vous faire connaître celle d'un homme qui occupe une situation élevée dans l'Université (compléter par quelques lignes de Périé, *Bulletin de l'Instruction Primaire,* n° 73, déc. 1905). En ce qui me concerne, je vous dirai que je ne suis pas un braillard du patriotisme, mais un patriote sincère. Ce n'est pas une apologie que je veux faire, mais plutôt une mise au point.

... S'unir autour d'elle

Je vous dirai seulement que nous, instituteurs laïques et fonctionnaires de la République, nous ne cachons nullement notre jeu ; nous ferons tous nos efforts pour instruire vos enfants d'abord, puis pour en faire des hommes libres et des républicains.

Nous ne dirons pas, ni dans nos classes du jour ni dans nos cours d'adultes : il faut croire ceci et cela, nous n'imposerons pas notre manière de voir ; nous rechercherons avec nos élèves où est la vérité, quelle est la meilleure marche à suivre en nous appuyant surtout sur l'histoire.

Pour arriver à ce que nos élèves deviennent des citoyens absolument libres, les membres de l'enseignement ne sont plus tout seuls. De nombreux amis de l'école laïque se sont joints au personnel. Des sociétés se sont fondées dans les principales villes de France...

... la fréquenter assidûment

Cette soirée sera la dernière de la saison, les veillées commencent à diminuer et vous avez besoin de votre repos.

Ces cours et conférences ont reçu pendant cette saison un accueil au moins aussi favorable que les années précédentes puisque j'ai été à même de créer un 2ᵉ cours d'adultes qui a été suivi avec toute la régularité désirable.

Je ne saurais trop vous féliciter, jeunes filles et jeunes gens, de ne pas vous être laissés guider par les vieilles coutumes, les préjugés parfois si difficiles à déraciner.

Je vous remercie pour avoir contribué à relever le prestige de l'école laïque, de l'école républicaine, que tant d'autres cherchent à rabaisser par tous les moyens, avouables ou non.

A l'hiver prochain !

8
RESTER ENTRE SOI

Le tournant du siècle est, pour les instituteurs de la IIIe République, le grand moment de l'association. Certes, bien avant cette date, ils se rassemblent en groupements variés : sociétés de secours mutuels — depuis la fin de la Monarchie de Juillet —, associations amicales d'anciens élèves — pour certaines écoles normales —, groupes d'études pédagogiques — pour quelques départements. Mais, très partielles, ces associations admettent encore le contrôle, discret ou pas, des supérieurs hiérarchiques. A l'époque des lois scolaires, certains instituteurs ont bien tenté, notamment à l'occasion des « Congrès pédagogiques », organisés sous l'égide de l'administration, de constituer sur le plan national des groupements rassemblant tout le personnel primaire. Mais, très vite, le gouvernement républicain rend publique son hostilité à ces essais d'organiser la profession hors du cadre administratif.

Le 20 septembre 1887, une circulaire du ministre Spuller aux préfets — dont dépendaient les maîtres d'école — précise brutalement la position de l'Etat en condamnant jusqu'à l'idée d'une association permanente d'instituteurs : « accorder aux fonctionnaires de tout ordre ce droit de groupement, c'est-à-dire d'enrégimentation en dehors de leurs chefs, et au besoin, contre leurs chefs, ne serait-ce pas consentir d'avance au démembrement de toutes les administrations ? »

Pendant une douzaine d'années donc — pendant que s'affermit le syndicalisme ouvrier —, les groupements d'instituteurs piétinent. Seules quelques sociétés nouvelles naissent dans telle ou telle école normale, régulièrement présidées par le Directeur ou la Directrice, avec des préoccupations édifiantes : aider matériellement les sociétaires en difficulté, offrir des prix aux meilleurs élèves-maîtres, organiser la réunion annuelle où on invite les Inspecteurs, le Préfet, « les chefs », au banquet et parfois au bal, donner « tout à la camaraderie, aux effusions de l'amitié ».

Tout change avec les années 1900 ; c'est qu'arrive à l'âge adulte une nouvelle génération d'instituteurs ; pour eux, la pensée des améliorations que l'époque Ferry a apportées à leur condition n'est plus un baume suffisant à effacer la précarité de la vie matérielle : la reconnaissance demeure, certes, mais n'implique plus la résignation. De plus, en ravivant les passions politiques engourdies par « l'esprit nouveau », en mettant dans une lumière crue les problèmes de défense républicaine et laïque, en jetant les « intellectuels » dans la mêlée politique, et en leur présentant le miroir qui les fait se découvrir tels dans la nation, l'affaire Dreyfus rafraîchit dans le corps enseignant primaire le souci de liberté, de dignité, de solidarité. Et il faut compter avec l'essor diffus des idées socialistes — même si pour les instituteurs il s'agit surtout de radical-socialisme —, et avec le sentiment du retard sur le syndicalisme ouvrier.

Les instituteurs songent donc à s'associer ; mais pour quoi faire ? Au premier chef, dit-on souvent, pour améliorer leur vie matérielle ; évidence non discutée, tant est connue cette quasi-misère pour laquelle l'administration n'a su inventer que le palliatif du mariage entre instituteurs et institutrices : l'addition de deux traitements, tel est pour elle le remède-miracle propre à faire taire toutes les revendications. Mais la volonté de s'associer s'enracine dans des motifs plus pressants encore. Le plus urgent paraît alors aux instituteurs d'assurer, face à l'arbitraire administratif et au favoritisme politique, la liberté et la dignité du maître d'école.

Liberté, dignité

— Pour nous faire entendre, nous avons eu recours à l'association. Dans tous les départements, nous avons formé des Amicales. Ces associations de petits fonctionnaires n'ont pas plu à tout le monde. Nos adversaires vous diront que nous nous sommes groupés pour arriver à la grève. N'en croyez rien : tous les groupements ont répudié ces idées. Ce que nous voulons, le voici :

— être placés sous la direction entière de nos chefs ;
— voir la fin de l'arbitraire et du favoritisme en ce qui concerne nominations et avancement.

(*A. F.*, Manuscrit, 1908.)

Au premier rang de ces préoccupations, pour ceux qui — stagiaires et adjoints — constituent la masse des instituteurs, figure la résistance aux prétentions excessives des Directeurs, qu'engendrent parfois des tempéraments despotiques, mais plus encore une coutume génératrice de conflits. Dans la vie quotidienne, d'abord, il est de tradition que les adjoints célibataires prennent leurs repas à la table de leur directeur : que de querelles sur la qualité du menu, le prix de la pension ! On attend aussi des jeunes adjoints qu'ils suivent, le 1er Janvier, en redingote et en gibus, leur directeur dans ses visites au Préfet, au juge d'instruction, au maire, au président du Tribunal, au capitaine de gendarmerie ; qu'à neuf heures tous les soirs il soit rentré ; s'il ne l'est pas, il trouvera l'école fermée à clé. Ici ou là, un adjoint récalcitrant va coucher à l'hôtel, présente sa note à son directeur, et, sur son refus de la solder, le fait condamner en justice : exceptions insuffisantes à redresser la situation d'ensemble. Et l'impérialisme des directeurs pouvait aller très loin ; en 1897 encore, un directeur du sud de la Manche faisait à ses adjoints obligation de communier à Pâques avant de partir en vacances ; il est vrai qu'il leur interdisait aussi certains cafés de la ville ! Quant aux adjointes, on les charge souvent des commissions, ou de la garde des enfants...

Frictions avec le Directeur

Le métier est, lui aussi, l'occasion de conflits incessants ; bien des directeurs — et des directrices — se soustraient à la surveillance des récréations au cours desquelles la responsabilité civile des maîtres est engagée ; d'autres se réservent tous les bénéfices de la vente aux élèves des fournitures scolaires ; d'autres refusent toute participation aux études payantes du soir, et s'adjugent néanmoins une grosse part de la rémunération. Enfin, forts de leur expérience pédagogique, ils se comportent envers leurs adjoints comme des inspecteurs plus exigeants que les Inspecteurs primaires, contrôlent les cahiers de préparation, visitent les classes, rédigent des rapports où ils tranchent du zèle, de la capacité, de la conduite de leurs subordonnés. Or ceux-ci sortent tout juste de l'Ecole Normale, munis d'un Brevet supérieur tout neuf. Et ceux-là n'ont souvent rien appris depuis leur

Brevet élémentaire, vingt ou trente ans auparavant. L'irritant sentiment de l'injustice est le ciment qui unit les adjoints ; c'est lui qui fournit son élan au mouvement d'association.

— Quelques frictions avec des directeurs trop autoritaires, inconvénient assez commun. Lettre d'avertissement de l'Inspecteur d'Académie le 13 janvier 1893 : « Vous conformer exactement aux observations qui vous ont été faites par votre Directeur et par M. l'Inspecteur Primaire. Si une nouvelle plainte venait à être portée contre vous, je n'hésiterais pas à vous relever de vos fonctions. » Motif ? J'avais osé me dispenser d'assister aux vêpres à deux reprises.

(*P. J.*, 1873, Calvados.)

— Adjoint dans le Loir-et-Cher (1892-1898), j'ai gardé un bon souvenir du pays, mais un mauvais souvenir de mes directeurs, à cause de leur autorité absolue et tatillonne. L'un me donnait à corriger chaque soir les cahiers de ses élèves — ce qui manquait de pédagogie ! — ; un autre, de sa classe, surveillait mes élèves à travers une cloison vitrée, ne s'apercevant pas, bien entendu, que ses élèves lui faisaient des grimaces ; un autre me faisait l'aider dans son travail de mairie sans me payer ; un autre voyait de mauvaise part les fréquentations de ma femme avec l'institutrice laïque du bourg : il aurait fallu que nous n'ayons que leurs fournisseurs et leurs amis, sans cela ils m'auraient nui auprès de l'Inspecteur Primaire. Aussi, lorsque j'ai été titularisé, ai-je préféré être seul, dans une campagne, plutôt que dans une ville, tellement j'avais été ennuyé.

(*J. S.*, 1867, Tarn.)

— Le Directeur de l'Ecole, bien qu'approchant de l'âge de la retraite, était le type même du « patron autoritaire ». Peu aimé de ses adjoints, il prétendait, pour les intimider, avoir « ses grandes entrées » à l'Académie. Quiconque aurait essayé de lui résister se serait vu menacer d'un déplacement d'office. On ne plaisantait pas en ce temps-là. On le disait très riche, il tenait à le paraître et, chaque soir, il se rendait au « Grand Café » pour la partie de cartes avec les notables de la ville.

(*A. G.*, 1888, Ile-et-Vilaine.)

— A A. par exemple [entre 1909 et 1913], le Jour de l'An (et non pas la veille ni le lendemain), les Instituteurs, en jaquette et en chapeau haut-de-forme, devaient accompagner leur Directeur chez Monsieur le Maire, qui voulait bien leur consacrer un quart d'heure, avec un verre de vin blanc, un biscuit et un cigare. Le jour où j'ai refusé de me conformer à cette tradition parce que cela m'horripilait, le supplément municipal pour distribution de fournitures gratuites me fut supprimé. Je me refusai alors à participer à la distribution de ces fournitures, et j'envoyai régulièrement mes élèves chez le Directeur chercher *une* plume, *un* crayon, *un* cahier, au fur et à mesure des besoins. Peut-être cette situation, embarrassante pour le bon fonctionnement du service, m'a-t-elle aidé à obtenir un poste plus avantageux par la suite.

(*E. J.*, 1887, Nord.)

— ... presque tous les adjoints célibataires prenaient pension chez le Directeur, où le prix de la pension était de 40 francs par mois. Il fallait se contenter de la nourriture de famille, qui, presque toujours était confortable.

Premier accrochage. En arrivant à Torigny, pour une suppléance de deux mois, mes deux camarades adjoints m'invitent à faire popote avec eux. Ils venaient de quitter la pension du Directeur parce qu'ils se trouvaient mal nourris — on servait, à la même table, des truites au patron et des harengs aux adjoints. J'acceptai et, à tour de rôle, pendant une semaine, chacun était économe et cuisinier. Cela ne plaisait pas au patron [...]. C'est ainsi que nous devions rentrer dans nos chambres (qui étaient à l'intérieur du bâtiment) le soir avant 9 heures, autrement la porte d'entrée de la cour était fermée à clef et nous devions aller coucher ailleurs.

De plus, comme cette école de quatre classes comprenait un Cours Complémentaire, il fallait un minimum d'élèves pour le maintien du C.C. A cause de cela, le Directeur inscrivait, sur le registre matricule et sur les registres d'appel des quatre classes, quatre ou cinq élèves fictifs par classe, auxquels il fallait attribuer des notes pour chaque composition du mois : il y avait ainsi 15 à 18 élèves fictifs, et cela pendant plusieurs années. Révolté par tant de malhonnêteté, je refusai de m'en faire le complice.

A la porte de chaque classe, le Directeur avait fait percer, assez haut, un judas qui lui permettait de nous surveiller, sans être vu. Je bouchai ce judas avec un tableau d'emploi du temps, d'où rage du Directeur qui signale ce fait à l'Inspecteur Primaire de St-Lô. Celui-ci arrive le lendemain, furieux, exigeant qu'on lui fasse connaître notre menu de la semaine et nous menaçant de nous faire sauter. Mes deux camarades sortaient de l'Ecole Normale, mais moi non, et, après mes deux mois de suppléance, je restai quatre mois sans place (nous n'avions pas parlé des élèves fictifs).

A S..., où je fus muté en 1908, venant de Teilleul, je dus accepter, en arrivant, la surveillance du pensionnat une semaine sur deux. Comme rétribution, on nous faisait un rabais de 50 % sur le prix de la pension, et nous payions 20 francs par moi. Il fallait accompagner les pensionnaires — 20 environ — aux offices religieux, aux promenades, jeudi et dimanche, surveiller les récréations et les études, faire dire la prière du soir avant de monter au dortoir où j'avais une petite chambre sous les toits. Il fallait rentrer *tous* les soirs à 9 heures.

Au bout de quelques mois, après altercation avec la femme du Directeur qui, au réfectoire, ne servait la soupe dans l'assiette des surveillants qu'après avoir servi tous les pensionnaires, je quittai la surveillance. C'est alors que commença la lutte avec le Directeur. Nous étions trois adjoints. Le Directeur, qui était en même temps Directeur de l'Ecole Professionnelle d'Agriculture — situation unique en France — était déchargé de classe. Il était tenu à 4 ou 5 heures de cours par semaine. Il exploitait une ferme de 5 ou 6 hectares.

Le Directeur achetait en bloc les fournitures scolaires pour les 3 classes et en gardait seul la recette ; les adjoints devaient vendre ces fournitures et en faire rentrer les fonds. Cela lui faisait un bénéfice non négligeable : il fallait compter 70 à 100 %. Je décidai d'acheter personnellement les fournitures pour ma classe et d'en encaisser la vente (j'avais le cours préparatoire et élémentaire et ne pouvais songer à une coopérative). Cela fut l'occasion de tracasseries sans nom.

Nous faisions également les études surveillées en

commun, mais le Directeur — qui n'y paraissait jamais — prétendait avoir droit à une part entière. Je lâchai l'association et je fis seul l'étude aux élèves, dont j'encaissai seul la rémunération. Ce n'est que plus tard, après 1920, que le statut des études fut établi et que les Directeurs eurent le droit de prélever 1/10 sur le montant brut du paiement.

(*P. P.*, 1883, Manche.)

La politique locale

Les complexités de la politique locale viennent souvent, d'autre part, aggraver la situation :

— Les incidents des deux sœurs aînées avec les directrices et les directeurs auraient pu être graves. La directrice de notre sœur Alice, Mme R., abusa d'une autorité qu'elle tenait plus de son titre que de ses capacités, pour lui imposer les tâches les plus absorbantes. Alice, entrée 1re à l'Ecole Normale de Lons, en était sortie également première. Elle était intellectuellement comblée à tous les points de vue et réussissait également bien dans toutes les matières. Nommée institutrice adjointe à Salins [1898], la Directrice l'avait aussitôt chargée de préparer les candidates au Brevet élémentaire. Elle leur enseignait les sciences et les mathématiques aussi bien que les lettres. Les résultats étaient mis à l'actif de la directrice, car, malgré cette besogne écrasante, il y avait des résultats. Mme R., absolument nulle, sortant d'ailleurs de l'enseignement privé, lui imposait la correction de ses cahiers et copies. A cette époque, le maire de Salins était M. C. Radical-socialiste et incontestablement républicain, M. C., pourtant cultivé, connaissant admirablement l'histoire de la France Républicaine depuis la Révolution, était cependant un maire aussi absolu qu'un roi. Les fonctionnaires de tous ordres de Salins devaient être à sa dévotion, et c'est pour ces raisons que Mathilde et Alice — encore célibataires — furent en butte à ses tracasseries.

Il se permettait, en qualité de délégué cantonal, d'entrer dans les classes et d'interroger les élèves. Il leur faisait réciter les principaux articles de la Déclaration des Droits de l'Homme, ce qui en soi n'était pas une mauvaise chose, mais était hors de ses attributions. Il avait pourtant dans sa propre maison un local mis à la disposition de maîtres de l'enseignement privé et y envoyait ses enfants. Il obligea Mathilde et Alice à quêter chez les particuliers pour organiser des fêtes de la ville, et obligea Alice à réciter sur la scène du Théâtre Municipal, et drapée comme Marthe Chenal dans les plis du drapeau tricolore, les couplets du *Chant du Départ !*

Naturellement, les Inspecteurs Primaires, MM. Ba... et surtout Br..., abondaient dans le sens des conceptions des hommes politiques, quelles qu'elles soient. Ils reprochèrent à Mathilde et Alice une trop grande indépendance vis-à-vis du Maire qui, prêtant une oreille complaisante aux ragots d'une concierge, convoqua M. Br... pour enquête. On isola l'une et l'autre dans deux classes, avec des questionnaires précis et stupides à remplir : « Avez-vous dit telle chose tel jour ? »...

Mais les trois sœurs faisaient partie de l'Amicale qui venait de se créer. Un vieil ami de la famille, Directeur d'école lui aussi, déclara vouloir alerter la Ligue des Droits de l'Homme. En même temps, mes sœurs ne cachèrent pas à M. Br... que l'Amicale serait informée de ces incidents. Aussitôt, M. Br... décontenancé et craintif cessa ses tracasseries.

(*Mme S.*, 1878, Jura.)

Sensible au niveau local, l'intrusion de la politique dans la vie des instituteurs est plus fréquente encore à l'échelon départemental ou national : dans ces années, c'est la lutte contre l'arbitraire des nominations, de l'avancement, des mutations, des récompenses de tous ordres qui fait l'activité essentielle des associations. Tout vient du mode de nomination des instituteurs — depuis Napoléon III ils sont nommés par les préfets, qui attribuent aussi les peines disciplinaires, en principe sur rapport de l'Inspecteur d'Académie — et des traditions de soumission de l'administration universitaire au pouvoir politique. Au moment de la fondation de la République, à l'époque de la mise en place de la législation laïque, il s'agissait évidemment de réserver les faveurs aux maîtres « dévoués aux institutions ». Les années ont passé, le système s'est maintenu ; pour le gouvernement, il est le moyen de garantir la docilité du corps enseignant ; pour les hommes politiques, il est la voie classique pour s'assurer une clientèle.

La « recommandation »

C'est la tare de l'enseignement primaire avant 1914 : la « recommandation ». Il faut être recommandé pour être promu au choix, nommé dans un poste avantageux, décoré des palmes académiques. Par l'intermédiaire du Préfet, ou de l'Inspecteur d'Académie qui lui est soumis, le gouvernement et les hommes politiques favorisent leurs amis, font blâmer et déplacer leurs adversaires. Aussi les projets de nomination des instituteurs par leurs seuls chefs universitaires rencontrent-ils, jusqu'à la veille de la guerre, une farouche opposition au Parlement, singulièrement dans les rangs des partisans du scrutin d'arrondissement. Quant aux instituteurs, qui doivent encore se plier à ces méthodes, s'humilier devant les hommes politiques, leur promettre leur gratitude, ils en souffrent profondément :

Monsieur le Député,

Comme le Sénat, sans nul doute, ne changera rien au budget de l'Instruction publique nous concernant, voté par la Chambre des Députés, ma situation est si digne d'intérêt que j'ose venir vous rappeler ma demande de classement comme instituteur de 1re classe, dans la crainte que les affaires de Panama fassent oublier ou négliger cette question personnelle.

D'autres sollicitations seront faites au Ministère, aussi je vous prie d'agir fermement en ma faveur, comme vous l'avez fait déjà, afin que j'obtienne satisfaction à partir du 1er janvier courant.

Bien que j'y aie droit par le poste que j'occupe, par mes années de service, par ma nombreuse famille, et pour réparer le préjudice causé par la non-admission de ma fille aînée à la bourse, je sais que je ne puis rien obtenir sans votre bienveillant concours.

On va bien procéder au classement, maintenant qu'on connaît les fonds, afin que tout soit en ordre à la fin de février.

Monsieur le Député n'obligera pas une personne ingrate. Le réclamant lui serait infiniment reconnaissant, et toute sa famille.

Daignez agréer, Monsieur le Député, l'assurance de

mon plus profond respect et de mon entier dévouement.

(Lettre de l'instituteur de Ch... sur V..., Creuse, le 24 janvier 1893, à M. Cousset, député radical de la Creuse[1].)

La recommandation est d'ailleurs à ce point entrée dans les mœurs que certains députés disposent de lettres imprimées à l'avance, qu'il leur reste seulement à compléter. Ainsi Boissy d'Anglas, député de la Drôme (en italique les rares mots manuscrits) :

Chambre des Députés

Paris, *le 15 décembre 1894*

Monsieur le Ministre,

J'ai l'honneur de vous transmettre la demande de M. *Bouffier Emile, Instituteur adjoint à Vanosc* (*Ardèche*), qui sollicite *sa titularisation.*

Je recommande *M. Bouffier* à toute votre bienveillance et vous serais reconnaissant si, après avoir examiné sa requête, il vous était possible de lui donner satisfaction.

Je vous serais obligé, toutefois, Monsieur le Ministre, si vous vouliez bien me faire connaître la décision que vous pensez prendre à cet égard.

Veuillez agréer, Monsieur le Ministre, l'expression de ma haute considération,

...

A Monsieur le Ministre *de l'Instruction Publique*[1].

En droit, les Inspecteurs d'Académie pourraient résister aux pressions des hommes politiques. En fait, ils ne l'entreprennent qu'au risque d'être brisés. L' « affaire

1. A.N., F17 10900.

Guéry », qui soulève dans les années 1906 et 1907 une grande émotion dans le corps enseignant témoigne tragiquement de cette impuissance : déplacé de St-Brieuc à Guéret pour avoir résisté aux volontés d'un député « républicain », l'Inspecteur d'Académie Guéry se suicide en 1906. Plus que tout, de tels faits suggèrent que le seul recours des enseignants est l'action collective et corporative.

L'incident relaté ci-dessous a pour personnage central

... un homme politique (radical !), conseiller général du canton de St-Germain-de-Calberte [Lozère], ancien proviseur du Lycée d'Alès, qui jouait l'autocrate en intervenant dans les nominations, mutations, récompenses, dans un seul intérêt électoral personnel. C'était en 1912 au C., où j'avais été muté *contre son gré.* Il intriguait à la Préfecture pour essayer d'obtenir, le cas échéant, mon déplacement d'office.

Gustave Hervé (alors le Père « Cisaille ») était venu donner le 18 mars une conférence publique, où un nombreux auditoire avait acclamé ses violents propos antimilitaristes. Grand émoi, de ce fait, à la Préfecture.

Le potentat dont il s'agit avait indiqué que c'était « ce C... » qui avait annoncé la conférence dans le *Combat Social* et contribué au succès de cette assemblée intempestive autant que révolutionnaire.

Et cette perfidie me valut d'être enquêté par mon Inspecteur Primaire, Monsieur P..., auquel je fournis les preuves que j'avais joué le rôle inverse à celui qu'on m'avait prêté, en manœuvrant adroitement auprès de la municipalité (socialiste) pour que Hervé ne puisse pas parler dans la cour de l'école, comme le maire l'avait déjà promis aux organisateurs. Certes, j'avais assisté à la réunion, comme plusieurs instituteurs de la région, mais, en ce qui me concernait, c'était après la classe, et je revendiquais toute ma liberté d'action en dehors du temps que je devais à ma fonction propre...

Cette intrigue d'homme politique qui prétendait que tout petit fonctionnaire devait être à sa dévotion m'a convaincu de la nécessité de combattre l'intrusion de la politique et d'organiser un groupement corporatif capable d'assurer notre liberté d'opinion, en exigeant par surcroît la justice distributive dans la profession enseignante.

Beaucoup de politiciens de l'époque, mettant à profit la méconnaissance des chefs des mérites divers de leurs surbordonnés, nous considéraient comme une sorte de « monnaie électorale » et il n'était pas rare que des déplacements d'office aient lieu, faisant suite à des élections où l'instituteur avait osé se prononcer contre le favori de la Préfecture... [...]. La querelle personnelle que j'ai eu à subir de l'homme politique ci-dessus désigné — dont j'ai triomphé aisément par le simple exposé des faits — avait été connue de mes collègues. Et c'est ainsi qu'au renouvellement du bureau de leur Amicale Départementale, ils me désignèrent, de la façon la plus inattendue et la moins désirée de ma part, comme Président, à la quasi-unanimité — et ce malgré l'opposition sournoise de l'Inspecteur d'Académie de l'époque, M. R..., qui redoutait, paraît-il, la vigueur de mes interventions. A titre d'information subsidiaire, j'indique qu'il m'a proposé par la suite de « m'entendre » avec lui pour étouffer les réclamations ! Drôle de conception de l'utilité du principe de la « collaboration » officiellement prescrite entre l'Amicale et l'Administration !

(*L. C.*, 1882, Lozère.)

Bien des Bastilles à abattre

— [...] nous entrâmes dans la carrière avec des pensers nouveaux : le désir de bien faire notre métier, la volonté de faire respecter notre dignité d'homme et d'éducateur, ceci avec l'ardeur de notre jeunesse et la foi laïque au cœur. Il y avait bien des Bastilles à abattre. Il y avait pour les débutants, les adjoints, la tutelle des gros Directeurs qui considéraient les adjoints comme des employés, des subalternes, et qui s'arrogeaient le droit de leur faire, devant les élèves, des remarques blessantes. Il y avait les Inspecteurs Primaires qui se posaient en maîtres absolus, des Inspecteurs d'Académie qui flirtaient avec les politiciens et parlementaires, et qui n'avaient aucun scrupule à faire valser leurs subordonnés. Il y avait les Préfets et leur toise spéciale pour mesurer notre valeur et superviser notre nomination. Evidemment, nous ne fûmes pas les seuls à agir et nous fûmes peut-être aidés par les circonstances. Mais bientôt, sans gestes spectaculaires et sans esclandre, les directeurs furent mis à leur vraie place — *primus inter pares* —, les adjoints furent instituteurs à part entière, le Conseil des Maîtres fut institutionnalisé et, dans les grandes écoles, la Direction devint en quelque sorte collégiale (on est en régression à présent). [...] Après les Directeurs, ce furent les Inspecteurs de tout grade qui baissèrent progressivement le ton, et qui changèrent leur vocabulaire : les serfs d'antan devinrent des collaborateurs. Les Préfets eux-mêmes sont devenus plus compréhensifs... Il est vrai qu'un événement nouveau, tout nouveau, s'était produit. C'est, au commencement du siècle, en 1900 que, sur l'initiative d'un intrépide camarade, l'Amicale Laïque des Instituteurs et Institutrices de l'Aude prenait naissance. Avec la presque unanimité du personnel, dans l'euphorie, en Assemblée générale — un jeudi —, cette Association était créée et chacun avait le sentiment de trouver en elle une protection, un bouclier. J'eus la joie de contribuer à la constitution du premier Bureau. Le Président et le Secrétaire Général étaient mes bons amis. Cette Amicale, fort bien dirigée, gagna peu à peu en force et en autorité. Sa force était si grande, ses effets étaient si manifestes que lorsque se posa la question de la transformation en Syndicat, ce fut pour nous un cas de perplexité, un cas de conscience. Il y allait de l'avenir de notre groupement, si bien en forme jusque-là, si bien assuré de beaux lendemains : d'une part, il y avait à craindre les divisions, la scission nette, le départ massif des timorés, des hésitants, effrayés par les mots de Syndicat et de Bourse du Travail, tremblant devant les foudres de l'Olympe ; d'autre part, on pouvait se demander le genre d'accueil qui nous serait réservé par les syndicats ouvriers, qui n'avaient manifestement aucune sympathie pour les fonctionnaires. C'était troublant... et j'étais troublé.

(*C. C.*, 1877, Aude.)

Naissance des Amicales

C'est donc l'allergie croissante à l'ingérence politique qui donne son élan au mouvement d'association. A partir de 1899 — où se rassemblent à Laon les instituteurs qui inaugurent le monument aux trois instituteurs de l'Aisne fusillés comme francs-tireurs en 1870 —, tout se précipite. En 1900, c'est à Paris, en présence du Ministre et du Directeur de l'enseignement primaire, le premier Congrès des Amicales ; en 1901, le Congrès, qui bénéficie de la nouvelle loi sur les associations, organise à Bordeaux une Fédération Nationale. En 1902, pas de Congrès : le ministère Waldeck-Rousseau, inquiet de la flambée d'association chez les fonctionnaires, n'a pas accordé l'autorisation. Le Congrès de 1903, en revanche, voit à Marseille l'apothéose des Amicales, à la fois protégées et manœuvrées par le gouvernement du Bloc : Combes et Pelletan sont là. Quelques années encore, et les Amicales groupent les 3/4 des enseignants primaires :

— Nous comptons en France, en chiffres ronds, 120 000 instituteurs et institutrices. On estime qu'il y en a 35 000 environ qui se tiennent en dehors de tout groupement corporatif. Mais les 85 000 autres sont admirablement organisés et encadrés dans leurs Amicales.

(*A. Balz, Manuel Général,* 17 août 1907.)

Face à l'administration, il s'agit cette fois d'une vraie force. Quand on renouvelle, en 1904-1905, les Conseils Départementaux de l'Enseignement Primaire, les candidats soutenus par les Amicales se taillent la part du lion, éliminant les anciens délégués du personnel, directeurs et directrices acquis à l'administration. Celle-ci s'émeut ; les rapports des Inspecteurs d'Académie au Ministre témoignent de ces alarmes :

— Des quatre conseillers sortants, qui représentaient l'élément modérateur du personnel, aucun n'est réélu. [...] Pour conclure, ces élections ont démontré la puissance de l'organisation de l'Amicale. Tous ses candidats ont été élus, même les deux qui ne représentent pas réellement les sentiments, les idées, les aspirations de la majorité du corps électoral. [par exemple] M. D..., instituteur de valeur moyenne, âgé de 34 ans seulement, mais connu depuis assez longtemps par les démêlés qu'il avait eus avec deux de ses directeurs, semble représenter les jeunes, les impatients, les exaltés. Son dossier porte que, le 11 mars 1897, il fut frappé de la peine de la réprimande pour avoir, étant adjoint à Tenay, traité son Directeur de « menteur » en présence de l'Inspecteur Primaire.

(Inspecteur d'Académie de l'Ain,
12 janvier 1905[1].)

Même son de cloche dans le Finistère, où l'Inspecteur d'Académie, rapportant les succès de l'Amicale, signale « la victoire des adjoints, [...] *la victoire de ceux qui constituent, comme ils disent volontiers, le " prolétariat de l'enseignement primaire ".*

Portées par cet élan, favorisées aussi par l'atmosphère du Bloc, les Amicales font aboutir, dans les premières années du siècle, plusieurs de leurs revendications : lois de 1903-1905 sur les traitements, suppression du « pourcentage[2] », premier aménagement partiel du régime des retraites, mise au point de règles précises pour l'avancement, la nomination des directeurs, création d'un conseil des maîtres dans chaque école...

1. A.N., F17 14272.
2. La loi du 31 mars 1902 supprime le système d'avancement au « pourcentage », violemment critiqué par les instituteurs. Selon ce système, le pourcentage d'instituteurs dans chaque classe de la carrière était fixé d'avance et, « tant que les cinq classes où étaient répartis les instituteurs se trouvaient au complet, qu'elles réunissaient le tant pour cent légal, nul ne pouvait espérer passer à une classe supérieure ». (A. Ferré, *Histoire du syndicalisme révolutionnaire chez les instituteurs,* Paris, Sudel, 1955, p. 50-51.)

— Pour les nominations aux fonctions de Directeur, il avait été décidé dans le département de la Vienne, après entente entre l'Inspection académique et l'Amicale des Instituteurs, que pour être nommé Directeur à trois classes, il fallait :

1° être chargé d'école depuis trois ans au moins ;

2° être admis sur la liste d'aptitude aux fonctions de Directeur après avoir subi dans son école une triple inspection : une inspection de son Inspecteur primaire, une autre d'un Inspecteur d'une circonscription voisine et une troisième de l'Inspecteur d'Académie.

(*P. U.*, 1876, Vienne.)

En même temps, les Amicales entament la lutte contre le favoritisme politique. Auprès des instituteurs eux-mêmes, bien sûr, en leur demandant de s'engager sur l'honneur à ne plus solliciter d'appuis politiques ; auprès des élus et des hommes politiques surtout, en les invitant à repousser toute sollicitation.

Lutte contre la « recommandation »

AMICALE PRIMAIRE DE L'AIN

RECOMMANDATIONS POLITIQUES

(Exécution des décisions de l'Assemblée générale, tenue à Bourg le 31 juillet 1909.)

(Partie à remplir pour la Conférence d'Automne 1909 et à remettre au Secrétaire cantonal qui groupera toutes les adhésions de son canton et les adressera au camarade Bonnet, Instituteur à Bourg, chargé de les classer aux Archives.)

Le soussigné...

Institut... à..

après avoir pris connaissance : 1° de la motion Bressoud, votée à l'unanimité par l'Assemblée générale de l'Amicale du 31 juillet dernier ; 2° du résumé de l'entrevue du Bureau de l'Amicale avec M. Bérard, sénateur, Président du Conseil Général de l'Ain, prend l'engagement d'honneur de ne solliciter aucune recommandation politique et prie ses chefs hiérarchiques de ne tenir aucun compte de celles qui pourraient être faites en sa faveur.

A ......, le 1909
Signature.

AMICALE PRIMAIRE DE L'AIN

A Messieurs les Sénateurs, Députés, Conseillers Généraux et Conseillers d'Arrondissement du Département de l'Ain.

Le 25 avril 1909,

Monsieur le...

Vous n'êtes pas sans avoir été frappé du malaise, du mécontentement profond suscité chez les fonctionnaires en général par le favoritisme dû aux hommes politiques.

En ce qui le concerne, le personnel enseignant du département de l'Ain estime, lui aussi, que les ingérences politiques sont contraires à la bonne marche de l'administration, et nuisibles aux intérêts de l'Ecole et de la majorité des maîtres. Sans rechercher ni les origines, ni les causes de ces ingérences, nous nous bornerons à vous signaler un fâcheux état de fait que, très certainement, vous déplorez autant que nous. Ce qui nous paraît indiscutable, c'est que l'intervention des hommes politiques est contraire au principe de séparation des pouvoirs qui doit être à la base de toute société démocratique. D'autre part, une suspicion regrettable pèse — à tort pour quelques-uns d'entre eux — sur l'ensemble des élus, que la masse des non-favorisés englobe dans une même réprobation, et accuse de mesquins calculs électoraux. Si cet état de choses devait se prolonger, les instituteurs en arriveraient à se détourner complètement de ces hommes politiques sur lesquels ils avaient compté jusqu'à présent, pour faire valoir leurs revendications professionnelles et corporatives.

Il va sans dire qu'il n'est jamais venu à la pensée des instituteurs de l'Ain de diminuer en quoi que ce soit le droit de contrôle du législatif sur l'exécutif, mais nous pensons que ce contrôle peut s'exercer autrement que par des recommandations.

Le mal est grand ; mais nous avons la conviction que vous nous aiderez à y porter remède : il y va de la dignité de tous, du fonctionnaire comme de l'élu. Par vos franches déclarations, vous contribuerez à panser une plaie des plus vives et à ramener la confiance et l'estime réciproques qui, à notre avis, peuvent parfaitement exister entre les membres du corps enseignant et les élus de la démocratie.

Un des représentants de l'Ain — et non des moins autorisés — a déjà, vous le savez, fait connaître son intention de revenir à de plus saines traditions. Mais le mal continuerait encore à subsister, si sa manière de voir n'était pas partagée par les autres élus. Nous croyons avoir la certitude, Monsieur le ..., que vous ne refuserez pas de vous associer à l'œuvre d'équité et d'apaisement que nous avons entreprise, et que vous renoncerez à intervenir pour ce qui concerne notamment les nominations, les déplacements, les promotions, les décorations et les récompenses.

Si cependant une intervention vous était demandée par un collègue, vous pourriez toujours vous retrancher derrière le Conseil de l'Amicale qui, vous le savez, fait tous ses efforts pour éclairer l'Administration, et pour que justice soit rendue à tous nos camarades. Enfin, nous vous serions reconnaissants de nous faire connaître, en toute sincérité, l'accueil que vous réservez aux vœux que nous vous exprimons.

Comme conséquence, l'Amicale Primaire de l'Ain, qui groupe près de 1 300 membres ; c'est-à-dire la grande majorité du personnel enseignant, demandera à tous ses membres de prendre l'engagement d'honneur de ne plus solliciter à l'avenir aucune recommandation.

Veuillez agréer, etc.

C'est dans ce domaine, pourtant, que le mouvement amicaliste montre le plus vite ses faiblesses : les hommes politiques mettent fort peu d'enthousiasme à se priver d'une telle monnaie d'échange. Dans l'Ain, en 1909, sur les 83 élus (sénateurs, députés, conseillers d'arrondissement, conseillers généraux) que l'Amicale invite à se refuser désormais à toute intervention politique, 17 seulement répondent ; encore ces lettres sont-elles parfois pleines de réserves.

Bien des malentendus

— Je crois que, en tout cela, il y a bien des malentendus. Pour moi, jamais je n'ai fait acte de népotisme. Avec un zèle inlassable, je me suis occupé et de nos écoles laïques, et des membres du corps enseignant, m'efforçant de faire rendre justice à ceux-ci et donner satisfactions à celles-là. C'est pour aider à la justice que je suis toujours intervenu.

(*Bérard,* Sénateur, Conseiller général d'Ambérieux.)

— Vous voulez bien me faire connaître qu'après avoir fait si souvent et d'une façon si pressante appel aux hommes politiques, les membres de l'Amicale primaire de l'Ain trouvaient aujourd'hui le procédé mauvais et seraient décidés à renoncer désormais à solliciter notre concours.

Je prends bonne note de ces résolutions nouvelles et vous pouvez être assurés que je tiendrai désormais pour non avenues, soit les demandes anciennes, dont il me reste un assez gros dossier, soit les demandes nouvelles qui pourraient encore me parvenir.

(*Authier,* Député de la 1re circonscription de Bourg, conseiller général de Treffort.)

— M. Laguerre, conseiller général du canton de Champagne, approuve notre initiative et nous en félicite, mais il est indispensable, ajoute-t-il, pour que notre vœu soit exaucé, que *tous* les élus prennent la décision que nous leur demandons de prendre.

Il fait remarquer cependant que, même de bonne foi, l'Administration peut commettre des injustices et que c'est alors le *devoir* de l'homme politique de les empêcher ou de les faire réparer.

Revendications platoniques

L'élimination de l'arbitraire politique est donc bien loin d'être chose faite. Mais que d'autres problèmes restent en suspens, rituellement rappelés à chaque Congrès ! L'égalité des salaires féminins et masculins ne sera arrachée au Sénat qu'en 1913 (il est vrai que pour beaucoup d'instituteurs, la revendication est demeurée formelle : la sensibilité des maîtres d'école résiste long-

temps au féminisme!). Le régime des retraites ne sera vraiment amendé que par les lois de 1924 et 1926 : pour l'instant, les instituteurs en sont encore à revendiquer le droit indiscuté à une pension de retraite à 55 ans d'âge et 25 ans de service, à la place d'une « aptitude » laissée au pouvoir discrétionnaire du ministre. De plus, la cherté croissante de la vie a rendu illusoires les améliorations apportées au traitement des instituteurs — les difficultés de recrutement des Ecoles Normales en font foi — : les Amicales continuent donc à demander, avec le relèvement général des traitements, que tout le personnel puisse accéder aux deux premières classes de la hiérarchie, les mieux rétribuées. En outre, la grave question de la responsabilité civile des instituteurs demeure sans solution.

— Une épée de Damoclès était suspendue sur les têtes des instituteurs : les articles 1382, 1383 et 1384 du Code Civil, et les articles 9 et 10 du règlement scolaire modèle (obligation pour les maîtres de surveiller les enfants jusqu'à l'heure où ils quittent définitivement l'école, même dans les cas où ils se rendent au catéchisme ou aux exercices religieux; ou qu'ils restent à l'école entre 11 h et 13 h pour quelque motif que ce soit). Refus de l'Etat de se substituer à l'instituteur, d'où des condamnations ruineuses pour les maîtres en 1909, 1910, 1911. Situation illogique et décevante au point de vue de l'organisation, interprétation paradoxale d'un règlement instituant le service obligatoire d'interclasse sans engager la responsabilité de l'Etat employeur.

Après bien des démarches auprès des parlementaires, consécutives à des arrêts de tribunaux ou du Conseil d'Etat, la loi du 5 avril... 1937 a enfin précisé ce point de droit [...].

Mais, dès 1904 (en Haute-Savoie) fut mise à l étude la création d'une société départementale contre les accidents ; cette création fut décidée presque à l'unanimité. Pour des raisons juridiques, l'Amicale laissa aux promoteurs le soin de fonder en dehors d'elle une Société Autonome contre les accidents scolaires.

(*C. L.*, 1880, Haute-Savoie.)

— En 1906, je crois, au cours d'une leçon de gymnastique, une de mes élèves tombe et se fait mal au coude. Je regarde et ne vois pas d'enflure. Je rassure la fillette et lui dis : « Je pense que ce ne sera pas grave. Ce n'est pas enflé. » Nous rentrons en classe pour la dernière leçon. Le docteur, demandé par la famille, déclare : c'est une éraflure de l'apophyse du coude.

J'ai été inquiétée : un procès de quatorze mois. Nous avions une société, « L'Autonome », qui devait nous défendre en cas de procès. Le président, résidant à Belley, se fait remplacer par un huissier de Pont-de-Vaux, ami de l'école laïque. Les enfants sont interrogés au tribunal. Finalement, le père de famille a été débouté et j'ai été tranquille. Ce procès avait duré 14 mois et avait usé mes nerfs.

(*Mme O.*, 1882, Ain.)

Enfin, même dans des cas très graves, l'action de l'Amicale demeure bien platonique. En 1912 par exemple, à Couffouleux (Aveyron), une tentative d'assassinat est commise contre un couple d'instituteurs, à la suite d'une « opiniâtre campagne cléricale ». Devant les lenteurs de la justice, l'Amicale des Instituteurs de l'Aveyron décide de se manifester :

— Monsieur le Président met le Bureau au courant de la tentative d'assassinat dont ont été victimes M. et Mme Donat, instituteurs à Couffouleux.

Le Bureau proteste contre un pareil attentat qui rappelle les mœurs d'un autre âge et promet de faire son possible pour que l'instruction judiciaire aboutisse à un résultat certain.

En outre, trois membres du Bureau se rendront à Couffouleux pour porter aux collègues Donat les paroles de réconfort nécessaires en pareille circonstance et les assurer des sympathies et du concours le plus absolu de tous les membres de l'Amicale.

(*Manuscrit,* 19 décembre 1912.)

Le coupable ne fut pas découvert, l'affaire n'eut pas de suite, et, dans le procès engagé, c'est l'instituteur qui eut à payer les dépens !

La fin d'une « mission historique »

Les instituteurs qui ont connu l'Ancien Régime ne discutent pas les bienfaits des Amicales, à qui ils sont reconnaissants d'avoir donné au corps enseignant primaire conscience de sa force. Mais certains jeunes maîtres commencent à s'irriter de la prolifération des « vœux » votés par les Congrès : masse de souhaits pieux en souffrance, entre lesquels il ne s'agit plus que de trier. Ils se mettent à soupçonner les Amicales d'une maladie de croissance : elles ont certes rempli jadis une « mission historique », mais elles se sont ankylosées ; elles veulent désormais rassembler tout le personnel et ne peuvent donc s'exposer à mécontenter quiconque ; leur répugnance à tout affrontement les fait vivre d'un espoir un peu niais :

un « bon Parlement », un « bon ministre », un « bon Inspecteur » viendront peut-être combler les vœux des instituteurs ; respectables, respectueuses, elles entretiennent à tout prix de bonnes relations avec les autorités parlementaires, politiques, hiérarchiques. De là à se laisser contaminer par le système qu'elles dénonçaient, il n'y a qu'un pas : certains de ses dirigeants l'ont franchi, en aliénant leur indépendance à des hommes politiques, ou à l'administration ; ces « frelons de la ruche », dont beaucoup sont des « nantis », sont devenus sourds aux revendications des jeunes, des ruraux, des adjoints, désertant la cause des « petits » :

— Notre détresse était parfois si grande que notre inclination se portait naturellement vers la défense des libertés et de l'intérêt professionnel.

Les Amicales d'Instituteurs, entre les mains des anciens maîtres, étaient aussi entre les mains des politiciens du cru qui freinaient leur possible ardeur et n'admettaient guère les revendications autrement que « sages ».

(*F. A.*, 1883, Allier.)

— J'ai été membre de l'Amicale des Instituteurs et des Institutrices de l'Ardèche dès ma sortie de l'Ecole Normale [1908]. J'étais trop jeune pour y jouer un rôle dirigeant. Cette Amicale était d'ailleurs, à mon avis, à l'eau de rose ». Bulletin trimestriel assez « officiel », banquet de fin d'année, congratulations diverses, ... c'est tout.

(*L. V.*, 1889, Ardèche.)

De l'Amicale au Syndicat ?

Il faut donc trouver autre chose : une poignée d'instituteurs se tourne alors vers le syndicalisme, avec des motivations variées, qu'unifie un accent de jeunesse. Il y a l'exemple de l'union ouvrière. Se syndiquer serait renouer avec ce monde populaire, si proche encore bien qu'on l'ait quitté : dans les Bourses du Travail, l'instituteur, paria de la société, retrouverait cet autre paria, l'ouvrier. Se syndiquer, surtout, serait, tournant le dos à ces succursales des partis républicains que sont devenues les Amicales, se soustraire enfin aux ingérences partisanes.

— Dès l'Ecole Normale, j'eus des discussions avec des filles de gros directeurs d'école, amicalistes notoires, lesquels à cette époque imposaient leurs vues à leurs adjoints, contrôlaient leurs sorties et rentrées et leur demandaient même de cirer leurs chaussures. Le ferment syndicaliste germait déjà en moi ; aussi, dès mon premier poste [1908], en relation permanente avec des membres du syndicat nouvellement créé — dont le secrétaire général, M. H. P... —, j'eus vite fait de prendre fait et cause pour une évolution des esprits dans la défense corporative. Aussi l'Inspecteur d'Académie, M. L..., put-il me reprocher un jour d'avoir approuvé un article critique à son sujet dans le bulletin du syndicat ; il ne m'en tint toutefois pas grief. Je m'étais exprimée très franchement en cour de récréation et le frère de ma directrice était en relation avec le secrétaire de l'Inspection académique !

(*Mme F.*, 1888, Côtes-du-Nord.)

— Les enseignants avaient besoin de s'organiser, eux aussi, pour la défense de leurs intérêts matériels tout d'abord. Car, je le rappelle, avant 1914, les instituteurs n'avaient d'autres perspectives qu'une vie sédentaire, uniquement vouée à l'éducation de leurs élèves et de leurs enfants. De loin en loin, les célibataires économes pouvaient échapper à cette monotonie par un voyage intéressant, en France ou à l'étranger. Ils avaient aussi la liberté d'acquérir des ouvrages de leur choix — quoique chers — parce que les charges d'un ménage ne leur incombaient pas. C'était le petit, le très petit nombre : la majorité des instituteurs appartenait à des familles modestes qui, parfois même, avaient fait de grands sacrifices pour eux.

Si l'on aspirait à un peu plus de bien-être, avec divers moyens de se perfectionner et d'augmenter sa valeur professionnelle, il fallait obtenir une situation meilleure. Comment ? Avec l'appui d'un syndicat, rien de plus normal.

(*Mlle C.*, 1888, Landes.)

— De ce que quelques groupements ou quelques jeunes collègues ont demandé la transformation de leurs associations en syndicats et, par suite, leur entrée dans les bourses du travail, on en a conclu je ne sais quelles prétentions révolutionnaires. Et pourtant le désir de ces collègues n'est que la manifestation d'une idée généreuse. Qu'on y réfléchisse : nous sommes du peuple ; nous le connaissons puisque nous n'en sommes point séparés ; nous l'aimons puisque nous l'instruisons et que nous l'élevons ; mieux que personne, nous voyons ses labeurs, ses efforts, ses besoins, ses indigences et ses misères, ses lents, trop lents progrès. Mais ces progrès sont pour ainsi dire notre œuvre à nous, et, cette œuvre, nous voulons l'achever, puisqu'elle est nôtre et qu'au surplus elle est notre seule raison d'être. Et quoi d'étonnant à ce que quelques collègues, plus enthousiastes parce que plus jeunes, voient dans la fréquentation des groupements ouvriers un moyen de se rapprocher, pour le mieux connaître encore, de ce peuple travailleur qui nous envoie ses enfants.

(*Manuscrit*, 1912.)

— J'ai adhéré, en 1903, dès ma sortie de l'Ecole Normale, à l'Amicale départementale des Pyrénées-Orientales et, l'année suivante, en 1904, sans quitter l'Amicale, au syndicat d'instituteurs nouvellement créé ; j'ai été désigné presque aussitôt comme membre du Conseil d'Administration.

[...] J'ai pensé, avant 1914, que nous, les instituteurs, prolétaires intellectuels, nous avions tout à apprendre dans la fréquentation du milieu des ouvriers déjà fortement organisés en syndicats, et à reconnaître enfin que c'est par l'union de tous les travailleurs manuels ou intellectuels que nous pourrions améliorer nos situations personnelles et rendre la société plus fraternelle pour tous.

(*V. F.*, 1884, Pyrénées-Orientales.)

— J'estimai nécessaire la transformation de l'Amicale en Syndicat, sans cacher que, pour moi, notre syndicat devait être apolitique. Des faits probants montraient que les dirigeants de l'ex-Amicale avaient parfois aliéné leur indépendance en faveur soit de l'Administration, soit des hommes politiques.

(*L. C.*, 1886, Basses-Pyrénées.)

Une fois constitués, les syndicats ne diront pas autre chose ; ils continueront à mettre l'indépendance politique au centre de leurs préoccupations. Le 6 juillet 1908, la section syndicale de l'Ardèche prend parti sur l'affaire Nègre-Rhône[1] *et affirme :*

— 1° Que le syndicalisme ne doit être ni opposé, ni favorable à une doctrine politique quelconque ;

2° Qu'il a toujours été et qu'il est encore une protestation contre les ingérences politiciennes dans le domaine de l'école ;

3° Que Nègre, par sa situation de secrétaire fédéral, par l'agitation qui est faite autour de son nom à la suite de sa révocation, engage avec lui dans son attitude politique, aux yeux de l'opinion, toute la Fédération ;

4° Qu'à ce titre sa candidature au Conseil Municipal de Billancourt et le droit qu'il réclame de pouvoir se mettre à la disposition de son parti pour remplir un mandat électif ont pu, à juste titre, émouvoir des camarades syndiqués et laisser supposer à nos ennemis que le mouvement syndicaliste n'est qu'un mouvement politique qui aboutit nécessairement à la candidature de ses dirigeants ;

5° Qu'il importe par-dessus tout au syndicalisme de se tenir en dehors des luttes de caractère politique, de se cantonner dans l'action de défense corporative et d'organisation scientifique de l'école [...].

(*Manuscrit*, 1908.)

1. Marius Nègre, instituteur parisien, révoqué en 1907 pour son action syndicale, est secrétaire permanent de la Fédération des Syndicats d'Instituteurs. Son élection comme conseiller municipal socialiste de Boulogne-Billancourt le met en conflit avec les syndicalistes antipoliticiens, notamment ceux de la section syndicale des Instituteurs du Rhône, dirigée par Louis Léger.

Pourtant, on compte les véritables syndicalistes, militants et même adhérents des premiers syndicats d'instituteurs. La répression gouvernementale explique sans doute ces rangs clairsemés. Les avatars de carrière des pionniers du syndicalisme primaire — ainsi Louis et Gabrielle Bouët — fournissaient une image peu engageante des ressources gouvernementales en matière de sanctions disciplinaires : de la réprimande au déplacement d'office et à la révocation, sans compter les poursuites judiciaires.

— Je fis partie de l'Amicale des Instituteurs et Institutrices du Maine-et-Loire en 1901, à ma sortie de l'Ecole Normale. Plus tard fut créé un groupement d'adjoints qui voulaient se soustraire à l'autorité quelque peu despotique des directeurs d'école [...]. Ce groupement s'appelait l'Emancipation. J'en fis partie, bien que n'ayant pas d'ennuis avec mon directeur. C'est l'Emancipation qui se transforma ensuite en syndicat. Je fus membre de ce syndicat et je faisais partie du Conseil Syndical quand le gouvernement voulut en obtenir la dissolution. C'est ainsi que je comparus devant le Tribunal Correctionnel d'Angers, où je fus condamné à 50 francs d'amende, ... que je ne payai jamais.

(*P. O.*, 1882, Maine-et-Loire.)

Respecter la légalité républicaine

Mais les raisons essentielles des réticences à l'égard du syndicalisme sont ailleurs. Ces hommes ont été élevés dans le respect de l'Etat républicain, entraînés à confondre, d'un même élan réprobateur, tous les fauteurs de désordre et tous les ennemis de la République. Vivre en

République, c'est pour beaucoup d'entre eux encore une garantie : un peu de patience et celle qui a tant fait pour eux doit entreprendre de les satisfaire. Et puis, instituteurs, ils enseignent le respect de la loi républicaine : comment imagineraient-ils alors de l'enfreindre en constituant des syndicats illégaux ? Comment soutiendraient-ils le regard des enfants que leur confie la République ? Par ailleurs, ils ont des préoccupations spécifiques : la défense de la laïcité, la lutte contre les cléricaux ; bataille étrangère au monde ouvrier, et qui les occupe assez, tout en resserrant leur intimité avec l'Etat républicain. Enfin, comme éducateurs, ils s'interdisent le recours aux armes que peuvent brandir les ouvriers, et même les autres fonctionnaires. Voilà pourquoi l'adhésion à la C.G.T. rencontre, même dans les syndicats d'instituteurs, tant de résistances ; et voilà pourquoi « la grève des maîtres d'école » relève, pour les syndicalistes eux-mêmes, de la tératologie. Le vrai frein à l'association syndicale, c'est toujours la vieille image de l'instituteur républicain.

— Fonctionnaire de l'Etat, je n'ai jamais admis que je puisse être amené à me dresser contre cet Etat (quelquefois pour appuyer des mouvements étrangers à la corporation). J'ai toujours pensé que les instituteurs en particulier avaient le droit de s'unir pour faire connaître les besoins d'une catégorie chargée d'une mission si importante. Mais l'Etat, de son côté, pour éviter la rébellion, aurait dû créer une sorte de commission paritaire chargée de veiller à ce que cette rébellion ne puisse se reproduire.

(*E. O.*, 1882, Deux-Sèvres.)

— En ce qui me concerne, il ne me semblait pas possible, au moment où le problème s'est posé, d'assimiler :

- le fonctionnaire qui bénéficiait d'un statut légal lui octroyant des garanties sur la sécurité de l'emploi, sur la rémunération de ses services, sur les conditions de son avancement, sur ses droits à une retraite, à des congés de maladie — toutes dispositions auxquelles il adhérait implicitement en sollicitant son emploi —; qui pouvait, au surplus faire appel au Parlement pour la défense de ses intérêts ;
- et l'ouvrier, totalement à la merci de son employeur.

(*P. A.*, 1877, Saône-et-Loire.)

— Les vieux maîtres que je connaissais ne se rallièrent pas au syndicalisme. Que nous puissions, un jour, avoir la faculté de nous dresser contre l'Etat, leur paraissait monstrueux. Ainsi étaient ma directrice et le directeur de l'école de garçons. Ils étaient persuadés que l'idée syndicale était trop déraisonnable pour jamais triompher. Ils prirent une attitude d'indifférence et nous n'eûmes jamais de discussions.

(*Mme F.*, 1882, Basses-Pyrénées.)

— Quant au syndicalisme, on nous avait enseigné qu'il ne se justifiait pas pour des fonctionnaires, et qu'il était prohibé par la loi ; j'étais trop respectueuse des règlements pour ne pas craindre d'être entraînée dans des voies interdites...

(*Mme F.*, 1886, Seine.)

— Je trouvais tout naturel que les ouvriers se syndiquent en vue d'améliorer leur situation et de faire reconnaître leurs droits à un salaire convenable, à des heures de travail qui leur laissent des loisirs pour le repos, les distractions, l'éducation de leurs enfants ; je comprenais les grèves qui ne tournaient pas au désordre.

J'étais favorable à une transformation des Amicales en syndicats à la condition que la grève soit exclue : les instituteurs, dans les campagnes, jouissaient de la confiance grandissante de la population et j'avais peur que la grève ne les déconsidère auprès de leurs élèves, de leurs parents et de la population en général.

(*E. E.*, 1882, Corrèze.)

Les brèves notes, jetées sur le papier par un dirigeant de l'Amicale du Morbihan, vers 1906, pour répondre aux arguments des amicalistes qui souhaitaient la transformation en syndicat, éclairent mieux qu'un discours cohérent l'attitude amicaliste face à l'aventure syndicaliste :

Syndicat —
1° Dans nos écoles, enfants ouvriers, bourgeois
2° Leurs devons science sans couleur
3° surtout maintenant... monopole
4° or mouvement syndical est *révolutionnaire,* sinon par nature, du moins en fait.
5° C.G.T. est même anarchiste, antimilit..., antipat..., anti...
6° *Griffuelhes, Yvetot,* Bousquet, Lévy, Marck
7° Articles *Humanité* Griffuelhes (2 octobre 1906)[1]
8° Vous, motion sympathie dockers
9° Internationale clôture réunion : Internationale prêche la lutte des classes, nous prêchons fusion

1. Il s'agit d'un article dans lequel V. Griffuelhes, Secrétaire Général de la C.G.T., conteste le respect de la légalité par les syndicats.

10° Qu'alliez-vous faire dans cette galère ?
11° Prendre leçon d'économie politique
12° Tous les partis vous combattaient
13° Seule *L'Humanité* approuvait
14° Public nous comparait aux curés
15° Fournière — Murgier
Syndicalisme professionnel oui, C.G.T. non.
16° Votre dernier geste nuit à la cause
17° Députés mesureront la liberté à nous accorder.

La grande masse des instituteurs ne voit donc pas ce qu'il y aurait à espérer d'un rapprochement avec le monde ouvrier. Le syndicalisme enseignant se limite avant 1914 à des groupes très restreints que la répression gouvernementale et les crises internes inclinent souvent au découragement :

Ch..., Aisne, le 7 juillet 1908

Camarade

Vu l'impossibilité de faire rentrer les cotisations, les Membres présents à l'Assemblée générale du 5 juillet ont voté à l'unanimité la dissolution de la section.

Salut fraternel,

L'ex-secrétaire de la Section.

30 juin 1908,

Camarade

J'ai bien reçu vos deux communications des 16 et 26 juin derniers, mais je ne saurais vous envoyer de réponse, attendu que, depuis juillet 1907, le syndicat de la Marne a fait... le mort. Au mois d'avril dernier, avec l'aide de quelques camarades, j'avais essayé de le sauver du naufrage ; mais, à la réunion qui avait lieu à

Epernay, nous étions 5 sur 70 ! Vous comprenez que l'indifférence d'un aussi grand nombre de collègues m'a tout simplement refroidi ; aussi je me suis empressé d'avertir Nègre de ce qui se passait et, ma foi, les syndiqués rémois, formant la tête du syndicat de la Marne ont été presque... satisfaits d'une telle solution !

[...] J'ai même été avisé qu'un colis de bulletins *L'Emancipation* se trouvait en gare de Reims à mon adresse. J'avais prié un collègue de le retirer, mais il paraît qu'on veut tout abandonner, et qu'on l'a laissé aux employés...

Voilà donc, cher camarade — et c'est le cœur serré que l'on conte de semblables choses, voilà donc pourquoi vous n'aurez plus de nouvelles du syndicat de la Marne.

Recevez, camarade, mon fraternel salut.

*A l'aube du XX*e *siècle, les instituteurs ressentent vivement le besoin de s'associer. Mais les Amicales leur paraissent une forme d'association suffisant à défendre les maîtres et leur école. L'idée du syndicat, et plus encore de l'adhésion à la C.G.T., a quelque chose de choquant. Elle évoque à la fois l'incartade et l'escapade ; l'incartade, car la défense syndicale suppose un adversaire décidé ; situer en l'Etat républicain cet adversaire, c'est un crime de lèse-reconnaissance. Et l'escapade, car pour se rapprocher du monde ouvrier, il faut sortir de l'école vers des horizons dangereux. Du reste, pour connaître le peuple, travailler à plus de justice sociale, faut-il vraiment quitter l'école, et n'est-ce pas en elle, toujours, que s'accomplit le meilleur ? S'associer, en conséquence, c'est moins se défendre que se retrouver entre soi, passer chaque année « une journée de détente, de franche gaieté », bref, affirmer une fois de plus la spécificité du monde de l'école.*

A la fin d'un banquet de l'Amicale des Instituteurs du

Calvados, l'Inspecteur d'Académie s'écriait : Ne changeons pas notre beau nom d'Amicale pour ce nom de Syndicat qui sent la poudre ! *L'écrasante majorité de ses administrés le pensait aussi.*

ET SI C'ÉTAIT À REFAIRE ?

Leur tâche achevée, et noircis les feuillets où ils répondent aux questions de notre enquête, les maîtres d'école de la IIIe République ajoutent parfois une conclusion, et tentent, sans y avoir été expressément invités, le bilan de leur vie. Ils y disent leur gratitude et leurs scrupules. Leur gratitude pour l'enquêteur attaché à sauver de l'oubli leur passé et qu'ils remercient de la violence qu'il leur a faite : elle leur a, disent-ils, donné l'illusion d'une seconde jeunesse. Leurs scrupules, car c'est pour eux une occasion de réfléchir à l'intégrité de leurs mémoires, d'en tracer les limites, d'en conjurer les défaillances.

De quoi s'agit-il au juste ?

De revivre avec mes parents, avec moi-même. Mes parents étaient instituteurs ; j'ai moi-même été élève de deux Ecoles Normales primaires. La plupart de mes anciens élèves ont fait leur carrière dans l'enseignement primaire. Il s'agit donc pour moi de recommencer ma vie et de rétrograder dans le temps, comme si cela était chose possible. Je ne peux que graviter autour de mes souvenirs, un peu au hasard.

Moi-même je reviens vers ce passé lointain non sans

une certaine appréhension. Mais les événements qu'il nous a été donné de vivre sont tels qu'il nous serait difficile de les modifier, même avec beaucoup d'imagination. Nos mémoires sont plus fidèles qu'on ne le dit. Elles se montrent conformes à souhait. Elles s'agitent dans un cercle relativement restreint.

(*G. O.*, 1892, Deux-Sèvres.)

Mais, à laisser en soi remonter le passé, la distance parcourue s'apprécie d'autant mieux ; dans les appartements modernes d'où ils écrivent, l'aspirateur fonctionne, la télévision égaie la retraite ; qu'il apparaît lointain, alors, le grand-père qui battait au fléau sur l'aire de la grange pour 28 sous par jour ! L'image des jeunes instituteurs d'aujourd'hui qui, dès la sortie de l'Ecole Normale, font vrombir leur R4 dans la cour de l'école, met en valeur celle de l'archaïque première bicyclette, avec son cortège de sacrifices et de calculs. L'image des vacances voyageuses et conquérantes renvoie à ces pauvres trains de plaisir « qui entassaient leurs voyageurs dans des wagons infâmes », pour ces journées où « on voyait la mer ». A faire l'inventaire des privilèges inouïs du présent, pourtant, les vieux instituteurs découvrent que « les cœurs n'en sont pas plus heureux ». Et ce sont eux qu'ils souhaitaient changer...

« Hélas ! », « malheureusement »

Dans cette lumière, que de désillusions ! La mentalité des jeunes n'est plus ce qu'elle était : c'est le lieu commun du radotage sénile, mais il retrouve, chez ces éducateurs, sa force et son sérieux. L'esprit laïque régresse ; rappeler le temps où on accompagnait des accents de l' « Internatio-

nale » l'expulsion de l'évêque de Mende, c'est presque jeter sur son passé un regard ethnologique. Jusqu'au sein de la famille, on relève des abandons. Le mariage des fils et des petits-fils les a faits entrer dans la société bien-pensante ; parfois les arrière-petits-fils suivent assidûment le catéchisme : Pour les vieux comme moi, *dit l'un de ces maîtres,* il faut accepter avec patience ce qui se passe autour de soi. *Jumeau de l'esprit laïque, l'esprit républicain est lui-même en décadence : la Ve République caricature la IVe ; combien plus la IIIe ! Et puis, nul ne peut plus, se retournant vers sa vie labourée par deux guerres, croire à la paix. De l'observatoire du présent, il devient dérisoire d'avoir, dès Agadir, répondu : « Nous partons ! » Et tout aussi dérisoire d'avoir cru à la mission civilisatrice de la France. Aujourd'hui, cet amer savoir acquis, le récit se ponctue de remords qui dénoncent l'acuité de la désillusion :* J'étais (malheureusement) pour la revanche... J'étais (hélas !) fière de notre empire colonial...

— Je m'effraie quand je vois le recul des libertés, que l'on grignote. Nous avons reculé de plus de cent ans, car un Victor Hugo ne pourrait pas, aujourd'hui, à une séance de la Chambre, exprimer ses idées et dénoncer le péril clérical et jésuite comme il l'a fait en janvier 1852. J'ai l'impression que le peuple français est en léthargie. Il a été vidé de son sang, mais les jeunes doivent relever le flambeau, et il faut que notre devise républicaine ne soit pas de vains mots.

(*Mme O.*, 1891, Charente-Inférieure.)

— En guise de conclusion, je voudrais dire que la société future telle que nous l'avions rêvée à l'Ecole

Normale est loin d'être réalisée et que nous avons eu bien des déceptions.

D'abord deux guerres, alors que nous avions rêvé la paix universelle, une occupation étrangère pendant quatre ans, et enfin, dernièrement, l'affreuse guerre d'Algérie.

Certes, au point de vue économique, les progrès sont énormes et la situation matérielle de tous les travailleurs s'est bien améliorée, quoiqu'il reste encore bien des progrès à réaliser. Mais, au point de vue politique, quelles désillusions ! Ma génération avait pensé que la République ne pouvait plus être discutée. Or, nous avons subi une dictature de 1940 à 1944, et nous en subissons actuellement une seconde. Le cléricalisme est redevenu tout-puissant. De nombreux électeurs se désintéressent des affaires publiques et se laissent berner par une habile propagande.

Et tout cela assombrit nos vieux jours.

(*L. A.*, 1889, Lozère.)

— Ma vie a été entièrement occupée par ma profession et par des emplois dans des groupements annexes qui, s'ils ne me rapportaient rien pécuniairement, prenaient bien du temps.

Aujourd'hui ? Illusions de jeunesses envolées, sacrifices de 14-18 inutiles, peines perdues et malheurs familiaux font que cette vie se termine dans l'amertume et le découragement.

(*C. E.*, 1882, Vosges.)

L'Ecole en ruine

Ce qui unifie et aiguise toutes ces désillusions, c'est la piètre situation de l'Ecole laïque. Elle non plus n'est plus ce qu'elle était. Elle est, de toutes parts, attaquée. Il arrive même qu'elle s'efface matériellement : retrouvé au cours d'une promenade fortuite, ou d'un pèlerinage systématique, le village du premier poste se révèle désert d'écoliers ; et la maison d'école elle-même, symbole d'une occupation laïque du territoire, s'est ruinée, ou a disparu.

— Quand on assiste au démantèlement systématique de l'Ecole publique, quand on pense au nombre d'écoles de village qui, peu à peu, disparaîtront sans aucune raison valable, il faut bien convenir que la IIIe République a eu ses grandes heures.

Quelle tristesse pour les laïques ! Avons-nous encore des raisons d'espérer ? Je me le demande ; et, cependant, avant de disparaître, je voudrais voir notre Ecole retrouver tout son éclat et tous nos maîtres retrouver la Foi laïque !

(*Mme A.*, 1893, Gard.)

— L'Ecole laïque a été, à mon avis, une des plus belles institutions. Malheureusement, autant que je puisse le savoir, elle ne ressemble plus à ce qu'elle était il y a encore vingt ans.

Je suis laïque 100 %, et, tout ce qui peut saper l'Ecole que j'ai servie de tout mon cœur, je le déteste.

Voilà pourquoi, tout en étant très croyante, je dirais même très pieuse — puisque je prie chaque jour pour mes enfants et pour moi-même —, je suis pour le socialisme.

(*Mme J.*, 1891, Corrèze.)

— Que deviendra notre chère Ecole laïque ? Attaquée de toutes parts, surtout par le moyen d'un clergé agressif, trahie même par beaucoup des siens, sous les yeux myopes du peuple, ... tiendra-t-elle ou succombera-t-elle ?

Nous formions des esprits, des hommes. C'était impardonnable ! Je suis aujourd'hui délégué cantonal ; à la distribution des prix aux élèves de l'école des garçons de G. (5 classes), je suis seul pour assister le Directeur : pas un conseiller municipal.

Espérons quand même !

(*C. A.*, 1885, Meuse.)

Pourtant, si c'était à refaire ? A cette interrogation imaginaire, il est frappant que nos instituteurs n'envisagent nulle autre réponse que celle-ci : recommencer. L'expérience si chèrement acquise ne suggère aucun autre projet. L'école laïque a porté des fruits décevants, mais on ne peut tenter rien d'autre que ce qu'elle voulait faire : les récits, abandonnant l'estimation des résultats acquis, se replient alors autour des intentions.

Ce qui compte dans la vie, c'est d'être un homme soucieux de tous ses devoirs et de bien les accomplir ; d'avoir une conduite irréprochable, le cœur bon ; de posséder enfin une haute valeur morale. Alors, on peut partir tranquille.

(*P. A.*, 1880, Gironde.)

— J'ai toujours voulu vivre en homme « honnête », respectueux des droits de chacun. J'ai réussi et j'en suis satisfait.

(*E. B.*, 1880, Oise.)

— Personnellement, j'ai essayé de rendre à la société la créance privilégiée que je lui devais sur le plan physique, intellectuel et moral. Mon rôle éducatif a surtout consisté à chasser l'égoïsme des esprits et à rendre les hommes meilleurs en pratiquant la bonté et en la recommandant sous toutes ses formes ; car je pense qu' « au prix de la bonté, le reste est bien peu de chose ».

(*A. A.*, 1883, Eure-et-Loir.)

— Comment conclure ? J'ai l'impression que je viens de faire mon examen de conscience, et je suis comme soulagé de vous avoir exposé avec franchise mes états d'âme, mes difficultés, mes joies, mes espoirs, mes déceptions. J'ai, à 72 ans, l'impression d'avoir bien servi l'Ecole laïque, d'avoir forcé l'estime, même des esprits prévenus contre elle.

Si j'avais à refaire ma vie, je la recommencerais telle quelle, avec ses espoirs, ses joies, ses peines, ses souffrances même. Ma femme, qui fut la compagne de toute ma vie, est de mon avis.

(*M. B.*, 1889, Nord.)

— Je croyais alors à la possibilité de changer les hommes et mes opinions socialistes m'en faisaient un devoir. J'en suis moins certain aujourd'hui. Toutefois, ayant à recommencer ma vie, je serais de nouveau instituteur primaire.

(*V. P.*, 1887, Corse.)

— Voilà, c'est à peu près tout ce que je puis vous dire sur ma longue carrière d'instituteur. J'ajoute que, si j'avais à recommencer ma vie, je me ferais encore maître d'école ; car c'est un métier tellement exaltant quand on a les « tripes républicaines » et que l'on est convaincu que les valeurs morales comptent dans la vie.

(*G. V.*, 1884, Lot.)

— Mon plus mauvais souvenir ? mes trois ans d'Ecole Normale. Un professeur m'avait pris en grippe. Je l'ai payé par un Noël passé à l'Ecole et deux mois de retenue. Ma revanche ? Ma classe, devenue école d'application pour les élèves-maîtres.

Si c'était à recommencer, je redeviendrais instituteur.

(*A. M.*, 1888, Hautes-Alpes.)

Un « échec moral »

Est-ce seulement un défaut d'imagination — suffisamment explicable, du reste, par l'ankylose de la vieillesse —, ou la résurgence de ce kantisme diffus qui, depuis l'Ecole Normale, les a entraînés à dissocier la valeur d'une conduite de sa réussite ? La lecture de ces récits incline à adopter la seconde hypothèse. En voici la meilleure preuve : alors que tous les parents s'ébaudissent de la réussite sociale de leurs enfants, ces hommes — dont pourtant les enfants font une assez spectaculaire escalade sociale — continuent de croire que la seule réussite dont on puisse s'honorer est celle de l'esprit. Rien de plus glorieux qu'un fils à la Rue d'Ulm. Tel dont le fils est pharmacien doit se consoler en pensant aux conférences scientifiques que celui-ci, professeur d'occasion, fait parfois en Faculté. Et il arrive que la réprobation soit très nette.

— J'ai laissé mes trois enfants libres dans le choix d'une carrière. J'aurais cependant aimé qu'ils choisissent l'Enseignement. Aucun n'en a voulu. L'aîné, très habile de ses mains, a choisi d'être chirurgien-dentiste. Il a entraîné ses deux frères dans la même voie.

Tous trois ont donc une profession très lucrative. Ils gagnent très (trop, à mon gré) largement leur vie. Je n'en suis pas plus fier pour autant. Un trop grand bien-être les pousse — comme l'énorme majorité des Français d'aujourd'hui — vers des préoccupations d'ordre purement matériel ; je suis convaincu qu'ils me jugent « atteint » d'une sorte d'idéalisme naïf — et bien périmé. De plus, leur mariage les a transplantés dans un milieu « bourgeois » que je juge rétrograde, étriqué, sans vie intérieure véritable, et dont tout me sépare. Dans ce domaine, réussite matérielle certaine (peut-être excessive), mais *échec moral* qui assombrit mes vieux jours.

Dernièrement, mon aîné me disait, non sans fierté : « Beaucoup de situations libérales, ou de fonctions publiques, moyennes ou élevées sont occupées par des fils d'instituteurs de ta génération. » J'ai répondu : « Hélas ! » Car j'ai la douloureuse pensée que l'échec moral dont je parle est aussi celui de beaucoup de mes vieux collègues.

(*L. U.*, 1889, Ardèche.)

Mal à l'aise dans le présent, ces hommes, « pour qui les valeurs morales existent », ne peuvent vivre leur retraite qu'en prolongeant, sans trop y croire désormais, mais de toutes leurs forces, le monde de l'école. Ils sont délégués cantonaux, ils assistent aux fêtes scolaires, ils visitent les expositions de travaux d'élèves... Ils militent parfois encore, font de-ci de-là un exposé à l'Union Rationaliste, recueillent des signatures pour la défense de l'Ecole. Leurs activités bucoliques elles-mêmes sont des moyens d'enseigner : jardiniers, fabricants rationnels de cidre ou de conserves, ils continuent à faire la classe à leurs voisins. Et, dans leurs lectures solitaires, la « belle page » qui les arrête leur est encore une occasion d'évoquer les quarante élèves qu'elle pourrait émouvoir.

Ne pas laisser le pessimisme de l'intelligence entamer leurs volontés : voilà à quoi ces hommes et ces femmes occupent leurs dernières années. Un volontarisme sans illusions marque toutes ces conclusions d'un ton si brave, où ils disent leur fierté de n'avoir jamais, grâce à leur métier, varié. Sur ces déclarations s'achèvent des récits d'une exceptionnelle cohérence ; comme dans le même temps s'achèvent des vies d'une exceptionnelle fidélité.

Les instituteurs se racontent... 9

1/ Trois vies 17

I. Un militant du bocage vendéen 19

II. Une jeune fille rangée 46

III. Une carrière exemplaire 57

2/ Devenir instituteur 69

3/ Faire la classe 99

4/ Gagner sa vie 127

5/ Forcer l'estime 145

6/ Servir la République 181

7/ Un catéchisme républicain 231

8/ Rester entre soi 261

Et si c'était à refaire ? 303

Composition Bussière.
Impression B.C.I. à Saint-Amand (Cher),
le 3 avril 1995.
Dépôt légal : avril 1995.
1er dépôt légal dans la collection : janvier 1993.
Numéro d'imprimeur : 1/903.
ISBN 2-07-032749-3./Imprimé en France.